2021—2022 年中国工业和信息化发展系列蓝皮书

2021—2022 年
中国电子信息产业发展蓝皮书

中国电子信息产业发展研究院 **编 著**

张 立 **主 编**

温晓君 陆 峰 李艺铭 **副主编**

電子工業出版社
Publishing House of Electronics Industry
北京 · BEIJING

内容简介

本书从推动电子信息产业创新发展和高质量发展的目标出发，系统剖析了我国电子信息制造业发展的特点与问题，并根据产业发展情况，对2021年产业运行、行业特征、重点领域、区域发展、企业近况、趋势热点进行了全面阐述，在此基础上，结合国内外重点研究机构的预测性观点对产业整体情况进行了展望。

作为一年一度的研究成果，本书展现了中国电子信息产业发展研究院赛迪智库对电子信息产业的跟踪研究进展，为相关行业主管部门和业界人士提供了电子信息产业发展的整体现状、最新动态、趋势研判，为广大读者了解和推动电子信息产业发展提供了窗口。

图书在版编目（CIP）数据

2021—2022年中国电子信息产业发展蓝皮书 / 中国电子信息产业发展研究院编著；张立主编. —北京：电子工业出版社，2022.11
（2021—2022年中国工业和信息化发展系列蓝皮书）
ISBN 978-7-121-44609-2

Ⅰ. ①2… Ⅱ. ①中… ②张… Ⅲ. ①电子信息产业—产业发展—研究报告—中国—2021-2022 Ⅳ.①F426.67

中国版本图书馆CIP数据核字（2022）第226783号

责任编辑：宁浩洛
文字编辑：孙丽明
印　　刷：北京虎彩文化传播有限公司
装　　订：北京虎彩文化传播有限公司
出版发行：电子工业出版社
　　　　　北京市海淀区万寿路173信箱　　邮编：100036
开　　本：720×1 000　1/16　印张：15.25　字数：338千字　彩插：1
版　　次：2022年11月第1版
印　　次：2023年 5 月第2次印刷
定　　价：218.00元

凡所购买电子工业出版社图书有缺损问题，请向购买书店调换。若书店售缺，请与本社发行部联系，联系及邮购电话：（010）88254888，88258888。

质量投诉请发邮件至zlts@phei.com.cn，盗版侵权举报请发邮件至dbqq@phei.com.cn。

本书咨询联系方式：（010）88254465，ninghl@phei.com.cn。

前言

2021 年是我国“十四五”开局之年，在全球新冠肺炎疫情反复持续的新情形下，在全球供应链重组、美国对我国多重遏制等新挑战下，我国电子信息制造业全年增加值增速、收入增速、利润增速均实现稳定向好，整体发展达到历史较好水平，为后疫情期我国经济发展贡献稳定力量。

一

疫情期间全球电子信息产品需求短暂旺盛。2021 年，在全球疫情反复、电子产品全球供应链面临重构、信息技术领域国家间政策竞争日趋激烈的情形下，电子信息制造业较好地适应了全球发展新形势，成为全球经济恢复中的一笔亮色，不仅实现了正增长，还突破了常规发展速度，这主要得益于疫情期间在线商务、在线教育、网络社交的强劲需求。据著名 IT 咨询机构 Gartner 预测，2022 年全球 IT 支出预计将达到 4.5 万亿美元，较 2021 年增长 5.5%，其中 IT 设备支出预计将达 8200 亿美元，增长 2.3%，这个预测意味着全球 IT 设备将结束 2021 年因疫情开启的非常规增长（15.1%），恢复到近年来 2%～3%的低水平增长。全球经济不确定性对信息技术领域的影响愈发显著。据 Gartner 调研，38%的企业认为“全球经济不确定性”已经成为企业发展的最大威胁，将于 2022 年前部署提升抗风险能力的措施。在美国、欧盟、日本、韩国等经济体均在半导体、人工智能、数字经济等领域增加资金支持和鼓励

本土供应链建设的大环境下，作为全球分工最细、链条最长、分布国家最多的制造业门类之一，电子信息制造业受国际经济环境和产业政策影响巨大，未来产业发展仍具有巨大的不确定性。

我国产业增长恢复到历史较好水平。2021 年虽受疫情和需求不振影响，电子信息制造业营业收入仍保持较高占比，约占工业营收的 10%～11%，未来将对我国工业经济的"稳发展"起到至关重要的作用，对国民经济增长的支撑作用更为关键。电子信息制造业增加值增速和收入增速均恢复到历史较好水平。国家统计局数据显示，电子信息制造业增加值增速为 15.7%，创十年新高。全年行业主营业务收入 14.13 万亿元，增速达 14.7%。利润总额 8283 亿元，同比增长 38.9%，较规模以上工业企业利润高 4.6 个百分点。电子信息制造业投资和出口增长均处于近五年较好水平。出口增速处于历史较好水平，基本处于 15%以上，但较工业出口交货值增长稍为逊色，电子信息产品出口交货值增长 12.7%，较同期工业出口交货值增速低 5 个百分点。全年出口笔记本电脑 2.2 亿台、手机 9.5 亿部、集成电路 3107 亿块，分别增长 22.4%、-1.2%、19.6%。固定资产投资同比增长 22.3%，位于近五年次高水平，增速比同期制造业（13.5%）高 8.8 个百分点，在制造业行业投资增速中排名第三。根据当前各地"十四五"制造业及信息产业规划重点，新一代信息技术产业等仍是政策投资热点，且资本市场对 VR/AR（虚拟现实/增强现实）、人工智能、区块链、元宇宙等新兴领域投资热情持续高涨。

新技术新概念加速产业化步伐。信息技术创新仍然是全球新一轮科技创新的引领者。一方面，由于 2020 年基数较低，计算机、集成电路等关键产品在 2021 年均实现了较快增长；另一方面，虚拟现实、超高清、先进计算、量子通信等新业态正在加速商业化，特别是"元宇宙"（Metaverse）概念从科幻走进现实，以 Meta（原"Facebook"）为代表的主流企业"押注"更是引起产业界和投资界的广泛关注。超高清和虚拟现实正迎来商业化加速期。一则，超高清 8K 时代有望提前到来。目前来看，包括 8K 采编播设备、编解码器、承载网络、终端在内的技术产品链路已基本打通，示范性 8K 内容入户也即将实现。"百城千屏"活动，将在未来一年多的时间内组织全国有

条件的省市以公共 8K 大屏的方式展映优质 8K 内容。相信“百城千屏”活动和央视 8K 频道开播将带动超高清视频产业链各环节协同发展，加速 8K 产业链成熟。二则，虚拟现实进入新一轮快速增长期。虚拟现实技术和产业边界不断延展，早期的“显示”概念不断蜕化，“交互”“重构”“空间”的色彩不断增强，逐渐触探虚拟现实对真实世界数字化映射的本质，发挥泛在的影响力。虚拟现实技术加速赋能千行百业，提振数字经济新业态、新模式，产生巨大经济和社会效益，在数字中国建设中扮演着重要角色。更甚者，“元宇宙”及广泛新概念继续推动信息技术创新步伐。Gartner《2021 年中国 ICT 技术成熟度曲线报告》显示，智能汽车、低代码应用开发平台（LCAP）、增强数据与分析、边缘计算等新技术正处于推广应用中，期待市场爆发。特别是“元宇宙”概念的提出，将物联网、区块链、人工智能、交互技术、网络与计算、虚拟现实等核心支撑技术综合起来，有望在不远的将来推动这些已有信息技术的场景化爆发，真正形成电子信息产业的下一轮“拳头级”产品。

二

美国持续增强对我国信息技术领域遏制力度。美国紧抓半导体、5G 等领域建设，推进立法进度和扩大出口管制，并通过联合建立跨国层面的行业组织，继续加强对我国产业的打压。2021 年 6 月，美国国会参议院以 68 票赞成、32 票反对通过的《2021 年美国创新和竞争法案》（USICA），可以看作近年美国在信息技术领域对华政策的典型代表。其中，不仅大篇幅涉及信息产业，包括 520 亿美元的芯片研究和生产投资；还提及“中国”一千多次，强调要巩固在人工智能、量子计算等前沿领域对我国的领先优势，以国家安全为由打压 TikTok 及无人机企业等我国优势企业在美国的市场。2022 年 8 月，美国总统拜登签署《2022 年芯片与科学法案》，其中包括为美国半导体的研究与生产提供 520 多亿美元政府补贴；另授权拨款 7000 亿美元，用于促进美国未来 10 年在人工智能、量子计算等领域的科研创新。美国国务卿布林肯提出的三句话也许可在一定程度上概括拜登政府的对华政策框架，即“应该是竞争性的”“可以是合作性的”“当必须对抗时则是对抗性的”。美国商务部以参与或有可能参与违反美国外交政策和国家安全利益的活动为由，

将 14 家中国实体添加到“实体清单”中，另将 5 家直接支持中国与激光和自动化指挥系统计划相关的军事现代化计划的实体，以及 3 家违反美国出口管制条例的中国企业及 1 位中国公民添加到实体清单中。在中美博弈的焦点领域 5G 方面，美国寻求与盟友合作，试图遏制中国先进通信领域的发展态势。美国将爱立信、诺基亚作为华为替代商，建立多边信任的“无华为区”，通过组建全球标准制定机构、设立国际技术金融公司、加大对新兴发展中国家投资等方式，对抗“数字丝绸之路”。美国联邦通信委员会（FCC）发布命令，禁止美国企业使用联邦补贴基金从华为采购 5G 产品。与此同时，美国加快推动 5G Open RAN 技术发展，以新兴技术架构绕开华为竞争优势。美国国家电信和信息管理局（NTIA）向美国联邦通信委员会（FCC）提交了一份关于推进 5G Open RAN 的意见文件，指出：“美国政府、私营部门、学术界和国际合作伙伴之间需要密切协调，确保采用能够加强 5G 供应商多样性并促进市场竞争的政策、标准、指南和采购战略。”

欧盟、日本、韩国信息技术领域政策频发凸显与我国产业竞争。欧盟、日本、韩国已经将信息技术作为与我国长期竞争的核心领域，近年来，持续在芯片、数字经济、区块链、元宇宙等领域加大直接投资和政策扶持力度。全球芯片危机凸显了欧盟对亚洲和美国芯片供应商的高度依赖，为了保障供应链安全，欧盟计划大力发展半导体制造业。2021 年 3 月，欧盟推出“2030 数字罗盘”计划，力求在 2030 年前，把欧洲的芯片产能占比率提高到 20%，并且要实现 2nm 制程工艺的研发生产。2022 年 2 月，《欧洲芯片法案》草案公布旨在把欧盟芯片产能从占全球 10%提升至 20%（2030 年），到 2030 年，欧盟将投入约 450 亿欧元用于支持芯片生产、试点项目、初创企业。据国外媒体报道，2021 年 9 月以来，欧盟计划投入 1770 亿美元的资金支持新兴技术发展，主要用在区块链、数字基础设施、5G 和量子计算等领域。2021 年 6 月，日本内阁批准了一项由日本经济产业省提出的科技振兴战略，到目前，日本内阁已拨款 5000 亿日元（约合 45 亿美元）以加强科技供应链，帮助企业解决新冠肺炎疫情期间芯片和其他组件短缺的问题。2021 年 9 月，韩国政府表示将在 2025 年底前为超连接性及相关技术（包括元宇宙、区块链、云

计算等）投资 22 亿美元，帮助韩国在这些新兴领域保持领先地位，包括在制造业、医疗和教育领域启动商业项目，启动中小企业区块链支持中心，支持企业开发开放的元宇宙平台等。

全球“芯片荒”仍持续至 2022 年。由于全球新冠肺炎疫情持续影响和汽车市场芯片需求的上升，全球芯片供给严重不足，“芯片荒”及其连带的芯片大幅加价都对芯片市场造成不良的短期影响，业内认为未来 1～2 年内汽车芯片短缺仍将继续。意法半导体等国际芯片大厂位于马来西亚的封测生产线因疫情受创，日月光等封测龙头的封测业务产能也已达满载状态。马来西亚封测产能的极度紧缺将直接冲击下游市场，汽车电子公司博世部分芯片受到直接影响，基本处于断供状态。由于“芯片荒”导致的芯片价格上涨也有目共睹，2021 年部分款型芯片加价率甚至高达 3000%～5000%，这种加价行为已经受到市场监管部门关注和惩罚。

电子信息产业仍是我国各地区“十四五”主导产业。2021 年以来，多个省市公开发布“十四五”制造业和整体产业规划，大量省市在制造业等上位规划中将新一代信息技术作为重点主导产业，充分突出了新一代信息技术的引领作用。广东、江苏、浙江、北京、天津、上海等主要发达省市的规划多聚焦产业集群和产业链等方面，并把半导体和基础电子作为重要发展方向。

三

基于对国内外电子信息产业的最新研判，中国电子信息产业发展研究院赛迪智库电子信息研究所编著了《2021—2022 年中国电子信息产业发展蓝皮书》。本书从推动当前产业创新发展和高质量发展的目标出发，系统剖析了我国电子信息产业发展的特点与问题，并根据产业发展情况，对 2021 年产业运行、行业特征、重点领域、区域发展、企业近况、趋势热点进行了全面阐述，并对 2022 年的产业整体情况进行了展望。全书分为综合篇、行业篇、领域篇、区域篇、企业篇、政策篇、展望篇 7 个部分。

综合篇，从 2021 年全球和我国电子信息制造业基本发展情况、整体发展特点等角度展开分析，总结概括在内外部发展新环境下的产业整体情况。

行业篇，选取计算机、通信设备、消费电子、新型显示、电子原材料元器件、互联网6个重点行业，对各重点行业在2021年的发展情况进行回顾，并总结各行业发展特征。

领域篇，选取智能手机、虚拟现实、超高清视频、5G网络及终端、先进计算、汽车电子、锂离子电池、智能传感器、数据中心、电子信息绿色低碳10个领域进行深入研究，分析各领域2021年发展情况。

区域篇，根据我国电子信息制造业发展的空间布局，选取长三角、珠三角、环渤海、福厦沿海、中部、西部六大重点发展区域为研究对象，对各区域的发展状况进行分析。

企业篇，选取计算机、通信设备、消费电子设备、新型显示、电子原材料元器件领域的重点企业，对企业的经营情况、技术进展、专利情况、国际市场拓展情况等开展研究，展现我国电子信息龙头企业最新发展动态。

政策篇，论述2021年我国电子信息产业的重点政策，详细分析在电子信息产业基础研究、产业强链补链和供应链保障、信创产业发展、关键技术攻关创新、战略性前沿性技术攻关、重点产业生态打造、产业提质升级等方面的扶持政策，围绕智慧健康养老、超高清视频"百城千屏"落地、光伏产业规范发展及智能光伏发展等领域政策进行解析，判断电子信息领域最新政策动向。

展望篇，结合我国电子信息制造业发展面临的国际国内形势、发展现状与趋势，以及国内外重点研究机构的预测性观点，对我国电子信息制造业2022年运行情况进行展望，并预测重点行业、重点领域的发展走向。

可以预见，未来几年我国电子信息制造业高质量发展之路更为荆棘却更为坚定，唯有补短锻长、练好内功，才能迈出新时期产业高质量发展之路。

目录

综 合 篇

行 业 篇

领　域　篇

区　域　篇

企　业　篇

政　策　篇

展　望　篇

综　合　篇

第一章

2021年全球电子信息产业发展状况

第一节 发展情况

一、整体发展情况

2021年，全球电子信息制造业仍然保持平稳增长态势。2020年以来，世界经济受新冠肺炎疫情反复冲击，绝大多数国家GDP负增长、失业率上升、通胀率上升，这对电子信息制造业动能、供应链和外部需求造成持续影响，目前全球仍面临着疫情期限拉长和反复的考验。然而，疫情带来的在线办公浪潮，使计算机和平板电脑市场转而实现正增长。全球产业体系体现了一定的韧性和稳定性，未来各国也将加强调整适应，提升产业稳定性。在5G、元宇宙、先进计算、计算机视觉等新技术引领下，全球电子信息产业平稳增长。2021年，全球电子信息制造业市场规模达9.97万亿美元。

二、重点行业发展情况

（一）通信设备领域发展情况

根据IDC（国际数据公司）数据，2021年全球智能手机市场呈现上行趋势。2021年全球智能手机出货量达13.548亿部，同比增长5.7%。其中，三星在2021年仍以近2.75亿部的出货量位居榜首，保持全球20.1%的市场占有率，出货量同比增长6%；苹果第二，市场占有率

17.4%，同比增长15.9%；小米第三，市场占有率14.1%，同比增长29.3%；OPPO、vivo分别位列第四、第五，市场占有率分别为9.9%和9.5%，同比增长20.1%和14.8%。小米2021年全球出货量增幅最大，达29.3%。由于所有供应商都受到了全年严重供应短缺的影响，2021年前五名智能手机厂商的排名与2020年相比没有变化。根据Omdia公布的2021年全球智能手机市场出货量排名，前10名分别是三星、苹果、小米、vivo、OPPO、realme、摩托罗拉、荣耀、华为、传音。其中，2021年三星共卖出了2.715亿部手机，同比上年的2.56亿部，增长了5.9%。苹果售出2.362亿部手机，较2020年同比增长15.6%。Counterpoint发布的数据显示，2021年中国手机市场出货量微跌2%，而全年OPPO出货量同比增长26%，以21%的国内市场份额在全国排名第二。vivo同比增长21%，市场占有率22%位居国内第一。根据市场调研机构Counterpoint Research公布的市场研究报告，2021年全球智能手机市场收入超过4480亿美元，即使零组件短缺和新冠肺炎疫情扰乱全球供应链，全球市场收入仍比2020年增长7%。2021年全球智能手机销售额前五位的厂商分别是苹果、三星、OPPO、小米和vivo。智能手机平均售价（ASP）322美元，同比增长12%，这主要是由于5G智能手机的份额占比高，其ASP明显高于4G机型，以及苹果成功推出iPhone 13设备。此外，随着小米、vivo、OPPO和realme等OEM厂商专注于满足印度、东南亚、拉丁美洲和东欧等新兴市场对平价5G智能手机的更大需求，2021年更多支持5G的机型发布。因此，支持5G的智能手机在2021年占全球智能手机出货量的40%以上，而2020年的比例为18%。

（二）计算机领域发展情况

根据Canalys数据，2021年全球计算机出货量约为3.41亿台，同比增长15%。出货量排名前五的分别是联想、惠普、戴尔、苹果、宏碁。其中，联想以8210万台的出货量成为全球第一，占据全球24.1%的市场份额；排名第二的惠普出货量为7410万台，占据全球21.2%的市场份额；戴尔以5930万台的出货量和17.9%的市场份额排名第三。前五大品牌厂商在2021年均实现了同比增长，表现最好的是苹果，同比增长了28.3%。Canalys表示2021年的计算机市场出现了巨大的变化，首先全年出货量是2012年以来的最大出货量，创下10年来新高。其次全年收入达到2500亿美元，2020年全年收入仅为2200亿美元，同比增长了15%。这其中，笔记本电脑和移动工作站出货量增长了16%，达到2.75亿台。台式机和台式工作站出货量为6600万台，增长了7%。Canalys认为，2022年也将保持强劲的市场需求。具体来看，出货量排名前三的品牌厂商市场份额都在15%以上，而且占据了全球一半的市场份额，而排名第四、第五的苹果、宏碁仅占据8.5%和7.1%的市场份额。2021年，计算机行业经历了原材料短缺、价格上涨等情况，而PC DRAM（计算机动态随机存取内存）等原材料也随着市场需求的变化呈现不同的价格跌涨幅度。从代工厂、芯片厂的产能情况，以及半导体企业高管对芯片缺货情况的预测来看，原材料短缺将持续到2022年底。

（三）消费电子领域发展情况

根据奥维睿沃（AVC Reco）发布的数据，2021年全球彩电出货2.14亿台，同比下降6.2%，出货面积148.6M（百万）m^2，同比下降0.7%，出货平均尺寸48.3英寸，同比增长1.2英寸。从出货量来看，2021年是全球市场近六年来最低点。虽然2021年全球彩电市场规模在下跌，但具体到品牌上来看，却出现了变化不一、两极分化的现象。尤其是前五名头部品牌在增势表现上，呈现两种局面，一方面三星、TCL出货量下滑，另一方面LG、海信、小米则逆势增长。OLED TV、Mini LED、8K、80"+等高端属性产品，在逆势中继续上涨，并在持续引领TV产业向新型技术发展的同时改善了企业盈利状况。奥维睿沃数据显示，2021年WOLED TV的市场规模达到650万台，同比增长74%，但渗透率却仅有3%，TOP3品牌LG、SONY、松下合计市场占有率达88.6%；mini LED背光电视2021年全球出货规模达150万台，同比2020年翻倍；此外2021年全球80"+产品出货规模接近220万台，同比增长90%。和国内彩电市场的消费趋向一样，全球彩电市场出货平均尺寸在进一步走高，高端属性很强的OLED电视、mini LED电视、80"+巨幕电视销量也在强势走高。这一切都在预示着高端、大屏电视将是全球市场的“主旋律”。疫情不断反复和扩散，让全球经济恢复缓慢，消费者采购能

力整体趋弱。欧洲杯、美洲杯、东京奥运会等重要体育赛事集中在6—8月召开，但受到2020年居家宅经济造成的消费透支影响，并没有带来彩电市场需求逐渐恢复的机遇。液晶面板和芯片等零部件价格持续不稳定，给整机彩电厂商备货造成一定的动荡，这也导致整机彩电企业在市场端的产品最终定价上不够坚决和稳定，从而没有刺激到消费者的购买冲动，甚至因为涨价抑制了消费需求，导致整体市场没有"起势"。

（四）新型显示领域发展情况

2021年，全球新型显示行业产值和产量均再创新高。根据中国光学光电子行业协会液晶分会（CODA）的数据，2021年，全球新型显示行业产值突破2500亿美元，同比增长13%，平均营业利润率超10%。中国大陆地区主要面板企业产值的全球占比接近46%，其下游应用集中于消费电子、智能家居、工业控制及自动化、车载电子、医疗设备等领域，将迎来新的发展窗口期。中国显示产业已成为引领全球显示产业发展的最重要增长极。2021年11月，中国半导体显示企业京东方通过苹果公司的资格审查后，正式进入iPhone13显示屏量产阶段，成为参与iPhone新品供应的唯一境内面板企业，打破了由三星等韩国企业主导的iPhone屏幕供应的格局。面对柔性高端产品旺盛需求，国内面板厂纷纷布局，中国柔性面板整体规模和技术实力持续提升。

（五）光伏领域发展情况

2021年，全球光伏市场整体发展动力十足。根据CPIA数据，2021年全球新增光伏装机规模183GW，如图1-1所示，截至2021年全球累计光伏装机规模达到947GW。2021年，中国新增光伏发电并网装机容量54.88GW，新增光伏装机容量连续九年稳居世界第一。2021年，中国和美国、印度这三个国家占了50%以上的全球光伏市场，再叠加一些亚太其他区域，以及拉美的巴西和其他地区，占全球装机总量的70%多。根据PV Infolink的统计，2021年，全球光伏新增装机容量达1.726亿千瓦，同比增长23.1%。其中，中国光伏累计装机规模第一、新增装机规模第一。而中国以外的市场新增装机规模为1.246亿千瓦，同比增长

30.1%。以色列、土耳其等新兴市场发展较好。此前，全球七成以上的光伏市场集中在欧美，如今全球光伏市场呈现遍地开花、全面发展的态势，巴西、土耳其等新兴市场表现较好，百万千瓦级市场数量已提升至20个，较2018年的11个增加了9个。

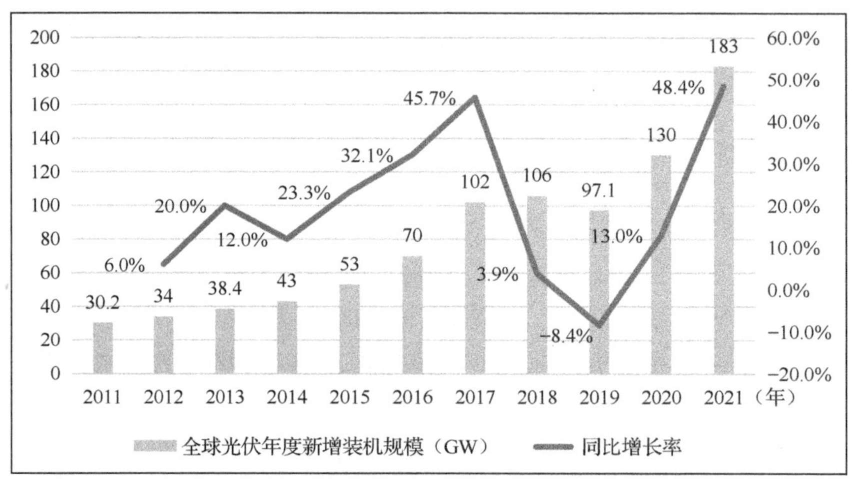

图1-1　2021年全球光伏年度新增装机规模

数据来源：CPIA，赛迪智库整理，2022.04

第二节　发展特点

一、各国政策层出迭现，驱动行业技术创新

2021年，世界各国在6G、人工智能、量子技术、网络安全等领域出台多项科技战略。为抢占先进技术制高点，2021年1月，美国国防部发布网络安全成熟度模型认证（CMMC），美国国防工业基础（DIB）超30万家供应链公司从此有了实现网络安全的统一标准。CMMC仔细考查并整合了各种网络安全标准和最佳实践，映射从基础到高级网络卫生多个成熟度水平的各项控制措施与过程。2021年6月，美国参议院通过《2021年美国创新与竞争法案》（USICA），其由1个拨款方案和4个相互独立的法案构成。USICA为CHIPS基金拨款240亿美元，鼓励对美国的半导体制造、测试和封装进行投资。2021年5月，德国联邦

教育和研究部（BMBF）宣布德国政府将拨款 20 亿欧元用于量子技术的发展，包括推出“量子处理器和量子计算机技术”计划，开发基于不同技术的新型、可扩展量子处理器；研究由多个超导量子比特经过组件改进而成的新型量子处理器。德国资助 7.5 亿欧元推进建设 30 家科学数据中心；资助 2.5 亿欧元建立四个研究中心，研究下一代移动通信 6G 技术；资助 1.14 亿欧元用于提高中小企业员工的数字技术和数字技能。德国政府还启动了总额达 15 亿欧元的汽车工业投资未来计划，2021 年资助约 6 亿欧元，重点是自动驾驶、数字化等领域。2021 年 6 月，英美两国元首会晤并且签署新《大西洋宪章》。两国同意在新框架下加强科技伙伴关系，推动在关键供应链安全、电池技术、人工智能技术、数字技术标准建设、量子技术和 6G 等未来技术方面的合作。2021 年 8 月，英国计划放宽数据隐私规则，与美国、澳大利亚、新加坡、韩国等国家建立全球数据合作伙伴关系，达成新数据传输协议，降低数据传输成本。2021 年 7 月 5 日，中国工业和信息化部等十部门发布《5G 应用“扬帆”行动计划（2021—2023 年）》。据中国工业和信息化部数据，截至 2021 年 11 月底，5G 基站超过 139.6 万个，5G 手机终端连接数达 4.97 亿户。2021 年 10 月底，5G 网络已经覆盖中国所有地级以上城市市区、97%以上县区及 50%乡镇镇区。5G 行业应用快速发展，截至 2021 年 10 月底，行业虚拟专网数量超过 2300 张。中国 5G 网络覆盖水平和用户规模均全球领先。

二、技术创新浪潮迭起，先进技术不断突破

2021 年，全球范围内电子信息技术创新呈现高效率、多方向、宽前沿、集群式突破的特征。2021 年 1 月，美国斯坦福大学在 DARPA“电子复兴计划”支持下，开发出兼具存储与数据处理功能的“存算一体”深度神经网络系统。该系统由 8 个计算芯片组成网络，各计算芯片内包含一个 18 千比特阻变存储器（RRAM）和一个 8 千比特静态随机存储器（SRAM），处理单元和片上存储器紧密相连，大幅提高了数据存取速度；8 个计算芯片可并行执行神经网络推理任务，显著提升了数据处理速度；片上存储器采用相变存储机制，读写速度较闪存更快、能耗更低，可在断电情况下存储数据。全新深度神经网络推理系统极低的运行功耗，适用于类脑计算、虚拟现实、智能化系统等领域，为高集成度、

高性能智能芯片发展提供了新的思路。2021 年 5 月，美国 IBM 公司发布全球首个 2 纳米芯片制程工艺。该工艺采用三维垂直堆叠纳米片全环栅（GAA）晶体管结构，与主流鳍式场效应晶体管结构相比，开关速度更快，工作速率更高；引入底部介电隔离技术，与普通浅槽隔离技术相比，绝缘性更好，减少了漏电，并降低了功耗；利用极紫外光刻（EUV）技术代替深紫外光刻（DUV）技术，分辨率更高、光罩使用量更少，提高了良率，并降低了制造成本。2021 年 9 月，德国雷根斯堡大学在室温下制造出能在无磁场环境中运行的双层石墨烯自旋进动二维材料自旋场效应晶体管。该研究为石墨烯范德华异质结构研究提供了有价值的理论参考，拓展了二维材料的应用范围，使节能自旋逻辑器件的研发成为可能。2021 年，中国电子信息行业的基础性、通用性技术研发取得重要进展。在量子计算、高端芯片、高性能计算机、网络架构、基础操作系统、卫星互联网应用、工业互联网及智能制造等领域取得一批重大科技成果。2021 年 6 月，北京大学物理学院叶堉研究员课题组提出了一种人工育种、利用相变和重结晶过程制备晶圆尺寸单晶半导体相碲化钼（$MoTe_2$）薄膜的新方法。2021 年 9 月，中国长城在晶圆切割技术方面取得重大突破，其旗下郑州轨道交通信息技术研究院联合河南通用智能装备有限公司，实现半导体激光隐形晶圆切割设备的技术迭代，分辨率由 100nm 提升至 50nm，达到行业内最高精度，实现晶圆背切加工功能。

三、国际巨头加快并购，综合竞争力稳健提升

2021 年，电子信息企业巨头的国际并购步伐进一步加快。半导体领域，高通公司宣布其子公司高通技术公司已签订最终协议，将以约 14 亿美元（营运资本变动和其他调整前）收购 NUVIA。日本瑞萨电子对外宣布，以全现金方式收购 Dialog，收购金额约为 49 亿欧元（约合 59 亿美元）。2021 年 8 月 31 日，Dialog 并购案正式完成，约 2300 名原 Dialog 员工加入瑞萨电子。德州仪器官网发布新闻稿，宣布将以 9 亿美元收购美光科技公司的犹他州 Lehi 300mm 晶圆厂，以提高产能。SK 海力士宣布将以 5760 亿韩元（约合 4.93 亿美元）收购总部位于韩国的晶圆代工厂商 Key Foundry。通信领域，BCM One 收购 SkySwitch、LincLogix 和 CoreDial，亚马逊收购 Wickr，Sangoma 收购 StarBlue，

Genesys 收购 Bold360。物联网领域，谷歌在 2021 年 1 月以 32 亿美元收购智能恒温器制造商 Nest Labs。云计算领域，美国云计算巨头赛富时（Salesforce）2021 年 7 月 21 日完成了收购企业聊天兼内部协作工具 Slack 的交易。信息服务领域，Wipro 公司以 1.17 亿美元收购澳大利亚的 Ampion 公司，以 14.5 亿美元收购金融咨询机构 Capco 公司；Citrix 公司以 22.5 亿美元完成对协作平台 Wrike 公司的收购。

四、抢先布局新兴领域，占据产业发展新高地

2021 年，量子计算依然处于全球科技研发的焦点位置，全球主要国家纷纷加紧部署以量子计算为代表的新兴领域。2021 年 1 月，法国宣布启动量子技术国家战略，计划五年投资 18 亿欧元，使法国跻身量子领域“世界前三”。2021 年 6 月，在 G7 峰会上，美国、英国、日本、加拿大、意大利等七国宣布联合开发一个基于卫星的量子加密网络——“联邦量子系统”（FQS），将统筹资源和资金促进共同研究，计划于 2023 年发射第一颗 FQS 卫星。2021 年 7 月开始，多国投入资金研究量子科技。新西兰政府将在未来七年半为奥塔哥大学的 Dodd-Walls 光子和量子技术中心提供 3675 万美元的资金；7 月 16 日，加拿大政府宣布将制定国家量子战略并征集意见，计划在七年内投资 3.6 亿加元（约合 18 亿元），以启动其国家量子战略；7 月 20 日，英国财政部启动了一项 3.75 亿英镑的新计划，以推动对英国增长最快、创新和研发密集型公司的投资，其中包含量子科技公司；7 月 23 日，美国能源部宣布拨款 7300 万美元，资助国家实验室和大学牵头的 29 个项目三年，用于推进量子信息科学研究。11 月中旬，澳大利亚宣布投资 1 亿澳元推动量子研究商业化，11 月底，日本宣布拨款 145 亿日元，将强化量子保密通信研究。半导体领域也成为大国博弈的竞争焦点，各国围绕先进制造进行产业政策布局，2021 年 6 月，日本出台《半导体战略》，包括国内产业基础强化和围绕国际半导体发展的两大战略；2021 年 1 月，美国出台《美国芯片法案》，成立国家半导体技术中心，鼓励国防部、能源部扩大半导体投资；2021 年 5 月，韩国出台“K 半导体战略”，计划未来 10 年投资 510 兆韩元用于建设半导体供应链。

第二章

2021 年中国电子信息产业发展状况

2021 年是“十四五”开局之年，面对世界百年未有之大变局和新冠肺炎疫情全球大流行交织的外部环境，我国电子信息全行业坚持以习近平新时代中国特色社会主义思想为指导，砥砺奋进、攻坚克难，整体保持良好发展态势，创新能力持续增强，规模利润实现高速增长，行业出口保持稳定，重点元器件产值产能提速，创新能力持续增强，高质量发展步伐持续迈进。展望未来，新一代信息技术产品向智能、健康、绿色方向演进升级，产业发展动力向以消费为主的内生需求倾斜，数字化浪潮激发信息技术新增长点和新经济形态，算力经济为生产力改造和行业赋能添薪续力，开源生态为我国产业赶超发展提供新路径新选项。与此同时，信息技术产业仍面临供给冲击、需求下降、预期减弱的内部隐忧和全球经贸环境复杂的外部挑战。为实现信息技术产业高质量发展，推动行业平稳运行和提质升级，建议夯实核心技术底座，扩大有效产能供给，促进产业链供应链融通发展，加大对外合作开放力度。

第一节　发展情况

一、产业整体情况

2021 年，面对复杂严峻的国际形势、原材料涨价和主要消费电子产品需求不振等问题，我国电子信息产业攻坚克难，高质量发展步伐持续迈进，产业规模、利润双双增长。规模方面，2021 年，规模以上电子信息制造业增加值同比增长 15.7%，增速较 2020 年同期提高 8.0 个百

分点，高于工业增加值增速 6.1 个百分点，实现营业收入 141285 亿元，同比增长 14.7%。从近十年数据来看，电子信息制造业营业收入占规上工业的比重位于［7.6%，11.3%］区间，其规模韧性是稳定制造业规模韧性行之有效的“压舱石”。软件业务收入 94994 亿元，同比增长 17.7%。利润方面，规模以上电子信息制造业实现利润总额 11875 亿元，同比增长 7.6%，增速较 2020 年同期提高 4.4 个百分点；软件业利润总额 11875 亿元，同比增长 7.6%。

出口增速创四年来峰值。2021 年，规模以上电子信息制造业出口交货值同比增长 12.7%，较 2020 年、2019 年、2018 年分别提升 6.3、11、2.9 个百分点。从整机产品来看，笔记本电脑出口量快速增长，手机、彩电出口量下降。2021 年，我国笔记本电脑出口 2.2 亿台，同比增长 22.4%；手机出口 9.5 亿部，同比下降 1.2%。手机、彩电等重点产品对欧美出口额下降态势明显，2021 年彩电对美国出口额下滑 9.4%，手机对印度出口量和出口额大幅下降 48.3%和 49.2%。非洲等新兴市场开拓步伐加速，传音进入全球手机出货量前六。从重点器件看，集成电路、面板成为拉动出口额上涨的主力军。全球疫情影响下，美洲、东南亚、欧洲等地区电子元器件产能尚未恢复，大量订单向我国转移，我国电子元器件出口实现逆势增长，集成电路出口量同比增长 19.6%，面板出口额同比增长 29.7%，重点器件成为拉动出口额上涨的主力军。

投资增速逐季回落但韧性犹存。从全年看，行业投资增速处于五年来次高水平，2021 年固定资产投资同比增速 22.3%，较 2020 年、2019 年、2018 年分别提升 9.8、5.5、5.7 个百分点。分季度看，一季度投资迅猛增长，二、三、四季度逐步回落，累计增速降幅接近 50%。增速逐季回落主要源于两方面：一是产品出厂价格仍无起势，2019 年底起电子信息制造业 PPI（生产者价格指数）分月趋于下行态势，2021 年全年仍持续负增长，导致市场投资积极性不高；二是新基建、5G 等投资风口在年初大幅拉动行业投资，但后继乏力，且在集成电路“窗口指导”、面板产能趋于饱和态势下大项目建设投资放缓。未来，随着 5G 独立组网建设进入发力期，全国一体化大数据中心、AI 算力中心进入密集部署期，自动驾驶 L3/L4 技术趋于成熟，产业投资仍有较大成长空间。

重点领域创新成果接续涌现。存储芯片填补国内空白，先进封装测试规模在封测业中占比达到约30%，刻蚀机等高端装备和靶材等关键材料取得突破。产品高端化取得成效，国产品牌智能手机、液晶面板、消费型无人机市场占有率居世界首位，4K超高清电视市场渗透率超过全球平均水平（40%）。操作系统、数据库等基础软件取得标志性成果，高精度卫星导航定位、智能电网调度控制等应用软件具备全球竞争优势。工业互联网创新发展工程持续推进，工业互联网网络、平台、安全三大体系建设实现规模化发展。全球最大规模光纤和移动通信网络建成，实现网络、产业、应用全球领先。

二、重点产业情况

重点整机增速回弹，元器件增长节奏向好。远程办公、在线教育拉动计算机、手机正增长，彩电产销低迷态势依旧持续。2021年，计算机延续2020年以来的超高速增长，累计产量为48546.4万台，同比增长22%；手机五年来首次实现正增长，2021年国内市场手机出货量3.51亿部，较2020年上涨13.9%。在关税影响下，彩电企业将产能持续转出至海外，1—10月彩电产量14889.0万台，同比下降4.9%；全年彩电零售量规模为3835万台，同比下降13.8%，为近五年来最低值。集成电路产量大幅上升，我国面板产能统治地位进一步巩固。2021年，我国集成电路累计产量3594亿块，同比增长33.3%。2021年我国所有面板厂面积产能约为2.3亿平方米，占全球产能的61%。高世代线加速布局。2021年TCL华星光电10.5代线工厂量产，惠科8.6代线工厂开始大规模生产。

新兴领域持续升温激发产业活力。新的突破方向接续涌现，先进计算、5G、人工智能、超高清视频、虚拟现实成为重要引领。以先进计算为代表的新兴领域，通过体系化布局、集群化创新、成熟工艺优化等方式夯实信息技术底座，以多路径的计算架构、多样性的计算产品、颠覆性的计算理论驱动信息技术快速迭代变革。5G、人工智能等引领未来的战略领域，逐渐形成覆盖基础层、技术层到应用层的完整产业链和应用生态，专利数量全球领先，行业标准体系不断健全，应用领域向交通、医疗、教育、安防等传统领域不断延伸。在以超高清视频、虚拟现实为代表的信息消费主战场，新型信息产品智能化、高端化、泛在化升

级趋势明显，联网设备边界从计算机、手机和电视等传统消费电子设备向可穿戴设备、汽车等新型终端广泛延伸，带来了智能终端产品形态和消费场景的极大丰富，数字文化内容供给能力和供给质量迈上了新台阶。

第二节　发展特点

一、国际地缘政治与科技竞争绑定趋势凸显

当前，国际形势正发生复杂而深刻的变化，新冠肺炎疫情在世界范围内持续演变，大国博弈格局深刻调整，世界经济形势不稳定、不确定因素增加。在此背景下，地缘政治内涵和影响要素不断变化，以新一代信息技术为代表的科技实力和经济实力成为影响大国竞争的决定性力量。近年来，美西方国家持续强化推动高技术产业发展的战略视角，将先进计算、半导体、通信网络等技术作为关键国家资产布局的态势愈发明显，与美国产业政策回归的脉络呈现高度一致性。电子信息产业的技术链产业链供应链高度国际化，在美国等西方国家对我国电子信息产业制度化、体系化的遏制下，如何建立新时代大国竞争优势与经济社会可持续发展相适应的产业体系尤为重要。

二、信息技术产品向智能、低碳、健康方向演进

电子信息产业创新发展持续升温，信息技术从基础理论、装备材料、生产工艺、底层架构、系统设计全链条集群式突破，驱动信息产品向智能、低碳、健康方向优化升级。信息技术产品逐步具备更高层次智能化。半导体、人工智能、大数据、区块链、物联网、下一代通信技术、机器人、先进计算、脑科学、人机交互、虚拟现实和增强现实技术、量子技术创新发展持续升温，信息技术交叉创新的边界不断外溢，软硬协同、人机交互、万物互联趋势愈发明显，信息技术产品具备了更高层次的感知、判断、学习、决策能力。电子信息产品成为实现低碳目标的主力军。在“3060”碳中和碳达峰长远目标的背景下，数据中心液冷、轻量级操作系统等技术帮助信息产业保持低能耗运行，智能光伏、锂离子电池、新型功率器件等产品还可助力其他行业实现节能化、电气化，信息产业

为达到低碳目标贡献开源、节流、赋能的关键力量。信息技术产品加速向大健康产业融合渗透。新一代信息技术对医疗产业赋能作用逐渐凸显，新兴智能诊断、基因测序、远程医疗等领域，人工智能、先进计算、5G、超高清视频、虚拟现实等新一代信息技术提供了智能决策、高效算力、低延迟传输、3D 成像等一系列有效支撑手段。在疫情防控常态化背景下，新一代信息技术能够助力精准高效地开展监测分析、病毒溯源、患者追踪等疫情防控工作，提升疫苗和药物研发效率，逐步成为打赢疫情攻坚战的重要手段。

三、产业发展动力向以消费为主的内生需求倾斜

在复杂多变的国际形势和新冠肺炎疫情反复等不确定性因素影响下，全球经贸格局正面临新一轮调整和变革，依靠内生需求扩大信息技术产品消费成为产业发展新趋势。电子信息产品出口空间探顶。自 2013 年起，我国电子信息制造业出口增速放缓态势明显，由 2001—2013 年 20%～40%的高速增长减缓至 2013—2020 年 3.6%的复合增长率。未来在全球疫情、各类要素成本快速上涨和中美贸易摩擦影响下，信息技术产品出口保持快速增长面临的压力逐年增大。信息消费内生需求蕴含巨大潜力。2021 年前三季度我国最终消费支出对经济增长的贡献率仅为 64%，与世界平均水平 75%和美国、英国、德国等发达国家平均水平 80%相差较远，在未来仍有 10%以上的增长空间。服务型、享受型消费升级成为拉动内需上升的新引擎。随着信息产业进入新旧动能转换阶段，数字孪生等生产性服务类信息消费型，元宇宙、超高清视频、虚拟现实等生活享受型将逐步放量，不断丰富消费场景，改变消费行为，创新消费模式，释放信息消费对内需潜力拉动作用。

四、数字化浪潮催生信息技术新增长点与新经济形态

随着新一代信息技术不断突破和广泛应用，互联网、大数据、人工智能等技术赋能经济社会方方面面，海量数据和丰富应用场景交织融合，人类社会正式步入数字化转型时期。以新一代信息技术为“底座”的数字治理、智能制造、无人经济等大量数字化转型需求爆发加速信息

技术新增长点、新经济形态的不断涌现。行业数字化转型市场孕育信息技术创增长新亮点。工业制造领域在采集、传感、加工、交付全环节的数字化转型对信息技术产生大量需求，工业软件、智能传感器、物联网、工业机器人、工业互联网等信息技术发展迅速。超高清视频、虚拟现实等新一代信息技术在文化娱乐领域率先实现产业化，元宇宙爆发将人工智能、虚拟现实、大数据、区块链、高性能计算、3D 图形引擎、高速无线通信等大量前沿信息技术连点成线，逐步成为未来信息产业的主战场。数字技术与新场景新模式深度融合推动新经济形态接续涌现。近两年，无人经济、在线经济逐渐活跃，在疫情影响下，远程办公、远程教育、在线医疗、无人零售等新型经济形态迅速增长，为信息产业发展提供广阔的发展空间。

五、算力经济迸发为经济社会发展添薪续力

计算对经济社会发展和产业能级跃升的驱动作用日益凸显，在推动科技进步、促进行业数字化及支撑经济社会发展方面发挥着愈加重要的作用。各领域对算力的需求与日俱增，算力经济迸发出更为旺盛的发展动力。计算技术原理和底层架构进入体系化突破的新阶段。新型计算终端产品不断涌现，多样性计算架构持续演进，异构集成、内存计算、多芯片封装等新计算理念将改变处理器设计思路，变革性计算理论酝酿形成，量子计算、类脑计算等非经典计算正从理论走向实践，逐步实现指数级加速和低功耗高效自学习。算力普惠将成为产业加速升级的起跑点。随着经济社会发展和国家治理现代化对数字化转型和计算技术的要求全面升级，生产端、流通端对泛在、安全、高效、融合、集约降耗的算力需求呈现规模化增长。2020 年我国通用算力为 77EFlops，AI 算力为 56EFlops。根据摩尔定律与市场预测，到 2025 年基础算力将翻两番，达到 300EFlops，AI 算力总量将超过 1800EFlops。算力的战略地位及其作为新型基础设施的价值体现愈发明显。计算产业将成为促进经济发展的重要动力。计算技术对经济社会发展和产业能级跃升的根本驱动作用日益明显，城市大脑、自动驾驶、智能制造等“计算+”行业应用不断融合深化。2021 年计算产业约占电子信息制造业比重为 30%，到 2025 年，我国计算产业直接规模将达到 8 万亿元，辐射带动规模将超过 15

万亿元。未来随着计算产业加速与经济社会各领域深度融合，其辐射带动规模将持续扩大，为社会经济发展注入全新动能。

六、开源生态为我国产业赶超发展提供新路径新选项

通过技术开放、技术开源凝聚创新要素，逐步成为打造产业创新生态的关键路径。我国拥有庞大的应用市场和丰富的技术人才优势，努力在全球开源体系中占据应有之位，不仅有利于紧密跟随技术发展趋势，还可提升全球产业话语权、影响力和竞争力。我国开源生态建设方兴未艾。目前，开源生态项目建设呈现爆发式增长，Gitee 2020 年度报告数据指出，2020 年 Gitee 平台我国开源项目增长率为 192%，项目数达到 1500 万个。华为、腾讯、阿里等大型科技公司均将开源纳入公司整体战略，开源生态呈现产业化发展趋势。同时，我国企业在操作系统、数据库、中间件等领域积极投入开源，涌现出一批优质开源项目，如 openEuler、TiDB、TDengine 等。开源逐步成为产业创新提速的助推器。开源为产业创新提供开放合作、相互赋能、高度绑定的技术交流平台，汇聚开发者、企业、科研机构等智力要素，推动多方产业创新成果螺旋式叠加，大幅提升产业创新迭代效率。开源助力双循环格局加速形成。开源的继承性特点推动我国信息产业上下游厂商、技术人才和用户间形成良性循环，实现产业链全链条的能力复用和信息互通，构建起高度开放、相互赋能、协同演化的产业创新生态。在全球范围内有助于我国技术、标准融入全球生态，提升我国产业竞争力和影响力。

行　业　篇

第三章

计算机行业

第一节　发展情况

一、产业规模

2021 年中国微型电子计算机设备产量 46692 万台，同比增长 23.52%。2013—2021 年我国微型电子计算机产量如图 3-1 所示。

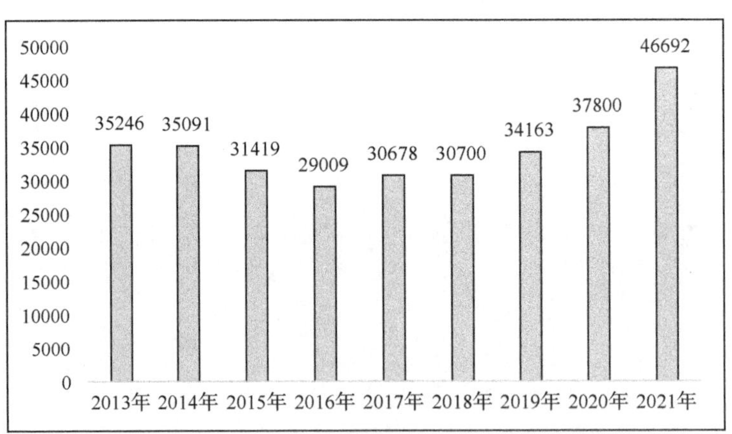

图 3-1　2013—2021 年我国微型电子计算机产量（万台）

数据来源：工业和信息化部，赛迪智库整理

二、产业结构

个人计算机（PC）方面。IDC 数据显示，2021 年全球 PC 出货量达到 3.49 亿台，同比增长 14.8%，创 10 年来新高。2021 年联想 PC 出货量达到 8193.5 万台，较上年同期的 7183.2 万台增长 14.1%，市场占有率为 23.5%，略低于上年同期的 23.6%。2021 年 PC 市场的物流环境充满挑战，加上持续性零部件供应短缺，市场对 PC 的实际需求大于目前出货水平。根据 Canalys 全球 PC 出货情况报告，2021 年第四季度台式机、笔记本电脑和工作站的全球出货量同比增长 1%，达到 9200 万台，高于上年同期的 9100 万台。这使得 2021 年全年的总出货量达到 3.41 亿台，比 2020 年增长 15%，比 2019 年增长 27%，是自 2012 年以来最高的出货量。

图 3-2 展示了 2021 年全球 PC 各厂商出货量市场份额（基于 IDC 数据），联想位居第一名，出货量年增 14.1%，至 8190 万台，市场占有率 23.5%；第二名惠普，出货量年增 9.3%，至 7410 万台，市场占有率 21.2%；戴尔排第三名，出货量年增 17.9%，至 5930 万台，市场占有率 17.0%；苹果年成长率高达 22.1%，出货量 2780 万台，市场占有率 8.0%；宏碁出货量年增 16.5%至 2390 万台，市场占有率 6.9%。

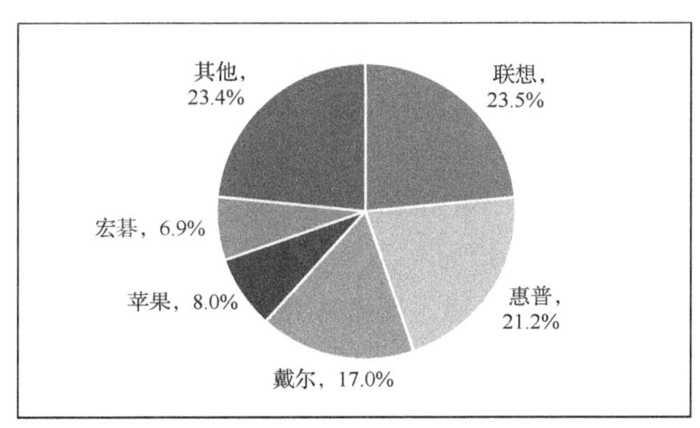

图 3-2　2021 年全球 PC 各厂商出货量市场份额

数据来源：IDC 中国，赛迪智库整理

服务器方面。服务器市场需求主要取决于算力需求、信息存储需求，以及自身技术进步带来的更新换代需求。全球经济快速复苏和疫情带来的居家办公和在线教育需求引发数据量陡增，推动算力需求与存储需求大幅上升，对数据中心基础设施的投资不断上涨。根据 IDC《2021 年全球服务器市场追踪报告》和《2021 年第四季度中国服务器市场跟踪报告》数据，全球服务器市场出货量和销售额分别为 1353.9 万台和 992.2 亿美元，同比增长 6.9%和 6.4%。2021 年中国服务器市场出货量为 391.1 万台，同比增长 8.4%；市场规模为 250.9 亿美元，同比增长 12.7%。2017—2021 年中国服务器市场出货量如图 3-3 所示。

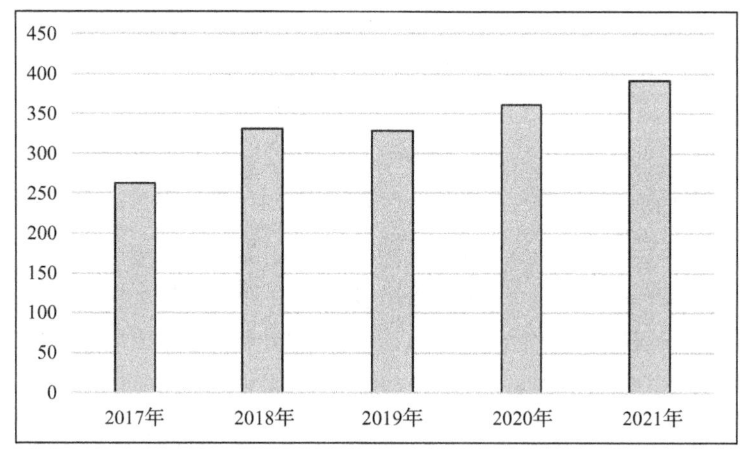

图 3-3　2017—2021 年中国服务器市场出货量（万台）

数据来源：IDC 中国，赛迪智库整理

图 3-4 展示了 2021 年第四季度中国 X86 服务器市场各厂商出货量占比，出货量排名前三的厂商依次为浪潮、新华三和超聚变，其中超聚变是原华为 X86 服务器业务。随着疫情结束后市场需求回暖，以及国家加快 5G、大数据中心、工业互联网、人工智能等七大领域新型基础设施建设的推进，中国创造和复制的数据量将以每年近 30%的复合增速超过全球平均水平增长，到 2025 年将产生 48.6ZB 的数据，成为全球第一大数据生产国家。未来数据收集、存储、管理和使用的难度和价值将会呈现质的飞跃，对服务器市场的需求仍将会持续旺盛，预计到 2025 年年复合增长率将达到 12.7%。

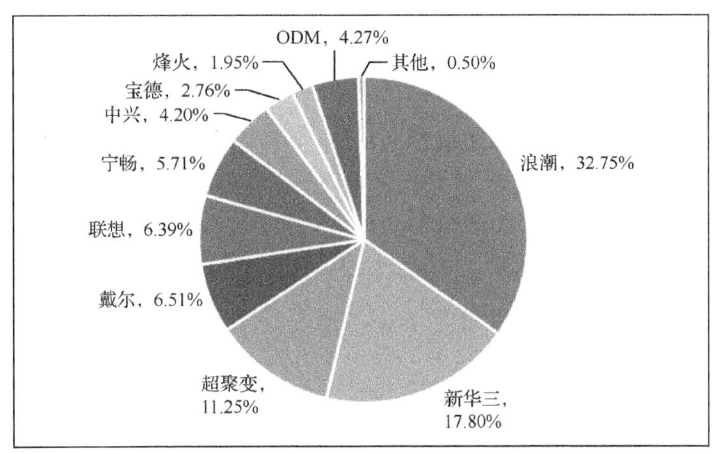

图 3-4　2021 年第四季度中国 X86 服务器市场各厂商出货量占比

数据来源：IDC 中国，赛迪智库整理

平板电脑方面。IDC 公布的 2021 年第四季度及全年中国平板电脑市场出货数据显示，2021 年全年中国平板电脑市场出货量达 2846 万台，同比增长 21.8%，创近 7 年出货最高增幅。平板电脑是在线学习、远程办公和影音娱乐的首选方式，未来一段时间平板电脑的出货量仍将高于新冠肺炎疫情暴发前的水平。2015—2021 年中国平板电脑市场出货量如图 3-5 所示。

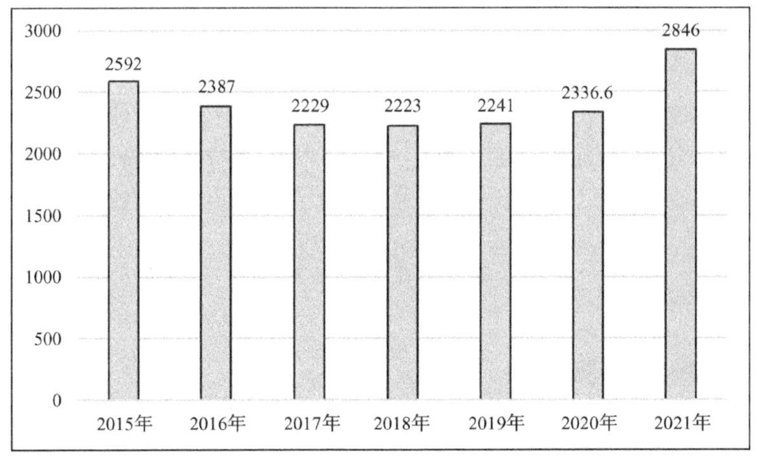

图 3-5　2015—2021 年中国平板电脑市场出货量（万台）

数据来源：IDC 中国，赛迪智库整理

从竞争格局来看，2021 年苹果凭借 iPad 约 578 万台的出货量位居榜首，同比增长 8.4%，占据 34.2%的市场份额，市场份额提高 1.6 个百分点。三星出货量同比提升 3.8%，达到 309 万台，占据 18.3%的市场份额，位居第二。第三和第四是分别联想和亚马逊，市场份额分别为 10.5%和 9.5%，同比增长均超过 15%。华为受芯片短缺影响销量同比下滑 32.1%，市场份额为 5.7%，排名全球第五。2021 年全球平板电脑市场前五大厂商出货量竞争格局如图 3-6 所示。

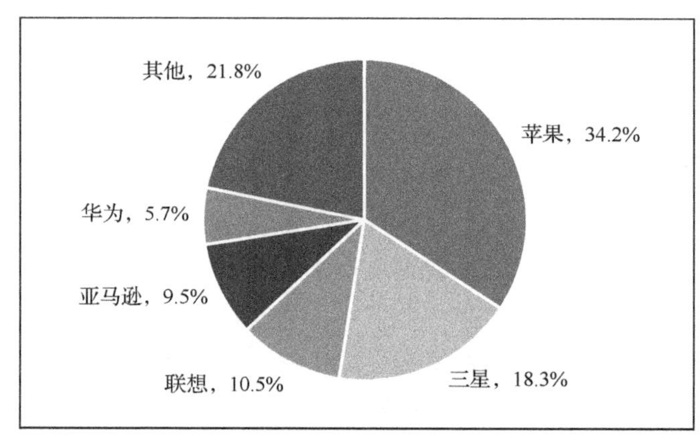

图 3-6　2021 年全球平板电脑市场前五大厂商出货量竞争格局

数据来源：IDC 中国，赛迪智库整理

超级计算机方面。全球超级计算机评估组织 TOP500.org 在 2021 年 11 月公布的榜单显示，中国和美国的科技公司与组织建造了全球最多的 TOP500 超级计算机。从数量上来看，中国拥有 174 台，美国拥有 150 台。中国公司联想、浪潮和曙光是全球三大超级计算机供应商，分别交付了 180 台、50 台、36 台 TOP500 超级计算机；美国公司惠普、英伟达、NEC 等位列其后。

三、产业创新

一是 DPU 有望成为服务器“第三颗主力芯片”。随着数据量暴涨，以及网络带宽不断提升，CPU 在网络层的性能开销越来越大。因此 DPU 应运而生，其作为 CPU 的卸载引擎，接管网络虚拟化、硬件资源池化等基础设施层服务，释放 CPU 的算力到上层应用。2020 年 10 月，英伟达正式发布 BlueField-2 系列 DPU，是基于 Arm 架构的可编程数据中心芯片。之后，Intel、Marvell 及国内创业公司也陆续推出 DPU 产品。左江科技成立了成都北中网科技有限公司，开展可编程网络安全芯片的研制，预计 2022 年下半年 DPU 流片返回。

二是各行业软件定义趋势明显。国家“十四五”规划纲要中明确提出“软件定义”，软件在各类产业中已不断丰富生产能力和产品价值，将成为生产力升级、生产关系变革、新产业发展的重要引擎。汽车、制造、IT 基础设施、能源、遥感、金融等各个领域均已呈现明显“软件定义”趋势，相伴而来的也是愈发丰富的产业创新增量。科技行业创新是核心驱动力，自动驾驶、国产化工业软件、数据安全、托管云、充电桩信息化、通导遥一体化、数字货币产业链等创新有望成为各行业新一轮成长爆发点。

第二节 发展特点

一、多重国家政策实施推动计算机产业快速增长

国家“十四五”规划纲要中重点提出要迎接数字时代，激活数据要素潜能，推进网络强国建设，加快建设数字经济、数字社会、数字政府，以数字化转型整体驱动生产方式、生活方式和治理方式变革。2021 年 12 月，首部国家级数字经济发展专门规划《“十四五”数字经济发展规划》颁布，规划中提出到 2025 年，数字经济迈向全面扩展期，数字经济核心产业增加值占 GDP 比重达到 10%，数字化创新引领发展能力大幅提升，智能化水平明显增强，数字技术与实体经济融合取得显著成效，数字经济治理体系更加完善，我国数字经济竞争力和影响力稳步提升。2022 年初，多部委联合印发文件，同意在京津冀、长三角、粤港澳大湾区、成渝、内蒙古、贵州、甘肃、宁夏等 8 地启动建设国家算力枢纽节点，并规划了 10 个国家数据中心集群，至此，全国一体化大数据中心体系完成总体布局设计，“东数西算”工程正式全面启动。从政策层面看，数字经济的顶层重视程度将大幅提升计算机产业市场需求，“东

数西算”工程的正式启动将进一步推进算力建设和服务器、通信基站的需求落地。

二、服务器成为算力的主要承载形式

数据增长驱动算力需求，服务器作为未来数字化基础架构的核心组成部分，是支撑数字化转型和数字经济发展的基石。未来数字化基础架构将从过去传统的“云到端”部署，演进为“云—边—端”协同无处不在的新型计算架构，服务器也将向异构计算、边缘计算、以内存为中心的计算及机架密度提升等技术方向演进。国家“十四五”规划纲要提出，以数字化转型整体驱动生产方式、生活方式和治理方式变革。数字经济的蓬勃发展赋予算力基础设施市场新的战略机遇，未来服务器增量空间仍十分可观，根据 IDC 预测，未来五年中国服务器市场将保持健康稳定的增长，2021—2025 年，中国服务器市场规模将由 257.31 亿美元升至 410.29 亿美元，保持 12.5%的年复合增长率。

三、人工智能服务器市场增势迅猛

随着数字经济的加速发展，现有计算资源难以满足经济社会的算力需求，人工智能底层算力架构设计优化是大势所趋。CPU+GPU/FPGA/ASIC 的异构 AI 加速服务器能够为机器学习、深度学习、模型训练、计算机视觉、NLP、知识图谱、智能语音等人工智能技术加速，支持更大规模深度神经网络模型的同时，还能提高训练精度，因而成为 AI 算力突破的业务增长点。在我国人工智能应用场景和数字化、智能化业务持续加速落地、国家政策大力推进新型数字信息基础设施建设的背景下，以智算中心为代表的新型数据中心基础设施已成为“新基建”重点发展领域。IDC 2021H1《全球人工智能市场半年度追踪报告》显示，2021 年上半年，全球 AI 服务器市场规模达 66.6 亿美元，同比增长 28.9%，远超全球 AI 整体市场增长率（包含硬件、软件和服务），强力拉动 AI 整体市场增长，中国 AI 算力占全球市场的 40%左右，已成为全球 AI 产业发展的中坚力量。未来 AI 服务器市场将持续高速增长，预计在 2025 年全球市场规模将达到 277 亿美元。

四、国产厂商替代空间广阔

据 IDC 数据，2020 年国内 X86 服务器芯片出货量 698.1 万颗，绝大部分市场份额被 Intel 及 AMD 占据，两家市场份额合计超过 95%，即国产 X86 芯片渗透率不及 5%。Intel 及 AMD 纵横 X86 芯片市场多年，基本垄断计算机和服务器市场芯片供应。近几年，国产芯片在性能上已满足客户使用需求，2020—2021 年信创项目落地，在党政机关及部分行业已初步验证国产计算机和服务器的可用性，并且国产芯片厂商及服务器厂商持续更迭产品性能，产品已由“可用”过渡至“好用”，2022 年重点行业计算机国产替代进度有望加快。目前，计算机和服务器市场国产厂商主要为华为鲲鹏、中科曙光、中国长城等。2021 年由于服务器上游芯片产能不足，导致 2021 年服务器营收增速平缓，但伴随上游产能供应问题解决，销量有望保持高速增长，伴随国产芯片及服务器产品迭代，国产替代有望从中低端向高端持续渗透。

第四章

通信设备行业

第一节　发展情况

一、产业规模

移动电话用户规模小幅增长，5G 用户数量快速扩大。2021 年通信业统计公报数据显示，2021 年，全国电话用户净增 4755 万户，总数达到 18.24 亿户。其中，移动电话用户总数 16.43 亿户，全年净增 4875 万户，普及率为 116.3 部/百人，比上年末提高 3.4 部/百人。其中，4G 移动电话用户为 10.69 亿户，5G 移动电话用户达到 3.55 亿户，二者占移动电话用户数的 86.7%。固定电话用户总数 1.81 亿户，全年净减 121 万户，普及率降至 12.8 部/百人。

百兆及以上宽带接入用户占比持续攀升，千兆用户加快发展。2021 年通信业统计公报数据显示，截至 2021 年底，三家基础电信企业的固定互联网宽带接入用户总数达 5.36 亿户，全年净增 5224 万户。其中，100Mbps 及以上接入速率的用户为 4.98 亿户，全年净增 6385 万户，占总用户数的 93%，占比较上年末提高 3.1 个百分点；1000Mbps 及以上接入速率的用户为 3456 万户，比上年末净增 2816 万户。

固定资产投资与上年基本持平，5G 投资占比近半。2021 年通信业统计公报数据显示，2021 年，三家基础电信企业和中国铁塔股份有限公司共完成电信固定资产投资 4058 亿元。其中，移动通信的固定资产投资额为 1943 亿元，占全部投资的 47.9%；5G 投资额达 1849 亿元，占全部投资的 45.6%，占比较上年提高 8.9 个百分点。

5G 网络建设加快，网络覆盖持续推进。2021 年通信业统计公报数据显示，2021 年，全国移动通信基站总数达 996 万个，全年净增 65 万个。其中 4G 基站达 590 万个，5G 基站为 142.5 万个，全年新建 5G 基站超 65 万个。

二、产业结构

手机市场方面，国内品牌出货量呈上升趋势。中国信息通信研究院数据显示，2021 年，国内手机整体出货 3.51 亿部，同比增长 13.9%。其中 5G 手机出货 2.66 亿部，同比增长 63.5%，占总出货量的 75.9%。2021 年国内上市新机型累计 483 款，同比增长 4.3%，其中 5G 手机共 227 款，同比增长 0.9%，占总上市新机型的 47.0%。2021 年，国产品牌手机累计出货 3.04 亿部，同比增长 12.6%，占手机总出货量的 86.6%；国产品牌上市新机型累计 438 款，同比增长 6.3%，占上市新机型数量的 90.7%。2021 年国内市场出货量排名前五的厂商分别为 vivo、OPPO、小米、苹果、荣耀。其中，苹果 2021 年在我国市场出货量自 2015 年以来再次突破 5000 万部，同比增幅近 40%，在前五大厂商中增速最快。荣耀 2021 年出货量达到 3860 万部，排名首次进入前五名。

我国交换机市场上半年同比增长 14.7%，其中数据中心交换机同比增长 6.4%，在网络视频广泛普及带来互联网流量剧增和银行深化科技赋能的背景下，互联网和金融成为拉动数据中心交换机投资的重点行业，25G/100G 传输速率产品的占比进一步提高，同时基于用户需求和技术趋势的演进，400G 传输速率产品从 2021 年二季度开始有较大规模部署。园区网交换机同比增长 22.5%，受疫情影响较大的行业如教育、服务，其潜在建设需求得到充分发挥，校园有线和无线网配套建设，信息技术和综合服务类企业在加大园区网建设。

路由器市场上半年同比下滑 9.6%，其中运营商路由器市场同比下滑 14.9%，5G 大建设相比 2020 上半年明显放缓，5G 回传接入设备采购规模缩减，同时由于广电 700MHz 共建共享策略未定，集采发标在下半年投放也一定程度影响了建设节奏。企业网路由器市场同比增长 17.9%，增量主要集中在政府、金融和互联网行业。

WLAN 市场上半年同比增长 51.7%，展现出强劲的复苏趋势。由于疫情影响停滞的项目有部分延期到了 2021 年，其中教育、服务、制造和医疗等行业回暖，带动无线市场建设。无线校园、线上课程、酒店和餐饮门店无线网升级、企业数字化转型等需求成为提升市场体量的主要驱动力。同时，一些智能化设备、监控仪器等对结合物联网解决方案的 WLAN 设备提出了新的需求，也对网络设备承载提出了新的要求，各主流厂商不断加大研发力度，产品性能和整体解决方案的提升也在持续推进 WLAN 市场发展。

三、产业创新

（一）移动互联网流量迅猛增长，流量消费潜力释放

2021 年，全年移动互联网接入流量达 2216 亿 GB，比上年增长 33.9%，移动互联网月户均接入流量（DOU）达到 13.36GB/（户·月），其中 12 月当月 DOU 达 14.72GB/户，创历史新高。新冠肺炎疫情影响下，非接触性服务普及率大幅提高，用户对网上购物、在线办公等移动互联网应用的依赖度加深。2020 年、2021 年我国移动互联网用户占移动电话用户的比重分别为 84.8%和 86.2%，渗透率分别较上年提高了 2.3 个和 1.4 个百分点，此前 2016—2019 年渗透率基本稳定在 80%～82%。得益于手机终端功能提升、网络持续提速，短视频、网络直播等大流量应用场景更丰富，移动流量消费潜力进一步释放。从增速看，在 2016—2020 年移动互联网流量 5 年平均增速高达 109%的基数下，2021 年仍实现 33.9%的较高增速；从总量看，2021 年移动流量消费是 2016 年的 23.6 倍。

（二）用户规模持续扩大，夯实数字化转型基础

截至 2021 年底，我国移动电话用户规模 16.43 亿户，人均普及率升至 116.3 部/百人，高于全球的 104.3 部/百人。其中，4G 和 5G 用户分别达到 10.69 亿户和 3.55 亿户，两者合计在移动电话用户数中占比达 86.7%。截至 2021 年底，我国 100Mbps 及以上接入速率的固定宽带用户达 4.98 亿户，在宽带用户中占比升至 93%，比上年末提高 3.1 个百分点。宽带用户接入总带宽达 13941 万 Gbps，比上年增长 60.6%，户均

签约带宽达到 266Mbps/户。高带宽用户比例不断提升为移动互联网应用创新和行业数字化转型奠定良好基础。信息技术加速赋能传统行业，5G 行业应用创新案例超 10000 个，覆盖工业、医疗等 20 多个国民经济行业，应用环节从生产辅助环节向核心环节渗透，"5G+工业互联网"的典型应用场景逐步向规模化复制演进。截至 2021 年底，我国蜂窝物联网用户 13.99 亿户，快速逼近移动电话用户规模，两者差距由 2020 年 4.58 亿户快速缩小至 2021 年 2.44 亿户。物联网终端广泛应用于智慧公共事业、智能制造、智慧交通等领域，这 3 个重点领域部署的物联网终端分别达 3.14 亿、2.54 亿和 2.18 亿户。

（三）5G 700MHz 宏基站招标规模超预期，三大运营商 5G 套餐用户数均破亿

2021 年 1 月，中国移动与中国广电的 5G 共建共享方案正式落地，双方将按照 1∶1 比例共同投资 700MHz 无线网络的新建、扩容及更新改造。总采购规模为 480397 站，假设单站价格 15 万元，预计总采购金额约为 720 亿元，采购规模超出市场预期。根据三大运营商 5 月运营数据，中国联通 5G 套餐用户 5 月净增 752.9 万户，累计达到 10609.4 万户；中国电信当月 5G 套餐用户净增 672 万户，5G 套餐用户数累计 1.2449 亿户；中国移动 5G 套餐客户数净增 1665.1 万户，累计达到 2.2195 亿户。随着 5G 商用持续推进，用户数迎来爆发增长期，5G 套餐总用户规模突破 4.5 亿，中国联通 5G 套餐首次过亿，未来将随着 5G 网络的完善共同促进下游应用的丰富与发展。

第二节　发展特点

一、5G 和千兆光纤网建设加快，网络供给能力不断增强

2021 年，全行业加快"双千兆"建设，推动国家大数据中心发展，构建云网融合新型基础设施，赋能社会数字化转型的供给能力不断提升。截至 2021 年底，我国累计建成并开通 5G 基站 142.5 万个，建成全球最大 5G 网，实现覆盖全国所有地级市城区、超过 98%的县城城区和 80%的乡镇镇区，并逐步向有条件、有需求的农村地区逐步推进。我国

5G基站总量占全球60%以上；每万人拥有5G基站数达到10.1个，比2020年提高近1倍。全年5G投资1849亿元，占电信固定资产投资比达45.6%。全国有超过300个城市启动千兆光纤宽带网络建设，全年互联网宽带接入投资比上年增长40%。截至2021年底，建成10G PON端口786万个，已具备覆盖3亿户家庭的能力。基础电信企业加强云网建设和部署，建设泛在融合、云边协同的算力网络，提升云网融合服务能力，2021年实现数据中心客户规模翻番。

二、网络基础设施优化升级，全光网建设深入推进

2021年，新建光缆线路长度319万千米，全国光缆线路总长度达5488万千米；其中，长途光缆线路、本地网中继光缆线路和接入网光缆线路长度分别达112.6万、1874万和3502万千米，接入网光缆线路长度比上年净增达297万千米，进一步保障和支撑用户服务质量。截至2021年底，互联网宽带接入端口数达到10.18亿个，比上年末净增7180万个。其中，光纤接入（FTTH/O）端口达到9.6亿个，比上年末净增8017万个，占比由上年末的93%提升至94.3%。

三、普遍服务持续深化，共建共享有成效

2021年全行业持续推进电信普遍服务，全国所有行政村实现“村村通宽带”。宽带网络逐步向农村人口聚居区、生产作业区、交通要道沿线等重点区域延伸，农村偏远地区网络覆盖水平不断提升，农村宽带用户规模持续扩大。截至2021年底，农村宽带接入用户总数达1.58亿户，比上年末净增1581万户，农村光纤平均下载速率超过100Mbps，实现与城市“同网同速”。全行业深化协同，持续共建共享，推进绿色低碳发展。2021年，共建共享的5G基站达84万个，在5G基站中占58.9%。2021年，通信行业开展了面向老年人等特殊群体适老化改造，持续开展精准降费、互联网行业专项整治和APP专项整治工作，不断提升服务水平。通信大数据在高效支撑常态化疫情防控中发挥重要作用，有力服务经济社会大局。

第五章

消费电子行业

第一节　发展情况

一、产业规模

2021年，我国彩电销量持续下降，近十年来首次跌破4000万台。我国彩电市场从2020年起被北美市场超越，成为全球第二大市场。根据奥维云网数据，2021年我国彩电市场销量为3835万台，同比下降13.8%，销售额为1289亿元，同比增长6.6%，其中液晶电视、OLED电视和激光电视分别占比98.9%、0.8%和0.3%。市场格局方面，2021年我国彩电市场销量前十位的厂商依次是小米、海信、TCL、创维、海尔、长虹、康佳、红米、华为、Vidda（海信旗下），TOP10品牌的市场份额约88%。彩电尺寸方面，32英寸、43英寸、55英寸、65英寸四大主流尺寸占据75%的市场份额；分辨率方面，4K彩电销量占比71%，8K电视销量占比0.2%。

2021年，我国智能音箱市场销量首次出现下滑。根据洛图科技数据，2021年我国智能音箱市场销量为3654万台，同比下降3.5%；销售额为100.5亿元，同比增长20.1%。市场格局方面，2021年我国智能音箱市场呈现寡头垄断特点，在售品牌从2020年的44个减少至2021年34个；百度、天猫精灵、小米前三大品牌的市场份额约92.27%，其中百度、天猫精灵、小米的智能音箱销量均突破千万量级。产品方面，2021年在售的带屏智能音箱的市场份额约23.4%，同比增长1.3%，共有38

款产品，较 2020 年增加 9 款，智能音箱产品从传统的无屏智能音箱持续迭代升级到带屏音箱。

2021 年，我国增强现实和虚拟现实（AR/VR）头显设备市场快速增长。根据 IDC 数据，2021 年亚太区（包括日本和中国）的 AR/VR 头显设备市场年增长 60.8%，出货量达到 219 万台。2021 年亚太区 AR/VR 头显设备出货量前五名厂商分别是 DPVR、Pico、Meta、爱奇艺、HTC。根据 IDC 数据，2021 年全球 AR/VR 头显设备的出货量为 1123 万台，同比增长 92.1%，其中 VR 头显设备出货量首次突破千万台，为 1095 万台。预计到 2024 年，全球 AR/VR 方面支出将达到 728 亿美元，年复合增长率为 54%。

二、产业创新

2021 年，彩电的智能化程度更高，从显示终端向智慧家庭中枢不断演进。随着人工智能和 5G 技术的赋能，用户和用户之间、用户和设备之间、设备和设备之间的互联互通逐渐实现，无缝连接的智能交互能满足消费者的个性化需求，营造更加舒适便利的生活环境，2021 年智能电视的市场占有率为 96.4%。小米、华为、荣耀、一加、联想等科技企业均加入智能电视阵营。智能电视更注重多设备间的协同与人机交互的便捷性，具有支持语音操控、识别方言等功能。例如，华为推出智慧屏可使用语音控制智慧屏向其他智能家居传达指令，支持 HUAWEI HiLink 协议的多款设备，可以控制家里的空调、洗衣机、摄像头、门铃、灯泡、风扇、空气净化器、窗帘、扫地机器人等智能家电。

2021 年，彩电加速进入超高清、大屏时代。各彩电品牌均增加大尺寸机型供给，2021 年我国 55 英寸以上电视占比为 59.5%，大尺寸电视占比已过半。根据奥维云网数据，2021 年我国彩电市场 75 英寸及以上的超大屏新品，占发布新品总数的 28.3%，同比增长 11.3%；50 英寸及以下新品占比为 15.8%，同比下降 10.1%。海信推出了 76 英寸 Mini LED 背光电视及全球首台 120 英寸激光电视，TCL 推出了 98 英寸 QLED 电视，三星推出了 110/101/89 英寸 Micro LED 电视，LG 推出了 136 英寸 4K HDR Micro LED 电视。

2021 年，激光、Mini LED、量子点等新技术持续迭代。海信推出

了激光及 Mini LED 背光电视新品。TCL 陆续推出了 TCL C12 量子点 Mini LED 电视、TCL 85X12 8K Mini LED 领曜电视等多个系列的 Mini LED 大屏产品，其中 TCL 85X12 8K Mini LED 领曜电视是全球最薄的 Mini LED 电视，厚度只有 9.9mm，85 英寸 8K 画质，亮度高达 3000nits，对比度达到了 10000000 : 1。华为推出了首款 Mini LED 产品华为智慧屏 V 75 Super。创维推出了新一代大尺寸 Mini LED 电视 Q72。三星推出了 Neo QLED QN900A。LG 推出了 OLED Evo、QNED Mini LED 及 Nanocell 电视。索尼发布 QD-OLED 及 OLED 电视，并且首次推出 Mini LED 背光电视。

2021 年，Micro LED 电视处于市场培育阶段。2021 年，全球 Micro LED 电视市场销量尚未超过百台。三星于 2021 年推出全球首款 110 英寸 Micro LED 电视，售价为 90 万元。2022 年，三星计划推出 178、114、110、99、89（约 50.8 万元）英寸多个尺寸的 Micro LED。国内利亚德、雷曼、洲明、艾比森等企业也在积极布局。2021 年 6 月，利亚德正式推出 Planar 品牌 Micro LED 全系家用大电视，利亚德联合 TCL 华星光电于 11 月推出了全球首款 75 英寸 P0.6 氧化物 AM 直显 Micro LED 电视，该产品采用了 Micro LED 倒装芯片、固晶（巨量转移）制程及封装制程等关键核心技术。2021 年底，雷曼推出 LEDPLAY 138 英寸旗舰版，售价为 499999 元。

2021 年，智能手机适老化功能日益增多。屏幕助手功能，在主界面为老年用户提供了 60 多项快捷功能卡片，如“清理手机内存”“打开健康码”“充话费”等，涵盖多种日常生活场景。屏幕共享功能，子女可以远程操控父母的手机，打开父母手机的支付保护、屏蔽诈骗信息等功能，防止父母落入电信诈骗的圈套。远程守护功能，子女可以实时了解到父母的具体情况，如果父母手机收到诈骗电话、信息，手机会自动将这一提醒信息传至子女手机，子女可以远程删除诈骗短信或终止诱骗支付；同时子女可以通过远程守护功能看到家中老人的实时位置，还能设置守护区域，老人当前位置、步数、运动情况等信息都会同步到子女的手机中，一旦老人超出守护区域，子女的手机就能收到提醒，减少了走失等问题发生的概率。畅连功能，华为用户可以在华为手机、平板、音响等设备上进行视频沟通，这些设备拥有家庭设备留言板等功能，使

得老人家庭沟通非常便捷。

2022 年，智能电视适老化改造进程加快。创维、TCL、海信、小度等品牌推出无频闪、防蓝光电视，缓解老年人用眼疲劳。小米公司推出的 EA2022 系列、ES 系列、红米部分机型已通过适老化评测，其提供的“长辈模式”去除了大量商业广告，字体变大、操作简化、界面简单明了，大幅提升了老年人的使用体验。海信推出 U7G-PRO 电视，可以在距离电视 5 米的范围通过语音操控电视，支持粤语、四川话、长沙话、上海话等 24 种方言，对不会说普通话的老人来说很实用；服务内容也在不断拓展，可以支持生活服务、影音、信息查询和电视控制四大类 100 多种服务场景，比如老人通过语音就可以查询到离家最近的药店、超市、洗衣店等。

第二节　发展特点

一、我国消费电子产业规模稳居世界第一

2021 年，我国消费电子市场规模继续保持世界第一，手机、计算机、彩电等主要消费电子产品的产量均位居世界第一。根据国家统计局数据，2021 年我国彩电产量 18496.5 万台，同比下降 5.76%。根据海关总署数据，2021 年我国出口彩电数量 8462 万台，同比下降 15.97%；出口金额 1046 亿元，同比增长 9.96%。2021 年，我国手机产量和出口规模均为全球最大。2021 年，中国手机累计产量达 16.6 亿部，累计增长 7%。2021 年我国手机出口量为 9.5 亿部，出口金额为 1463 亿美元。2021 年我国微型电子计算机产量 4.7 亿台，同比增长 22.3%，增速较去年提高 9.6 个百分点。2021 年，联想电脑全球出货量达到 8193 万台，以全球 23.5%的份额保持全球第一。

二、智能终端产品适老化改造进程加快

2021 年，适老化智能家电产品创新迭代加速。2020 年 11 月，国务院办公厅印发《关于切实解决老年人运用智能技术困难实施方案的通知》，通知中明确指出，推动智能终端产品适老化改造，使其具备大屏

幕、大字体、大音量、大电池容量、操作简单等更多方便老年人使用的特点。2021 年 6 月，《移动终端适老化技术要求》《移动终端适老化测试方法》《智能电视适老化设计技术要求》三项团体标准在北京发布，旨在解决老年用户使用智能终端产品过程中遇到的问题。手机方面，小米、华为、OPPO、vivo、红米等手机厂商都推出了简易模式或者老人模式，手机系统会将图标、字体、时间等关键要素放大，让老年人用起来更加舒适；还有手机增加了“亲情守护”功能，子女可以远程协助管理老人的手机。电视方面，小米、红米等电视品牌推出适老化电视产品，具备屏幕大、电池容量大、音量大、操作快捷等适老化特点。

第六章 新型显示行业

第一节　发展情况

一、产业规模

我国新型显示产业整体发展向好，继续保持高速增长态势。2021年上半年，需求端"宅经济"余热带动面板需求持续旺盛；供应端，日本和韩国玻璃厂事故频发，晶圆厂产能吃紧，终端厂商超预期备货，导致上游原材料持续短缺，显示面板出现供不应求局面，价格持续走高。数据显示，2021年上半年全球各面板厂营收、利润和出货量均创历史新高。从下半年开始，液晶面板进入下行周期，终端市场需求和价格持续回落，行业供过于求，部分面板厂开始调整稼动率以缓和产能过剩和高库存带来的压力。纵观全年，2021年全球新型显示行业营收规模达1366亿美元，同比增长18.2%，创历史新高。其中，我国大陆地区2021年产值有望达到5100亿元，同比增长14%以上，产业整体规模进一步扩大，面板产能占全球比重超过60%。

从市场规模看，2021年全球大尺寸显示面板出货总量约为9.83亿片，同比增长9.33%，比上年同期高0.65个百分点；出货总面积约2.32亿平方米，同比增长5.09%，较上年同期增长0.48个百分点。在大尺寸领域，LCD仍占据主导。2021年全球大尺寸LCD面板出货量、出货面积分别为9.627亿片、2.288亿平方米，预计到2023年市场将接近饱和。其中，我国境内厂商出货量有望达到1.44亿平方米，产能约占全球的

67%，预计到 2025 年产能占比将达到 79%。境内面板商开始主导全球产能。数据显示 2021 年上半年，全球 LCD 电视面板出货量排名前五位的厂商中以京东方为首，有四家为中国企业。2021 年全球中小尺寸显示面板的营收为 629.8 亿美元，首次超过了 600 亿美元，其中 AMOLED 营收达 368.7 亿美元，占中小尺寸显示面板市场营收的 50%以上，首次超过 TFT LCD 的总额 252.2 亿美元，预计到 2022 年底，用于智能手机的 LTPO-AMOLED 出货量将同比增长 94%。

从进出口情况看，2021 年我国液晶显示面板累计进口额为 211.29 亿美元，同比增长 10.7%，相比过去几年，进口额累计同比重现增长，且增幅显著，年内累计增幅逐步收敛；累计进口液晶显示面板数 17.56 亿个，同比减少 6.7%，降幅较去年同期增加 4.2 个百分点。出口方面，2021 年我国液晶显示面板累计出口额为 276.68 亿美元，同比增长 39.8%；累计出口面板 14.24 亿个，同比增长 12.4%，出口额和出口数均出现同比增长，且增幅显著，下半年开始稍有放缓。2021 年我国液晶显示板进出口贸易顺差达 65.39 亿美元，较上年同期增长 9.41 倍。

从区域布局看，我国已成为全球最大的显示面板生产基地，大陆地区面板产能占全球比重超过 60%，产业整体规模进一步增长。根据韩国显示产业协会公布的数据，2021 年我国企业营收额在全球份额中占比达到 41.5%，超过了韩国企业 33.2%的份额；京东方、TCL 华星光电等主要面板企业成绩亮眼，京东方 2021 年前三季度面板市场占有率约 20.5%，超越三星显示，排名全球第一。LCD 领域，2021 年我国的市场份额为 50.7%，而韩国的市场份额仅为 14.6%，韩企产能逐步退出，三星显示于 2022 年 6 月完全终止 LCD 面板生产，以京东方为首的大陆厂商产能市场占有率将进一步提升。OLED 领域，韩国企业仍保持较大优势，2021 年全球占有率高达 82.8%，国内也在加速追赶，京东方、天马微、TCL 华星光电等企业在小尺寸 OLED 面板领域大举投资，预计 2 年内有望超过韩国。

二、产业结构

智能手机市场方面，2021 年全球智能手机面板出货约 19.4 亿片，同比增长约 2.6%，全年出货同比增速呈现“前高后低”趋势。其中，京东方以 4.86 亿片的智能手机面板出货量位列行业首位，同比增长约 19.12%，三星显示和天马以 4.52 亿片和 1.84 亿片分列第二和第三。受益于苹果等终端厂商对 OLED 面板的强需求，2021 年全球 OLED 智能手机面板出货 6.4 亿片，同比上升 31.1%；其中柔性 OLED 出货 3.5 亿片，同比增长 43.6%；国内 OLED 面板出货量约 1.4 亿片，同比增长约 60.1%，增速约为全球的两倍，总体呈“小步快跑”特点。受到驱动芯片涨价及 OLED 高阶产品比重增加的影响，2021 年全年智能手机显示面板营收首次超过 500 亿美元，达到 524 亿美元，同比增长约 5.8%。

TV 面板方面，2021 年全球 TV 面板市场营收规模约为 429 亿美元，同比增加约 25.4%，营收占比回升至 30%以上，这主要是由于 2021 年上半年终端需求提升和价格大幅上涨。2021 年全球 TV 液晶面板出货量为 2.62 亿片，同比减少 2.68%，连续第三年同比下滑，降幅较上年收窄 3.25 个百分点。2022 年，由于面板行业进入下行周期及宅经济带来的需求透支，预计 TV 面板营收规模将呈现下降趋势。

笔记本电脑面板方面，2021 年全球笔记本电脑面板市场呈增长态势，整体营收约为 159 亿美元，同比增长约 50.9%，营收占比突破 10%，仅次于智能手机和 TV；面板出货量为 2.82 亿片，同比增长 25.0%，增速较上年加快 4.79 个百分点。预计到 2022 年，笔记本电脑市场将加速产业结构升级调整，面板产商将更多转向中高端市场，新产品迭代将带来新一波消费市场换机需求，部分厂商有望充分获利。

显示器面板方面，2021 年前三季度，驱动 IC 供应不足的影响尤为明显，掣肘了其出货和营收增长。进入下半年，TV 市场需求不断下滑，面板价格持续回落，使得其 2021 年整体营收增长弱于笔记本电脑面板，同比增长约 26.9%；总出货量为 1.73 亿片，同比增长 6.55%，增速较上年放缓 6.65 个百分点。2022 年，随着 LCD TV 产能转移，显示器面板首当其冲。供应增长与需求增长的不平衡将给显示器面板的价格和营收增长带来双重压力，预计显示器面板厂商将承受较大下滑压力。

三、产业创新

受益于市场需求和技术创新的驱动，主流面板技术也在不断迭代演进。OLED 领域，折叠屏、屏下摄像头等新技术取得突破；京东方、深天马、维信诺、和辉光电等厂商制造的中小尺寸 OLED 逐渐打入国际品牌的供应体系；滑卷屏、搭载屏下摄像头的柔性全面屏等柔性 OLED 创新技术不断涌现。据不完全统计，中国大陆面板厂商已经投产的 OLED 生产线共计 12 条，2021 年投产的生产线合计 4 条，2022 年投产的生产线共 2 条。随着国内 OLED 生产线相继投产，国内厂商也将迎来一轮业绩释放，市场占有率也有望加速提升。Mini/Micro LED 领域，我国企业在芯片制造、封装、背光和直显应用等产业链各环节快速成长，推出了玻璃基 AM-Mini LED、LED 数字虚拟摄影棚等新技术和新应用。微显示领域，京东方 Fast-LCD 显示器、视涯的硅基 OLED 显示器在 VR/AR 头显设备领域得到广泛应用。预计随着元宇宙受到广泛关注，VR/AR 显示面板市场增长空间未来可期。据 IDC 预测，到 2025 年，VR 头显设备的出货量将超过 2800 万台，AR 头显设备的出货量增速将更高，达到 2100 万台。

前沿技术方面，印刷、柔性显示、激光显示、Micro LED 显示是最有希望的新型显示技术；平板显示之后，将是以 AMOLED 为代表的柔性曲面显示时代。此外，京东方还推出了更具颠覆性的下一代显示技术——AMQLED 电致发光量子点显示，相比于光致发光量子点背光技术，AMQLED 显示无须背光源，注入电流即可使量子点发光，成为电致发光量子点领域取得的又一重大进展。

第二节　发展特点

一、产业深度融合步伐加快，新业态、新模式不断涌现

近来，随着大数据、云计算、物联网等新兴技术的逐渐普及，新型显示的应用场景也更加丰富化、多元化。作为智能交互的重要端口，新型显示是承载超高清视频、物联网等新兴产业的重要支撑和基础。5G 商用加快了超高清视频产品的普及，“5G+8K”超高清产业链将迎来巨大风口。预计到 2022 年，我国超高清视频产业总体规模将超过 4 万亿元，成为最大的超高清市场，进而为新型显示领域带来巨大潜在增长空间。与此同时，车载显示、智能显示、虚拟现实、在线教育、远程办公、

智慧医疗、视频会议等行业的兴起，进一步拓展了新型显示的应用范围，也给新型显示市场带来了巨大的潜在增长空间。此外，元宇宙概念持续升温，作为其关键的VR/AR头显设备，成为行业龙头争夺的重要目标，受益于此，近眼显示有望迎来新一轮产业高潮。

二、Mini LED表现不及预期，但未来潜力巨大

2021年被称为Mini LED显示技术成熟商用化元年，各龙头企业争相推出Mini LED商用产品，苹果推出重量级Mini LED相关产品，三星、TCL、创维等品牌也纷纷推出Mini LED电视产品，康佳发布了首款Mini LED背光显示器和影院Mini LED屏，海信在CES2022展会上推出了搭载自研8K画质芯片的mini LED电视85U9H，华为、小米也先后入局，抢占Mini LED赛道。然而，数据显示，Mini LED表现并不亮眼，2021年全球Mini LED电视出货量150万台，虽较2020年有很大提升，但只达到品牌厂商2021年初300万台出货目标的一半。究其原因，虽然目前Mini LED技术已较为成熟，但考虑到高昂的价格和用户消费需求，厂商更多还是将其应用到中高端产品，导致出货量表现不及预期。即使如此，主流厂商依然十分看好Mini LED的潜力。目前来看，高端市场增长力不足，出货量的主流依然是液晶电视，但是主流液晶电视价格战依然十分严峻，为了摆脱价格战的困扰，Mini LED背光电视成为众厂商的首选布局对象。一方面，Mini LED可以提升普通液晶电视的画质表现，挖掘液晶电视的剩余价值；另一方面，传统液晶电视溢价空间不足，Mini LED电视填补了中端市场的不足，有助于液晶电视发挥最大的价值。据TrendForce调查，2022年Mini LED电视年增长率翻倍，出货量将挑战450万台。

三、区域集群协同发展，产业带动作用显著

近年来，我国新型显示产业发展迅速，随着产业链、供应链本土化逐步完善，产业集聚发展态势愈加明显，已初步形成了京津冀地区、长三角地区、东南沿海地区，以及中西部地区产业发展格局，形成了“龙头企业—重大项目—产业链条—产业集聚—产业基地”的集群发展模

式，充分利用良好的产业基础和产业配套环境，加大吸引优质企业入驻，释放产业领域的先发优势，在新一轮竞争中继续领跑。广东、安徽、四川等地产能规模最大，总产能占比超过六成。作为全国最早发展新型显示产业的省份，产业集群效应凸显，据悉，安徽新型显示产业年产值已突破 1000 亿元，液晶显示器件主营收入全国占比超过五分之一，合肥液晶面板出货量约占全球 10%，2021 年前 5 个月平板显示及电子信息产业增速 42.2%，现已聚集京东方、彩虹、乐凯、康宁等众多显示龙头企业，链上企业超 100 家，目前在建、在谈及谋划项目 112 个，总投资超 4000 亿元。

四、主导产业周期波动，我国显示行业发展将从拼规模向高质量模式跃迁

2021 年下半年，显示行业进入下行周期。伴随着全球显示行业产值、产量均创新高的景气周期过后，我国大陆企业进一步巩固了液晶面板领域的优势。数据显示，2021 年前三季度，我国大陆 7 家重点显示面板企业累计实现营收 415.87 亿美元，在全球 13 家重点面板企业中占 39.2%；累计利润 65.87 亿美元，在全球 13 家重点面板企业中占 52.6%。随着韩国三星、TCL 两大巨头退出液晶市场，我国开始主导以液晶面板为代表的新型显示市场。2021 年，京东方和 TCL 华星光电的 LCD 产能占全球的 40%，大陆企业占据了全球 TV 面板 62%的市场。随着面板产线的集中建设，我国已经形成比较完整的本地供应链配套，其中既有中国本土企业参与，还包括美国康宁、德国默克、LG 偏光片等国外上游材料供应商。诸多强大的产业集群，使中国面板企业的成本快速下降，生产效率迅速提升。随着行业进入下行周期，国内新型显示企业应从规模扩张转为高质量发展，持续改善 LCD 技术，把低成本和提升显示效果发挥到最大。注重协同创新，加强国内本土化配套和上下游合作。

第七章

电子原材料元器件行业

2021年以来，疫情加快全社会数字化进程，“新基建”政策导向及“双碳”目标的指引下，5G网络通信、云计算及数据中心建设加速推进，三大运营商及国内外云计算厂商将保持大规模资本支出计划，为电子元器件需求形成有效支撑。汽车智能化、网联化及电动化发展对电子原材料和元器件价值量提升具有重要且长远的影响，元宇宙概念推出及AR/VR内容丰富化将为电子元器件提供新的需求增长极。下游需求增长叠加国产替代的政策红利，使得行业整体保持良好的收入和盈利水平。但当前我国电子信息行业仍存在整体大而不强、龙头企业缺乏、创新能力有限等问题。全球半导体供应紧张及国际航运成本增加或将延缓部分需求的释放，预计未来电子原材料和元器件的需求仍将保持增长。

第一节　发展情况

一、整体情况

（一）产业规模稳步扩大

近年来，在移动互联网技术不断发展、消费电子产品制造水平提高和居民收入水平增加等因素的驱动下，电子元器件行业呈现蓬勃发展的态势。疫情加速全球数字化进程，在“新基建”政策及“双碳”目标导向下，5G网络、云计算及数据中心建设加速，疫情“宅经济”及5G手机渗透率提升带动2021年全球智能手机和PC出货量实现正增长，汽车电子、AR/VR等市场需求持续放量，全球半导体供应紧缺或将延

缓部分需求释放，但旺盛的下游需求有望持续带动电子元器件行业快速发展。电子元器件行业下游应用领域广泛，包括通信设备、消费电子、计算机、汽车电子、智能家居、工业控制、军事安防等多个领域。2021年以来，手机和计算机等传统应用领域需求在触底反弹后实现增长，通信设备领域需求在全球5G建设加速推进背景下保持增长，汽车“电动化、智能化、网联化”趋势为电子元器件行业发展提供持续且强劲的增长动力，整体行业需求旺盛。

我国电子元器件产业发展成绩斐然，已经形成世界上产销规模较大、门类较为齐全、产业链基本完整的电子元器件工业体系，我国电声器件、磁性材料元件、光电线缆等多个门类电子元器件的产量全球第一，电子元器件产业整体规模已突破2万亿元，在部分领域达到国际先进水平。2021年，我国电子元器件行业整体呈现前高后低的运行趋势。2021年前三季度，我国电子元器件制造业重点企业普遍销售额和利润双双增长，第四季度行业增速明显回落。但整体来看，2021年全年，受益于手机、汽车等主要市场回暖，以及计算机、家电、新能源等市场稳定增长，我国电子元器件制造业重点企业普遍产销两旺。加上原材料价格上涨拉动电子元器件产品的价格提升，量价齐涨态势明显。预计2022年我国电子元器件全球第一大生产国的地位不会改变，产销量、销售额都将位居全球首位。本土企业在磁性材料元件、光电线缆、电声器件、控制继电器、电子变压器等分支行业拥有巨大体量，将稳居全球第一。

半导体材料方面，受益于下游旺盛需求，半导体材料市场迎来强劲复苏。国际半导体产业协会（SEMI）发布的数据显示，2021年全球半导体材料市场规模达到了643亿美元，较2020年的555亿美元增加88亿美元，同比增长15.9%，再创新高。其中，中国大陆地区2021年半导体材料市场规模约为119.3亿美元，同比增21.9%。国内晶圆厂商扩产趋势明显，这也为半导体材料国产化替代创造了良机，半导体材料有望迎来国产化突破。

（二）政策环境不断完善

半导体材料是保障我国发展新一代信息技术的前提，是我国实现电子信息产业自主发展的基础。为了推动我国电子元器件行业的快速平稳发展，完善我国电子元器件产业链，我国政府发布一系列利好政策，鼓

励半导体材料产业产品研发和技术升级，推动中国半导体材料国产化进程，规范市场竞争，提高中国电子元器件的竞争力。制造强国战略、《“十三五”国家战略性新兴产业发展规划》和《新材料产业发展指南》等政策为中国新材料产业发展战略、发展规划和发展任务提供基础性指导。元器件方面，工业和信息化部印发《基础电子元器件产业发展行动计划（2021—2023年）》，从推动创新、发展产业、服务行业等方面提出七项重点工作任务，拟定四项保障措施，涵盖产业统筹协调、政策支持、产业发展环境、国际交流合作。《基础电子元器件产业发展行动计划（2021—2023 年）》的印发、集成电路标准化组织的成立等将进一步统筹化推进、支撑、保障电子元器件产业的发展，逐步改变我国电子元器件行业当前大而不强的局面。同时，各地方政府积极招商引资，在土地和税收上给予行业内企业优惠，支持企业形成产业集群，提升行业运行效率和产业规模，使得行业产能集中度不断提高，促进行业头部企业高端技术、产品研发的进程。

二、存在的问题

在国际性产能过剩与互联网技术应用的冲击下，工业生产向着短周期、小批量、定制化的方向发展，驱动产业增长的核心要素也由资源投入逐步转向全要素驱动。我国电子元器件产业存在整体大而不强、龙头企业匮乏、创新能力不足等问题。针对目前电子元器件产业产品基础薄弱、重点市场应用急需推广、人才对内输送困难等问题，中国将重点提升产业创新能力、强化市场应用推广、夯实配套产业转型升级基础、促进行业质量提升、加强公共平台建设、完善人才引育机制。

（一）新材料人才依然缺乏，产学研合作有限

新材料作为引导性新兴产业得到国家与地方政府的大力支持，长三角地区凭借高端人才集中、科研基础雄厚、产业基础良好的强大优势，形成了较为完整的产业发展体系，正成为中国新材料产业发展的重要力量。过去由于传统工业材料技术落后和新材料下游应用场景狭窄，新材料研发动力不足，导致新材料高端人才匮乏。根据 2016 年 12 月我国教育部、人力资源社会保障部、工业和信息化部联合印发的《制造业人才

发展规划指南》可知，到 2025 年中国新材料产业人才缺口将达 400 万人。当前，新材料及其相关产业高层次人才储量最高的五个机构分别为上海交通大学、中南大学、清华大学、西北工业大学、浙江大学。长江三角洲地区是新材料企业的主要聚集地。在企业数量排名前十城市中，长三角地区城市共 6 个，企业数量累计达 16080 家，全国占比超过五分之一，发展势头强劲。就电子元器件企业来说，要想在高速发展的电子行业中屹立不倒，就必须根据自身客观条件和优势，有选择性地关注市场，优化运营效率。

（二）新材料研发周期长，创新能力不足

中国电子元器件行业快速发展，但技术水平与国际先进厂商相比仍有一定差距。新材料从概念到规模化应用需要专业人员长期从事研发和生产工作。新材料“开发—小试—客户送样测试—中试—产业化—量产”环节通常需要 10 年以上时间，较长的研发和生产周期导致新材料企业难以快速盈利。此外，较长的产业化周期导致较高的新材料投资风险，较高的投资成本和风险将影响新材料企业和外部投资者投资意愿。智能终端、5G、工业互联网和数据中心，新能源和智能网联汽车，工业自动化设备和高端装备制造，这是未来要瞄准的几个重要市场。

（三）新材料行业集中度提升，市场供需失衡

电子元器件企业通过兼并收购增强市场地位，以及其“一站式”服务能力，使行业集中度不断提升。半导体行业结构性供需失衡局面短期内仍将持续，未来国内半导体企业主要通过内生式增长提高竞争力。对于半导体、军工、医药等领域用户而言，材料的一致性和稳定性对下游用户产品的性能造成关键影响。测试周期需要几个月甚至几年，新材料导入用户供应体系的时间直接影响新材料的市场推广进程，较长的导入时间将延迟新材料的规模化应用。这一问题导致新材料的生产和应用脱节，阻碍了新材料企业产品转化，严重影响了市场的供需平衡。

（四）上游原材料、零部件价格上涨过快，影响企业经营

上游原材料和零部件价格上涨过快仍是困扰当前中国电子元器件

行业的主要问题。各种原材料价格仍保持在上涨区间，尤其是2022年2月底俄乌冲突爆发以来，金、银、钯等贵金属，以及铝、镍等贱金属价格均出现大幅飙升态势。可以预见，随着俄罗斯对德国等工业强国停供天然气和石油，必然导致西欧、北欧等工业强国的关键原材料价格继续上涨。由于不少电子元器件所需的高端上游原材料（如工程塑料）等仍需要从欧洲进口，这必然导致我国电子材料和元器件企业的成本增加，影响企业经营。

第二节　发展特点

一、我国半导体材料销售额增速领先全球

2021年，我国半导体销售额达到了1925亿美元，同比增长27.1%，是全球最大的半导体消费市场。2022年国家统计局宣布，国内半导体产量在2021年增长33%，是上年同期增长率的两倍。预计我国2018—2022年半导体材料销售额年均复合增长率约为8.87%，到2022年，中国大陆销售额将达到120亿美元。

二、缺货潮催生本土晶圆厂投资热潮

随着欧美国家对我国高科技领域的限制加大，我国电子信息行业对电子元器件国产化配套需求将提升，我国电子元器件本土企业的市场占有率还将继续提高。2021年2月德州寒潮因素影响了三星等巨头在美国的生产状况。随着三星，海力士，英特尔等大厂纷纷在中国建设晶圆厂，未来晶圆生产基地将向中国转移。国内厂商亦积极扩产，中芯国际于2021年3月17日公告投资23.5亿美元建设月产4万片12英寸晶圆项目，2020年亦投资500亿元建设月产10万片12英寸晶圆项目。此外，随着华虹集团、武汉新芯、粤芯半导体先后扩产。预计到2022年将迎来产能释放高峰期，届时半导体材料需求有望进一步提高。

随着疫情常态化，全球经济预计将逐渐复苏，手机、汽车等电子元器件行业主要市场将进一步恢复增长，但同样随着海外疫情的缓解，近两年电子元器件订单集中到中国工厂的趋势将很难再现，国内的外资企

业甚至是内资企业恐怕也将加快转移。

三、国际形势推动核心材料国产替代

俄乌冲突对全球经济的打击，欧美疫情管控放松后海外元器件产能恢复引发国内订单减少和产能转移加快，美国对中国高科技企业的封锁与制裁恐将加大，上海及其周边地区疫情的持续蔓延等不利因素恐对近两年行业发展产生不利影响。电子元器件行业关键材料和技术攻关被纳入国家十四五发展规划，有望获得持续的政策及资金支持；但当前中美关系未发生明显改善，各国加大对半导体扶持力度并加强技术出口限制，未来国内电子制造企业仍面临严峻的外部环境。在全球贸易不确定性加强的背景下，供应链自主可控成为重要趋势，光刻胶作为半导体、面板制造中至关重要的原材料，国产替代势在必行。

四、绿色与环保是未来发展方向

电子元器件行业位于产业链的中游，其发展速度、技术水平和生产规模不仅直接影响电子信息产业发展，还对发展信息技术、改造传统产业、提高现代化装备水平、促进科技进步具有重要意义。很多国家立法禁止使用有毒有害的物质，绿色环保电子元件制造业蓬勃发展。开发绿色安全环保的电子器件决定了产品的市场份额和发展前景，对电子元器件制造业提出了更高要求。

第八章

互联网行业

第一节　发展现状

一、业务收入和营业利润保持较快增长

2021 年，互联网和相关服务业发展态势平稳向好，企业业务收入和营业利润保持较快增长，互联网平台服务和数据业务实现快速发展，信息服务收入较快增长。互联网业务收入保持较快增长态势，据工业和信息化部数据，2021 年我国规模以上互联网和相关服务企业完成业务收入 15500 亿元，同比增长 21.2%，增速比上年加快 8.7 个百分点，两年平均增速为 16.8%。营业成本明显上升，营业利润增速保持两位数，2021 年共实现营业利润 1320 亿元，同比增长 13.3%，增速比上年加快 0.1 个百分点。营业成本同比增长 16.1%，增速比上年提高 13.7 个百分点。研发费用增长稳中有落，2021 年共投入研发费用 754.2 亿元，同比增长 5%，增速比上年回落 1 个百分点。

二、互联网企业市值大幅缩水

2021 年 2 月 7 日，国务院反垄断委员会发布了《国务院反垄断委员会关于平台经济领域的反垄断指南》，我国平台经济发展正式步入全面规范化发展阶段。受平台经济反垄断、《数据安全法》《个人信息保护法》出台、教育领域开展课外培训机构整顿等多项政策影响，2021 年我国绝大部分互联网企业市值出现大幅缩水。自 2021 年以来，中国互联网企业市值累计蒸发近 10 万亿元，几乎所有美股和港股的互联网公司股价跌幅都在 50%以上，拼多多、快手、贝壳、B 站暴跌 80%以上，新东方等一批教育企业市值缩水达 90%以上。据统计，280 支在美上市的中概股中，261 支个股股价下跌，占比高达 93.21%。2022 年年初至今，就有 184 支中概股跌幅超过 20%，53 支中概股股价“腰斩”甚至更低。超过 70%的中概股跌破 5 美元/股，69 支中概股股价甚至不足 1 美元。

三、平台经济反垄断全面推进

为了预防和制止平台经济领域垄断行为，保护市场公平竞争，促进平台经济规范有序创新健康发展，维护消费者利益和社会公共利益，2021 年 2 月 7 日，国务院反垄断委员会在前期征求意见的基础上正式印发《国务院反垄断委员会关于平台经济领域的反垄断指南》(以下简称《指南》)。根据《指南》，市场监管总局加快了平台经济反垄断，对多家大型互联网企业实施垄断行为进行了立案调查。2020 年 12 月，市场监管总局依据《反垄断法》对阿里巴巴集团控股有限公司在中国境内网络零售平台服务市场滥用市场支配地位行为立案调查。调查表明，阿里巴巴集团实施“二选一”行为排除、限制了中国境内网络零售平台服务市场的竞争，妨碍了商品服务和资源要素自由流通，影响了平台经济创新发展，侵害了平台内商家的合法权益，损害了消费者利益，2021 年 4 月 10 日，市场监管总局依法做出行政处罚决定，责令阿里巴巴集团停止违法行为，并对其 2019 年中国境内销售额 4557.12 亿元处以 4%的罚款，计 182.28 亿元。2021 年 4 月 26 日，市场监管总局依法对美团实施“二选一”等涉嫌垄断行为立案调查，10 月 8 日依法做出行政处罚决定，责令其停止违法行为，退还“二选一”保证金 12.89 亿元，并处以其 2020 年销售额的 3%计 34.42 亿元罚款。

四、数据安全监管治理全面加压

为了规范数据处理活动，保障数据安全，促进数据开发利用，保护个人、组织的合法权益，维护国家主权、安全和发展利益。2021 年 6

月 10 日，全国人民代表大会常务委员会第二十九次会议通过了《数据安全法》，自 2021 年 9 月 1 日起施行。在《数据安全法》施行之前，滴滴等一批企业在国外加速上市。为防范国家数据安全风险、维护国家安全、保障公共利益，依据《网络安全法》，2021 年 7 月，网络安全审查办公室按照《网络安全审查办法》，对“滴滴出行”“运满满”“货车帮”“BOSS 直聘”等企业实施网络安全审查；为配合网络安全审查工作、防范风险扩大，要求审查期间停止新用户注册并下架相关 APP。

五、网络生态治理全面加速推进

在中央网络安全和信息化委员统一领导下，国家网信办坚持系统性谋划、综合性治理、体系化推进，深化网络生态治理，持续开展“清朗”系列专项行动，对“饭圈”乱象、色情低俗、血腥暴力、网络水军、流量造假、网络“黑公关”等突出问题出重拳、亮利剑，对各类网站、移动客户端、论坛贴吧、即时通信工具、直播平台等重点环节中的淫秽色情、低俗庸俗、暴力血腥、恐怖惊悚、赌博诈骗、网络谣言、封建迷信、谩骂恶搞、威胁恐吓、标题党、煽动仇恨、传播不良生活方式和不良流行文化等负面有害信息进行整治，集中解决网络生态重点环节突出问题，充分运用现有行政执法手段，严厉查处关闭一批违法违规网站和账号，有效遏制有害信息反弹、反复势头，促进网络生态空间更加清朗，赢得了广大网民的积极支持和充分肯定。

六、互联网行业法治建设

2021 年，我国加快推进网络空间法治化进程，坚持依法治网、依法办网、依法上网，让互联网在法治轨道上健康运行。全国人大先后出台了《数据安全法》和《个人信息保护法》。修订和出台了《关键信息基础设施安全保护条例》《网络安全审查办法》《互联网信息服务算法推荐管理规定》《网络交易监督管理办法》《网络产品安全漏洞管理规定》《网络直播营销管理办法（试行）》《汽车数据安全管理若干规定（试行）》《网络表演经纪机构管理办法》《互联网宗教信息服务管理办法》。制定或修订了《电子商务法》《反垄断法》《反电信网络诈骗法》《未成年人网络保护条例》《禁止网络不正当竞争行为规定》《互联网用户账号名称信息管理规定》《互联网平台分类分级指南》《互联网平台落实主体责任指南》《数据出境安全评估办法》《网络数据安全管理条例》《互联网广告管理办法》《移动互联网应用程序信息服务管理规定》《互联网信息服务深度合成管理规定》《互联网弹窗信息推送服务管理规定》《金融产品网络营销管理办法》《互联网诊疗监管细则》等法律法规和行业管理规章，并向社会公开征求意见。

第二节　对策建议

一、推进互联网产业创新

发挥体制机制和大国大市场优势，紧紧抓住云计算、大数据、物联网、人工智能等技术发展历史契机，创新信息产业发展推进模式，加快补齐核心电子元器件、高端芯片、基础及关键应用软件等产业链短板。全面推进基础技术、通用技术、非对称技术、“杀手锏”技术、前沿技术、颠覆性技术等各类技术攻关，推进产业链关键环节核心技术安全可控，促进产业链条完善，保障产业链安全。推动网络运营、电子信息制造、软件开发、信息服务、安全保障等产业链环节的协同发展，促进基础性信息服务创新，增强产业生态圈打造能力，提升产业链、供应链、创新链、价值链协同发展能力。

二、压实网络平台治理主体责任

完善平台治理规章制度，建立健全身份认证、信用分级、信息审核、公共信息实时巡查、应急处置、个人信息保护等相关信息安全管理制度，以及业务流程等管理制度，确保平台具备有效的管理运行机制和安全风险控制机制。强化平台业务实时治理，建立健全平台自我管理功能，构建用户动态管理机制，加强业务实时监督，完善用户日志管理，提高业务事中阻断和事后溯源能力。加强平台安全保障，建立健全入侵监测、电子认证、访问控制、安全审计等安全防护措施，完善网络、主机、系统、平台等各个对象安全保障措施，构建数据采集、存储、传输、流通、开放、共享、开发、利用全链条信息安全防护机制。

三、构建数据监管治理体系

完善数据监管治理法律法规等制度保障，全面考虑政务数据、个人数据和企业数据，兼顾线上数据和线下数据，统筹考虑数据开发利用、流通交易、安全保障、资产化等因素，推进数据要素发展立法。完善数据监管治理标准程序规范，明确数据所有者、处理者、数据控制者等相关方的权责，以及相关数据行为准则。构建数据监管治理平台技术支撑体系，建立数据流动态势感知、安全预警、应急处置等平台，提高数字化、网络化、智能化监管水平。

领　域　篇

第九章

智能手机

第一节 发展情况

一、产业规模

2021 年中国智能手机市场经历了跌宕起伏的一年，呈现“前高后低”的节奏。2021 年新年伊始，在全行业预期较高，新冠肺炎疫情稳定可控，以及相关政策刺激消费需求的背景下，第一季度国内市场呈现大幅增长。而之后的两个季度，由于消费需求回落、部分产品供应受阻、中高端产品线终端流速不及预期等原因，出货量出现较大幅度下滑。第四季度，随着 12 月部分核心新产品的发布，下滑幅度有所收窄。2021 年全年中国智能手机市场出货量约 3.29 亿部，同比微涨 1.1%，但受到全球“芯片荒”的影响，智能手机领域也出现了严重的芯片短缺问题，尤其是低端 4G 芯片组。展望未来，随着芯片组供应商提高产量，以及 5G 芯片组价格下降，供应不平衡的情况将逐渐缓解。

二、市场结构

从品牌来看，苹果全年总出货量自 2015 年以来再次突破 5000 万部，全年增幅也在前五大厂商中最高，第四季度出货量排名国内市场首位，iPhone 13 系列取得优异市场不仅缘于华为高端产品供应受阻，也得益于其定价策略、良好的供应链掌控能力和持续深入的渠道覆盖能力。荣耀经历过上半年的调整期后，实施主攻中高端市场的产品策略，并取得了明显的成效，以荣耀 50 系列为主的“爆款产品”帮助荣耀在人民币 2500～3500 元价位段市场始终占据优势地位。全年出货量达到 3860 万部，相比 2020 年也取得了小幅增长，全年市场排名进入前五，在 12 月荣耀 60 系列、X30 系列等新品的带动下，第四季度延续了强劲的增长势头。vivo 通过其前五厂商中最丰富的产品线布局，在 2021 年内获取了稳定增长，全年市场份额排名国内第一。其中，X 系列，以及子品牌 iQOO 在 2021 年均取得了较明显的增长，帮助 vivo 在中高端市场，以及线上渠道市场获得了更大的优势。OPPO 在 2021 年国内市场出货量超过 6700 万部，排名第二，K、Reno、Find 三大核心产品线占比均比 2020 年有所提升。第四季度发布的 Reno 7 系列，帮助 OPPO 继续巩固了人民币 2000～3000 元价位段线下市场的份额。小米新品 Note 11 系列及 12 系列在第四季度，尤其 12 月成为带动小米出货表现的主力军。Redmi 9 系列及 K40 系列整年内的稳定市场表现，帮助小米 2021 年全年出货量超过 5000 万部，市场占有率排名进入前三。2021 年主要智能手机厂商在我国的出货量情况，如表 9-1 所示。

表 9-1　2021 年主要智能手机厂商在我国的出货量情况

厂　商	2021 年出货量（万部）	2021 年市场份额（%）	2020 年出货量（万部）	2020 年市场份额（%）	同比增幅（%）
vivo	7100	21.5	5750	17.7	23.3
OPPO	6710	20.4	5670	17.4	18.3
小米	5110	15.5	3900	12	31
苹果	5030	15.3	3610	11.1	39.5
荣耀	3860	11.7	3680	11.3	4.9
其他	5130	15.6	9960	30.6	-48.5
合计	32930	100	32570	100	1.1

数据来源：IDC，2022 年 3 月

从手机类型来看，2021 年全年国产品牌智能手机出货量累计 2.93 亿部，较 2020 年有小幅上涨，占同期手机出货量的 89.1%。自 2019 年 7 月以来，除 2020 年 2 月受到新冠肺炎疫情的明显影响外，5G 手机出货量整体保持上升趋势。2021 年 1—12 月，国内市场 5G 手机累计出货量 2.67 亿部，上市新机型累计 189 款，占比分别为 81.1%和 44.6%。截至 2021 年底，5G 手机问世已经有近两年半的时间，各大手机厂商也在 5G 手机的创新上铆足了劲，各品牌间的市场竞争也进一步加剧。截至 2021 年底，华为以 29.2%的市场占有率，持续领跑国内 5G 手机市场；vivo 市场占有率排名第二，达 15.4%；iPhone 5G 手机热度持续爆棚，市场占有率达 14.1%，排名第三，较 2020 年末第六位的市场占有率排名上升了 3 个位次；OPPO 以 13.6%的市场占有率排名第四；小米市场占有率达 11.4%，排名第五。

三、产业创新

底层芯片同质化现象严重，高端芯片进入突破前夜。华为专供自有手机产品麒麟芯片遭遇生产困难，麒麟 9000 系列已经具有与骁龙一争高下的实力与演进方向，但不得不止步于数量有限的高端手机产品，无法展现其真正的市场竞争力。苹果依然独立于整个行业发布，发布了随 iPhone 13 系列一同面世的 A15 芯片。虽然 A15 整体性能提升幅度是历代苹果手机芯片中相较上一代最小的，但仍然在性能、能耗方面大幅领先安卓阵营的芯片平台。三星继续推出手机芯片产品，但在生产工艺等因素影响下难有优于相似架构产品的表现。但谷歌通过与三星合作生产，在 Pixel 6 系列上使用了加入自主设计的 Tensor 芯片，或许意味着具有 AI 计算功能的芯片将成头部手机厂商新方向。

基带方面，高通推出骁龙 X60，强调端到端的解决方案。高通指出，骁龙 X60 是一个系统级的完整解决方案，包括 SDX60 基带、射频收发器、射频前端、毫米波天线模组，旨在为运营商提供极大的灵活性，最大化其可用的频谱资源。骁龙 X60 设计初衷是要进一步提升 5G 性能，支持 5G 在更多的国家得以部署，进一步提升终端整体性能和网络所提供的用户体验，以及解决随着时间而不断增加的频段组合的复杂性。苹果通过“研发+收购”的模式进行自主基带的研发。苹果于 2019 年 6 月 25 日花费 10 亿美元整体收购英特尔的基带业务。通过此次收购，苹果得到两千余名英特尔员工，同时得到涵盖从蜂窝标准协议到调制解调器架构和调制解调器操作等方面若干专利、设备和租约。苹果指出，自研基带意味着可以降低综合成本，绕开高通的专利壁垒，避免被高通“卡脖子”“收保护费”等情况，苹果自研基带将于2023年正式启用。

手机摄像头延续创新热度。瑞声科技WLG玻璃镜片正式量产，玻璃镜片的低色散、进光量大、热稳定性的优势，使玻塑混合镜头获得了更大的镜头设计自由、更大的光圈及更强的解析力，突破了影像技术目前的瓶颈期。玻璃镜片的加入，还可以有效降低镜头的高度，更利于匹配大靶面传感器的相机模组，使手机更轻薄，同时满足手机主摄、长焦、超广角、潜望、ToF等产品规格的提升。华为P50系列加入了计算光学技术，弥补了光学镜头的不足，其推出的“计算光学”概念，堪称业界画质改良和行业革新的一个新引爆点。“计算光学（XD Optics）”技术通过业界领先的“全局式”图像信息复原系统，用计算光学的方式来修正图像信息进入光学系统过程中导致的像差和信息损失问题，使原始图像信息高度还原。通过搭建“真实世界—成像系统—后处理算法”的桥梁，在系统层去伪存真，记录和还原现实世界的光影。

屏幕创新仍然是手机创新的焦点。vivo对外发布了卷轴屏设备专利，据专利示意图，其最大的特点是在需要扩展显示面积的时候，该设备可以为用户自动增大显示面积，拉伸屏幕，不需要的时候则会收回。除此之外，vivo还有一个三折屏手机新专利，手机从普通尺寸可以增加三倍，且加入了投影式虚拟键盘，是对折叠屏手机的新式展现。华为公开“一种折叠侧拉装置及电子设备”专利，专利中描述手机在折叠屏的基础上增加了侧拉式构造，可以增加展开后的显示面积。另外，华为还有一个手势操控环绕屏设计专利，用户不仅可以使用通过手指滑动屏幕来控制卷轴屏伸缩过程，也可以通过手势来进行控制，还可控制伸缩速度。同时各大手机厂商纷纷聚焦无孔屏幕的布局，华为、vivo、三星等手机巨头均进行了无孔屏幕专利布局。

第二节 发展特点

一、产业链头部集中趋势明显，国内企业话语权明显上升

智能手机产业各环节大多处于寡头垄断市场，市场份额前十名的企业、甚至前五名的企业就占领了整个市场，如操作系统市场上仅有Android和苹果系统形成双寡头局面。但随着行业技术更新、我国研发

和创新能力提升，国内企业在智能手机产业链中的话语权逐步提高。

二、国内市场规模趋于稳定，国际市场需求空间高于国内市场

统计数据显示，中国及东北亚地区是目前最庞大的两个智能手机市场，增速为 5%左右。非洲、印度、中东、中东欧、东南亚及太平洋等地区目前使用智能手机基数较小，但未来六年复合增速将达到 10%以上，其中印度、中东和非洲、东南亚市场在 2023 年有望成长到当前中国市场的体量。经过十多年高速发展，中国手机市场接近饱和状态，虽然全面屏、AI 等技术带动了手机行业的发展，但在 5G 到来之前，这些技术还不足以带来大面积的换机需求。而在国际上的一些新兴市场，如印度等依然存在增长红利，当前印度互联网渗透率只有约 30%，所以布局这些新兴市场的手机品牌商预计会有比较好的业绩。

三、AI 和 5G 技术引领手机创新趋势，激发新的市场增长点

手机市场在 2017 年曾涌现双摄像头、全面屏、人脸识别、指纹识别等各种创新。但事实上，全面屏只是将屏占比提高，指纹识别、人脸识别华而不实，并未激发大众的换机热情。AI 和 5G 技术的成熟将为智能手机带来更广泛的升级空间，AI 手机和 5G 手机有望先后实现渗透率的快速提升，在推动用户换机需求的同时引领智能手机中长期的发展方向。在国内渠道成本高涨、市场饱和的情况下，各厂商对技术力的夯实是当下较好的市场选择，在重大技术和产业变革面前，技术革新是唯一有效的驱动方式。

四、智能手机与 AR 结合或开启智能手机发展新路径

在智能手机市场需求放缓的今天，除 IoT、云服务、造车维持自身增长曲线外，“元宇宙”时期的计算终端，也就是 VR/AR 头显设备，已经成为手机厂商新的争夺方向。2021 年全年全球 AR/VR 头显设备出货量达 1123 万台，同比增长 92.1%。由此可见，VR/AR 头显设备的出货量正处于高速增长的阶段，VR/AR 头显设备市场规模不断扩大。2021 年全年，国内手机四巨头华为、小米、OPPO、vivo 获得了近百项与“元宇宙”有关的专利。其中，最早的专利申请时间可以追溯到 2016 年。

第十章 虚拟现实

第一节 发展情况

一、产业规模

2021 年虚拟现实（简称 VR）产业备受关注，产业界发生的三大事件吸引了全球的目光。一是 Meta 旗下 Oculus Quest 2 上市后销量累计超 1000 万台，标志着 VR 迎来消费端放量拐点；二是罗布乐思在 3 月上市后市值达 500 亿美元，引发了元宇宙热潮；三是字节跳动收购国内 VR 头显设备厂商小鸟看看。三大事件吸引资本、产业和政府的高度关注。2021 年全球 VR/AR（虚拟现实/增强现实）行业融资并购金额为 556.0 亿元，同比增长 128%，中国 VR/AR 行业融资并购金额达 181.9 亿元，同比增长 788%。

终端方面，IDC 数据显示，2021 年全球 AR/VR 头显设备出货量达到 1123 万台，市场同比增长 92.1%。其中 VR 头显设备出货量达 1095 万台，突破年出货一千万台的行业重要拐点。预计 2022 年全球 VR 头显设备出货量将突破 1573 万台，同比增长 43.6%。以 Oculus Quest 2 技术路径和形态为主的 VR 头显设备层出不穷，XR2 芯片成为消费级 VR 的主力芯片，CV 头手 6DoF 交互成为 VR 一体机交互的核心方式和技术路径，同时产品沿着轻薄、低价、多元交互的方式不断迭代和进步，短焦 VR、千元机、眼动追踪功能等产品逐步发布。与 VR 头显设备完成从 B 端向 C 端的突破相比，AR 头显设备当前仍在 B 端市场发育成长，上游供应链核心部件持续攻坚，已取了突破性的进展，光波导量产工艺取得突破，批量装机和大规模出货在即，单色 Micro LED 屏幕实现量产，全彩 Micro LED 量产指日可待，类眼镜的消费级 AR 头显设备逐步问世。2021 年是 AR/VR 头显设备市场继 2016 年后再度爆发的一年，相较于 5 年前，硬件设备、技术水平、内容生态、创作环境均有大幅提升，行业生态更加健康，产业基础更为牢固。

市场格局方面，2021 年全球 75%的市场份额被 Oculus Quest 2 占据，全球 VR 终端市场一家独大。索尼、小鸟看看以 5%和 4%的市场份额位列第二、三位。我国 VR 终端设备市场较小，2021 年出货量不足百万台，小鸟看看与爱奇艺瓜分了过半市场份额。我国歌尔股份有限公司占据整机代工业务龙头地位，为 Meta、Pico、华为、索尼等企业提供整机代工服务，在全球中高端 VR 终端中代工出货量占比超过 70%。

二、创新进展

（一）国产芯片实现应用

2020 年 5 月华为海思发布 XR 芯片，支持 8K 硬解码能力，单眼 42.7PDD 的像素密度是一般芯片的 2 倍，内容呈现效果更加清晰。此外，可以提供最高 9TOPS 的 NPU 算力，为图像采集、分析、上传到显示屏提供更强大的支撑。首款基于该芯片的 AR 眼镜 Rokid Vision 已发布。2021 年 12 月 16 日，瑞芯微发布了新一代旗舰芯片 RK3588，采用 8 纳米制程工艺，基于 A76+A55 的 big.LITTLE 设计，具备 4K UI 性能、8K VPU，拥有 NPU2.0 等。内置专用 NPU 主要用于 AI 应用程序。RK3588 支持 8K 视频解码和 4K 视频编码，同时还支持双 4K 输出。瑞芯微同时还发布了基于 RK3588 的 4K90H7VR 低延迟物理双屏 VR 解决方案，采用京东方 21 英寸 Fast-LCD 双屏单目分辨率 2160×2160，双目分辨率 4320× 2160，像素密度达到 1454，双屏近眼显示，支持更小的色散和畸变，预计 2022 年将有使用该芯片的 VR 眼镜发布。

（二）12K 深度沉浸级 VR 眼镜问世

2021 年 10 月 26 日小派发布了旗下首款双眼 12K 分辨率 VR 一体机 Pimax Reality 12K，采用双 6K OLED 屏幕，单块屏幕 5.5 英寸，1200ppi，刷新率可达 200Hz；面板带有 Mini LED 背光和 4400 个局部调光元件。Pimax Reality 12K 水平视场 210°、垂直视场 135°，连接 PC 的最大刷新率可达 200Hz，而一体机模式则最大为 120Hz。Pimax Reality 12K 是全球首款双目达 12K 分辨率的 VR 一体机，其 12K 的分辨率和 210° 水平视场角，已经达到了 VR 深度沉浸等级。

（三）消费级 AR 眼镜形态已现端倪

2021 年，随着产业链上游核心零部件光波导和 Micro LED 微显示量产技术取得突破，类普通眼镜的 AR 眼镜开始出现，小米发布单目光波导 AR 探索版、影目发布了首款消费级 INMO Air、雷鸟发布智能眼镜先锋版等，外观与普通眼镜接近，拥有独立计算单元，具备一体化、独立化形态。虽然未量产，但上游核心零部件已具备批量装机条件，消费级 AR 眼镜逐步问世。

三、产业政策

2021 年，国内与 VR/AR 相关的政策共有 347 项，其中国家部门发布 37 项，地方政府发布 310 项。在国家发布的政策中，涉及发展 VR/AR 相关产业的共有 10 条，发展广电 VR/AR 视频的相关政策有 6 条，涉及使用 VR/AR 进行宣传展示的有 5 条，利用 VR/AR 进行教育培训的相关政策有 4 条。地方政府发布的 VR/AR 相关政策中，主要是 VR/AR 产业规划、VR/AR 产业扶持政策等，其次是政府鼓励和推动 VR/AR 应用场景落地，主要包括文旅、宣传展示、教育培训、商贸、医疗健康等 VR/AR 核心应用场景，极大场景是当前 VR/AR 产业较大规模的 To G 市场。此外，VR/AR 产业人才、科研等 VR/AR 行业基础性建设愈发受到政府的重视，2021 年共有 14 项此类政策出台。2021 年国家 VR/AR 主要举措汇总见表 10-1。

表 10-1　2021 年国家 VR/AR 主要举措汇总

时　间	举措名称	主要内容
2021 年 2 月 20 日	教育部发布 2020 年度普通高等学校本科专业备案和审批结果	2020 年度普通高等学校新增虚拟现实本科专业备案和审批名单：北京航空航天大学、河北工程技术学院、山西传媒学院、大连东软信息学院、哈尔滨信息工程学院、华东交通大学、江西财经大学、青岛农业大学海都学院、湖北理工学院和云南经济管理学院。门类属于工科，修业年限为 4 年

续表

时　间	举 措 名 称	主 要 内 容
2021年4月23日	《网络直播营销管理办法（试行）》发布	直播营销平台应当加强新技术新应用新功能上线和使用管理，对利用人工智能、数字视觉、虚拟现实、语音合成等技术展示的虚拟形象从事网络直播营销的，应当按照有关规定进行安全评估，并以显著方式予以标识
2021年5月14日	国家新闻出版署开展出版业科技与标准创新示范项目试点工作	重点聚焦大数据、人工智能、区块链、云计算、物联网、虚拟现实和增强现实等新技术在出版领域的创新研究。虚拟现实和增强现实技术。利用其三维图形生成、动态环境建模、实时动作捕捉、快速渲染处理等技术优势，实现多源信息融合、感知交互、动态场景与实体行为仿真，探索与出版产品结合，提升读者阅读体验，促进出版成果形态升级
2021年7月2日	国家广播电视总局办公厅征集2021年度广播电视和网络视听工程建设行业标准制修订项目	围绕广电总局中心工作和重点任务、结合大数据、云计算、区块链5G和VR、AR及超高清等技术在广播电视和网络视听行业的应用实际，归纳总结新技术、新方法在行业工程建设中的应用成果
2021年7月13日	工业和信息化部等十部门印发《5G应用“扬帆”行动计划（2021—2023年）》	5G+信息消费。加快云AR/VR头显、5G+4K摄像机、5G全景VR相机等智能产品推广。推进5G模组与AR/VR、远程操控设备、机器视觉、AGV等工业终端的深度融合，推动“5G+工业互联网”服务于生产核心环节。重点支持建设与5G结合的室外北斗高精度定位、室内5G蜂窝独立定位、人工智能、超高清视频、增强现实/虚拟现实（AR/VR）等共性技术平台
2021年10月8日	人力资源社会保障部办公厅印发《专业技术人才知识更新工程数字技术工程师培育项目实施办法》	2021年至2030年，围绕人工智能、物联网、大数据、云计算、数字化管理、智能制造、工业互联网、虚拟现实、区块链、集成电路等数字技术技能领域，每年培养培训数字技术技能人员8万人左右，培育壮大高水平数字技术工程师队伍
2021年11月30日	工业和信息化部印发《“十四五”信息化和工业化深度融合发展规划》	实施“超高清视频+5G+AI+VR”融合创新应用工程，推动新技术产品在工业可视化、缺陷检测、产品组装定位引导、机器人巡检等消费品行业典型场景的创新应用
2021年12月10日	国家广播电视总局发布《VR视频系统节目制作和交换用视频参数值》这项广播电视和网络视听行业标准	国家广播电视总局组织审查了《VR视频系统节目制作和交换用视频参数值》标准文件，现批准为中华人民共和国广播电视和网络视听推荐性行业标准，予以发布。标准编号为GY/T 356—2021

第二节 发展特点

一、PC VR 和主机 VR 基于原有内容平台红利，主打高端产品满足游戏玩家需求

PC VR、主机 VR 受益于 PC 和主机的强劲性能，能够承载和运行高质量的内容，目前仍有高端和重度游戏玩家市场。2021 年，惠普 Reverb G2 推出了眼动追踪版、HTC 更新推出了 Vive Pro 2，2022 年索尼发布基于 PS 5 的第二代 PS VR 2，目前 PC VR 和主机 VR 仅是基于原有产品系列的更新，没有新的玩家入场发布类似的产品。PC VR 和主机 VR 的厂商更多的是基于原有内容平台用户的红利，如 Valve Index 依赖 Steam 平台、索尼 PS VR 2 基于索尼 Play station 内容平台、HTC VIVE Pro2 基于 Viveport 平台。总体来看，PC VR、主机 VR 已不是 VR 的主流形态，其形态和定位决定了只能走小众的、特定的发展路线。

二、元宇宙内容平台推动虚拟现实从游戏向社交转型

元宇宙成为 2021 年最大的热点概念，以沉浸体验、创作工具和内容平台为核心，VR/AR 硬件、创作工具软件、VR 游戏、VR/AR 社交平台均是元宇宙的切入点。目前以 VR 为载体开发的社交平台，参与者可以定义自我形象，创建私人空间，进行谈话、会议、表演或观影等，部分平台可以提供创作工具，供参与者开发和创造游戏或道具，邀请朋友一起玩，或者进行售卖等。目前 Meta 陆续公布了 Horizon Workrooms、Horizon Venues、Horizon Worlds 三个针对不同场景的元宇宙社交平台，Horizon Workrooms 是一款 VR 办公应用，Horizon Venues 是多人活动/观影应用，而 Horizon Worlds 是一个大规模游戏和社交平台。这三款 VR 应用均是未来 Meta 元宇宙平台 Horizon 的重要组成部分，最终将合而为一，整合成统一的虚拟世界，应用场景也不仅限于游戏，还将成为自由的创作平台。

三、教育培训仍是目前核心 B 端应用和变现场景

VR/AR 教育交互性更强、展示效果更生动有趣、通过模拟的方式可以更节省教学耗材，让高危的教学实验变得更安全，同时能够提供一些无法在现实里进行教学的课堂实现方案。2021 年国内 VR/AR 教育培训市场规模为 26 亿元，其中以财政支出覆盖为主的大中小学智慧课堂和教室市场规模达到 16 亿元，此外，职业教育，包括 VR 驾驶实训，头部驾校 2022 年开始大规模普及使用，打开了 VR 教育培训的新市场。

四、5G 推动 AR 远程协作应用落地

根据工业和信息化部统计，2021 年底，我国累计建成并开通 5G 基站 142.5 万个，实现覆盖全国所有地级市城区、超过 98%的县城城区，与此同时，5G+云 XR 技术逐步开始落地，基于 AR 的远程协作解决方案开始受到越来越多的企业关注和使用，将成为未来几年 AR 工业生产端比较重要的应用落地场景。AR 远程协作将第一视角 AR 实时音视频、5G 通信等技术相融合，一线现场人员可通过 AR 协作空间在远程专家规范和准确的指导下针对设备故障，快速、高效地解决问题提升排障能力与速度，作为企业降本增效的手段，应用潜力和市场空间广大。2021 年，国内 AR 工业生产市场规模为 5 亿元，其中 AR 远程协作解决方案是 AR 工业生产应用市场的主要营收来源。

第十一章 超高清视频

2019 年 2 月 28 日，工业和信息化部、国家广播电视总局、中央广播电视总台联合印发《超高清视频产业发展行动计划（2019—2022 年）》，明确了超高清视频产业发展总体要求、发展目标、重点任务和保障措施等。2022 年为该行动计划收官之年，在政府、研究机构、企业、行业组织的大力推进下，超高清视频行业迅猛发展，硕果累累。

第一节　发展情况

一、视频生产

视频生产环节包括视频采集和视频制作，视频生产设备包括视频采集设备、视频制作设备、编码设备、存储设备。随着国产 4K 摄像机、编解码、监视器等基本取得突破和实现产业化。2020 年，更多的视频生产厂商将研发重点聚焦在 8K 上，国内主要厂商在 8K 上取得突破。

视频采集设备主要包括摄像机、监视器、切换台、5G 背包等。随着 4K 采集的本土化日趋成熟，国内厂商相继推出了一系列的 8K 超高清视频采集产品，从技术和设备方面保障了 8K 超高清视频内容生产供给。我国广州扳手、卓曜等企业已初步具备设计和制造能力。研发方面，卓曜推出了国内首台大画幅 8K 数字电影摄影机 MAVO Edge，其最高分辨率可达 8192×5460；广州博冠推出了 5G+8K 超高清重载云台监控摄像机，有效像素达到 7680×4320，可满足单片 8K 视频流输出。产业化方面，大疆牵头完成了“国产自主可控 8K 超高清摄录一体机”的小批量试制；广州扳手完成了“国产广播级 4K 超高清摄像机”的批量化试产。

二、视频制作

超高清视频制作编辑系统主要包括快编生产系统、非线性编辑系统、视觉效果包装系统、视频剪辑软件等，中科大洋、索贝、新奥特、当虹科技等国产企业正在着力推动制作编辑系统本土化。索贝、中科大洋、新奥特、当虹科技等企业均推出了 8K 编辑产品。如中科大洋的 D-Edit 非线性编辑系统、新奥特的 HIMALAYA 8K 超高清非线性编辑系统、索贝的 EditMax 11.5.0 非编系统、当虹科技 Arcvideo Media Factory 8K 快编内容生产系统，为视频编辑提供了有力支撑。新奥特 8K 超高清图文包装系统、敦煌视觉效果全成系统，中科大洋 D-Crystal 水晶三维包装合成系统、D-Color 高级颜色校正系统等本土化产品的推出，为 8K 视频后期的包装提供了多样化的选择。随着编辑系统本土化的加速，未来剪辑部分也将逐步突破。

2021 年，超高清 4K 上下游链路已经趋于成熟化，在金融、娱乐、教育、医疗、交通、安防等领域普遍得到应用，超高清 8K 端到端直播技术在国内逐步商用落地。超高清编解码设备在上述场景中承担着非常重要的角色。

三、网络传输

在固定网络层面，我国正在大力推行千兆光网。超高清视频应用是千兆光网的典型行业应用场景，依托千兆光网的高带宽、低时延、稳定性好的特性，对超高清视频制播、分发和呈现全流程进行优化。千兆光网保障超高清视频传输品质。在室内和复杂环境下，5G 移动网络存在覆盖性差的问题，千兆光网凭借其传输带宽大、抗干扰性强、微秒级连接的优势，可以保障高码率、高并发、高感知的超高清视频传输，满足终端用户体验。在承载网络侧，凭借光传输技术具备的大带宽、低时延和零丢包的网络品质优势，保证直播场馆到视频平台的端到端稳定低时延传输；在接入网络侧，结合光传输网络的品质优势和光分配网络的覆

盖优势，通过端到端全光网络保障超高清视频传输品质；在家庭网络侧，光纤凭借高速率、高可靠和绿色环保等优势，满足超高清视频技术在居家办公、在线教育等领域的高品质家庭传输需求。国家政策持续重视千兆光网发展。2019 年工业和信息化部、国务院国资委印发专项行动开展“双 G 双提”工作，2020 年国务院常务会议明确提出“建设千兆城市”。2021 年 3 月，李克强总理在政府工作报告中明确提出“加大 5G 网络和千兆光网建设力度，丰富应用场景”的重点工作，国家“十四五”规划明确提出“加快建设新型基础设施：推广升级千兆光纤网络”。工业和信息化部为落实国家重点工作部署印发《“双千兆”网络协同发展行动计划（2021—2023 年）》，提出到 2023 年实现千兆光网覆盖家庭超过 2 亿户，建成 100 个千兆城市，在应用场景上充分发挥“千兆光网在室内和复杂环境下传输带宽大、抗干扰性强、微秒级连接的优势”，与 5G 协同发展、互促互补。

超高清视频是 5G 商用部署的重要场景和驱动力，5G 移动网络能解决超高清视频信号实时传输问题，为视听创新业务提供数据分发、智能计算和沉浸交互服务，驱动新业务场景诞生。国家政策部署助力 5G+ 超高清视频产业进入“快车道”。

内容分发网络（CDN）面向 IPTV、PC、移动设备等多种用户终端提供超高清视频内容加速服务。超高清视频 CDN 需要具备极致的服务能力，以满足 8K 超高清视频零卡顿、零花屏、零等待的要求。

技术应用提升 CDN 服务能力。人工智能、5G 和边缘计算等技术应用渗透到 CDN 行业，助力 CDN 业务能力的提升。多接入边缘计算平台帮助 CDN 实现功能和内容的下沉，CDN 可将内容、系统控制和调度转移到边缘 CDN 节点，满足不同用户的内容分发需求。利用人工智能技术，CDN 业务可根据用户喜好，实现内容的智能分发、智能导航，还可以对视频内容进行实时鉴定，减少人工审核的工作量，提高视频内容的审核效率。5G 技术可使 CDN 节点扩展到无线基站，5G 的高带宽接入优势保障了 CDN 各边缘节点通过网络的虚拟化和网络切片实现高效的互联互通。市场需求推动 CDN 业务优化。5G 商用后，4K/8K 视频将得到广泛普及，全社会对流量的消耗将暴增，为满足用户对各类型应用内容的加速访问需求，亟须对 CDN 的业务能力进行提升。

四、终端呈现

大尺寸4K电视普及，8K电视出货量保持高速增长。根据奥维云网数据，2020年，我国市场电视机出货量达到4910万台，其中4K电视机出货量达到3392万台，占比为69.1%，55英寸以上的4K超高清电视渗透率已达99%。8K电视机出货量达到6万台，同比增长264%，主流电视品牌均推出8K电视旗舰产品。

8K电视价格更加亲民。国内外品牌均推出万元级8K产品，三星推出的55英寸8K电视定价13000元，创维的65英寸8K电视售价11999元。小米、长虹更是推出万元以下的8K产品，小米82英寸8K电视售价9999元，长虹55英寸、65英寸、75英寸的定价分别为3999元、5999元、7999元，均大幅低于同尺寸售价。2020年，8K电视价格不断下降，平均售价已从2019年的4.8万元，下降到2020年的3万元。

2K屏和4K拍摄功能成为5G手机标配。6～7英寸的2K分辨率AMOLED屏成为5G旗舰手机主流，少量手机采用2340×1080、3160×1440等更高分辨率屏幕。拍摄功能方面，5G手机均支持4K视频拍摄，华为Mate 40 Pro、小米11 Pro、努比亚红魔、vivo X60 pro+等品牌旗舰机型均支持8K拍摄。

专业级笔记本电脑搭载超高清显示屏。联想、戴尔、惠普、技嘉、雷蛇等品牌均推出了搭载4K分辨率屏幕的笔记本电脑，多为电竞级、工作站级等专业级电脑，售价均在万元以上。

2K和4K分辨率屏幕成为VR/AR头显设备主流配置。华为、小鸟看看、小派、爱奇艺等国内品牌均搭配4K显示屏，三星、脸书、谷歌、微软等国外品牌支持2K显示屏。目前，出于用户体验、外形设计、成本三方面考虑，VR头显设备显示屏主要表现为三类技术规格，其一，为保障用户体验，选择5.5英寸3840×2160分辨率；其二，为使终端设备外形更加轻薄，选择2.1英寸1600×1600分辨率；其三，为控制成本，选择5.5英寸2160×1440分辨率。8K头显设备方面，国内小派科技推出了8K分辨率、200度视场角的VR头显设备。

第二节 发展特点

一、标准体系逐步完善，标准生态建设取得重要进展

2020 年 5 月，工业和信息化部与国家广播电视总局联合发布《超高清视频标准体系建设指南（2020 版）》，面向基础通用、内容制播、网络与业务平台、终端呈现、安全与监管、行业应用，构建了标准体系框架。多项关键核心标准逐步出台，为自主化标准的制定及应用验证了可行路径。由 AVS（音视频）产业联盟牵头研制的“超高清视频多态基元编解码关键技术”获得了 2020 年度国家技术发明奖一等奖，基于该技术的 AVS 系列标准已获得了海思、联发科、数码视讯、当虹科技、央视、腾讯、咪咕等一批企业的支持，同时在春晚、北京冬奥会等也开展了应用；中国超高清视频产业联盟研制了 HDR Vivid 系列团体标准，其中《高动态范围电视系统显示适配元数据技术要求》已由国家广播电视总局发布成为行业标准，并在北京冬奥会、冬残奥会中得以应用。该系列标准得到了索贝、当虹科技、晶晨半导体、华为、爱奇艺、咪咕等国内主流厂商的支持。

二、超高清视频与 5G 深度融合，赋能千行百业数字化转型

超高清视频与 5G、人工智能等新一代信息技术深度融合创新发展，催生了大量新场景、新应用、新模式，已成为 5G 商用部署的重要场景和驱动力。在工业制造领域，5G+8K 应用于智能工厂、智能码头，在传统制造产线图像质检、生产区域的无人巡检等领域的应用提高了生产和检测的效率；在医疗健康领域，5G 低延时、高速率的传输特性和超高清对画面细节的捕捉，为远程会诊、远程手术、远程监护、远程急救提供了关键的技术支撑；在智能交通领域，超高清探头在交通管控中通过精准感知、捕捉，结合视频智能分析技术，实现了高效的交通管控、道路执法，有效缓解了城市病，为智慧城市建设提供了支撑；在广播电视、文教娱乐领域，2019 年以来的春晚、两会，以及国庆 70 周年庆祝

活动、中国共产党建党 100 周年庆典活动、北京冬残奥会等大型活动中随处可见超高清视频与 5G、VR 等技术融合应用的场景，推动了文化产业的革新。

三、产业开放日渐深化，行业组织、交流平台国际影响力逐步扩大

超高清视频产业链长、涵盖范围广，是典型的国际产业链深度合作、互利共赢的产业。2018 年以来，工业和信息化部多次赴日、韩就超高清视频产业开展磋商、合作与交流。产业联盟等行业组织与日、韩、欧、美、俄、巴西等国家和地区的行业组织开展了多层次的协作。中国超高清视频产业联盟吸纳夏普、LG、奥罗等 10 余个国家的 23 家国外企业，经民政部注册为世界超高清视频产业联盟。超高清视频产业发展大会在广州已连续举办 5 届，大会主题涵盖产业链创新、交易、行业应用等产业发展的阶段性热点，现已成为全球音视频领域合作、对话、交流的国际品牌。

第十二章 5G网络及终端

第一节　发展情况

一、网络基础设施发展情况

全球 5G 基础设施建设蓬勃开展，据 GSA 相关统计数据，截至 2021 年底全球已有 145 个国家/地区的 487 家运营商展开 5G 网络的实际部署、试验、试点或建设计划，其中 72 个国家/地区的 200 家运营商推出了兼容 3GPP 的商用 5G 服务，89 家运营商面向评估/测试、试点、规划、部署，展开 5G SA 公共网络投资。当前，全球部署 5G 网络基础设施支持频段主要为 C 波段、700MHz、26/28GHz、2.1GHz、2.5GHz。

我国 5G 网络建设加速向县乡覆盖，各地方政府从基站站址规划、公共资源开放、用电优惠等多个层面给予大力支持，发展环境不断优化。据工业和信息化部《2021 年通信业统计公报》相关数据统计，截至 2021 年底，我国累计建设并开通 5G 基站数达到 142.5 万个，每万人拥有 5G 基站数达到 10.1 个，5G 建设成效显著。从 2021 年 5G 网络建设目标看，国内三十一个省市发布基站建设目标数量不等。其中，江苏省和湖南省建设目标居于前两位，分别达到 6 万个和 5.5 万个。

小基站成为 5G 新建网模式的重要一环。在 5G 宏基站无法完美覆盖的车站、展馆、商场、酒店等室内场景，小基站作为重要补充解决方案，直接影响到 5G 室内网络的质量及应用模式，已经成为 5G 网络建设不可或缺的一环。目前，国内已有数十家企业在 5G 小基站研发、制造等方面展开部署，从技术积累、研发实力、产业链掌控等方面看，5G 小基站主要设备厂商包括京信通信、华为、中国信科、中兴通讯和爱立信等，各大企业相继发布 5G 小基站产品，并凭借芯片研发、产业链和产品线整合能力，成为 5G 小基站产品的重要提供商。

二、5G 终端设备发展情况

2021 年全球 5G 终端创新活跃，形态数量保持上升趋势。据 GSA 相关数据统计，截至 2021 年底全球 5G 终端发布形态数量已超过 1250 款，其中 2021 年全面增加终端类型相比 2020 年增长了近 125%。已发布 5G 终端类型包含智能手机、室内外 CPE、模组、热点、路由器、机器人、头显设备、电视机、电脑、车载模块、自动售货机等，5G 智能手机类型数量达到 614 款，占比超过 50%，是 5G 终端创新的重点领域。根据图 12-1 可看出，发布 5G 终端形态数量呈线性增长趋势，从商用情况看，2020 年 4 月至 2021 年 4 月，5G 商用终端形态数量占比从 33.6%增至 61.9%，此后商用比例趋于缓速增长，2021 年底商用比例约为 68.2%。

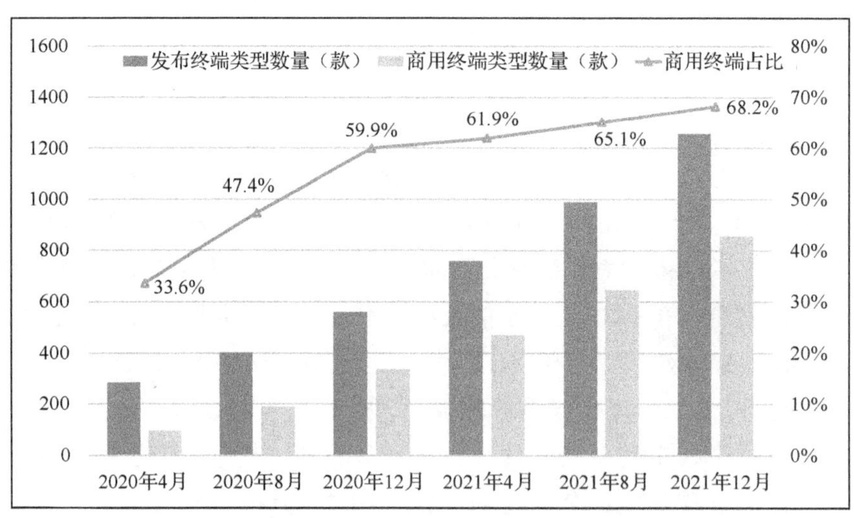

图 12-1　截至 2021 年底全球 5G 终端发布情况

数据来源：赛迪智库电子信息研究所整理，2022 年 4 月

细分领域中，5G 商用以来全球已发布 5G 模组种类数量持续增加，加

速终端生态繁荣。5G 模组主要承担着端到端的通信和数据交互等功能，在云办公、无线网关、5G 高清视频直播、工业互联、AR/VR、车联网、智慧城市、机器人等领域均有应用，在 5G 终端快速发展和 5G 技术规模化应用的过程中扮演着至关重要的角色。根据 GSA 相关数据统计，2019 年底全球 5G 模组数量达到 34 款，5G 模组形态数量呈指数型快速增长趋势，到 2021 年底数量已达到 174 款，占总终端类型数量比例约为 13.8%。

全球智能手机市场方面，2021 年受全球疫情常态化防控及智能手机供应链短缺等影响，智能手机出货量仍保持增长态势。IDC 2022 年 1 月数据显示，2021 年全球智能手机出货量超过 13.5 亿部，同比增长 5.7%，其中三星、苹果、小米排行前三，市场占有率分别为 20.1%、17.4% 和 14.1%。Counterpoint Research 数据显示，2021 年全球智能手机市场收入超过 4480 亿美元，其中 5G 智能手机出货量在 40%以上，5G 手机换机潮持续加速。国内智能手机市场方面，据相关数据统计，如图 12-2 所示，2020 年 4 月后 5G 手机月出货量均超过 1300 万部，截至 2021 年底，国内市场 5G 手机累计出货量仅 4 亿部，其中 2021 年全年国内 5G 手机出货量约为 2.66 亿部。随着我国 5G 新基建在全部地级市、97%以上乡镇部署完成，5G 手机换机潮持续推进，出货量占比保持增长态势，2021 年底 5G 手机出货量占比超过 81%。

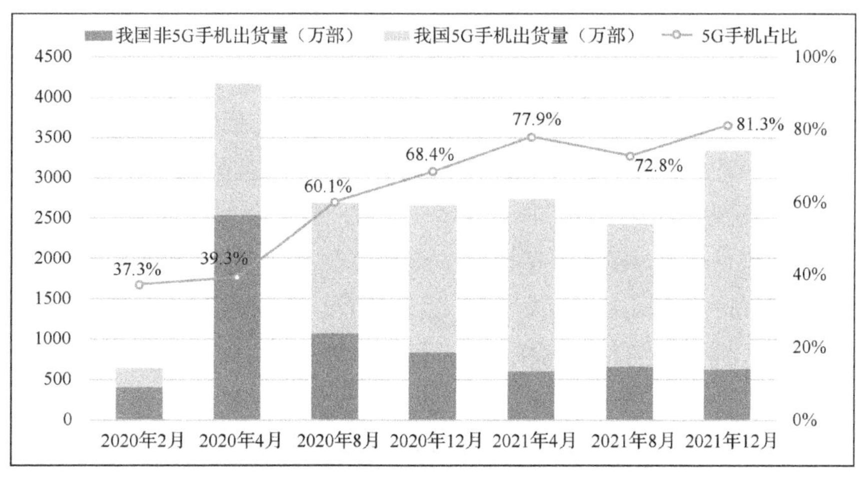

图 12-2 截至 2021 年底我国智能手机出货量情况

数据来源：赛迪智库电子信息研究所整理，2022 年 4 月

第二节　发展特点

一、强化顶层设计，部省协同联动深化

国家持续强化5G产业发展顶层设计，打造政策支持环境。2021年作为我国“十四五”开局之年，也是我国5G产业纵深发展的关键时期。2021年《政府工作报告》提出“加大5G网络和千兆光网建设力度，丰富应用场景”,《中华人民共和国国民经济和社会发展第十四个五年规划和2035年远景目标纲要》提出，加快5G网络规模化部署，用户普及率提高到56%，构建基于5G的应用场景和产业生态，在智能交通、智慧物流、智慧能源、智慧医疗等重点领域开展试点示范。2021年以来，工业和信息化部等国家部委相继印发《“双千兆”网络协同发展行动计划（2021—2023年）》(工信部通信〔2021〕34号)、《5G应用“扬帆”行动计划（2021—2023年）》(工信部联通信〔2021〕77号)、《“十四五”信息通信行业发展规划》(工信部规〔2021〕164号）等行业指导性文件，为我国5G新型基础设施建设、5G终端产业创新发展提供了政策支撑保障环境。

二、5G行业发展标准化工作持续推进

全球疫情蔓延掣肘5G技术标准时间冻结，原定于2021年底冻结的Rel-17标准又进一步迟滞至2022年6月，Rel-17标准潜在方向将包括增强覆盖、毫米波通信、面向应急通信和垂直行业应用的终端通信等方向。标准专利方面，2020年以来全球5G标准必要专利族（Standard Essential Patents，SEPs）声明量持续快速增加。据德国IPlytics平台*Who leads the 5G patent race November 2021*报告统计，截至2021年9月全球排名前十五的企业5G SEPs占比情况比较，其中我国两大电信设备厂商华为和中兴占比分别为13.5%和9.8%，排名分别为首位和第四位，我国公司合计占比近35%，位列全球首位。

三、5G 新基建快速部署筑牢数字底座

高速低时延、海量连接能力的 5G 新型网络基础设施建设不断推进，持续夯实我国行业数字化转型重要数字底座。我国自 5G 商用以来基建部署持续加速，各省市从站址规划、资源开放、用电优惠等方面给予有力支持，截至 2021 年 12 月已累计建设并开通 5G 基站数达到 142.5 万个，占全球 5G 基站建设总量的 70%以上，是当前全球规模最大、技术最先进的 5G 独立组网（SA）网络。我国各省市 5G 新基建将持续展开部署完善，根据《“十四五”信息通信行业发展规划》，到 2025 年每万人拥有 5G 基站数量达到 26 个，行政村 5G 通达率达到 80%；各省市在 5G 新基建规划建设方面均给出明确规划，如天津、江苏、浙江计划“十四五”期间建设 5G 基站数量分别为 5.5 万个、25.5 万个、20 万个。

四、5G 终端形态数量呈线性快速增长

5G 终端生态布局百花齐放，作为 5G 应用的关键平台和控制中心，全球发布 5G 终端形态数量快速上升，截至 2021 年 12 月底全球 5G 终端已发布形态数量达 1257 款，包含智能手机、室内外 CPE、模组、热点、路由器、机器人、头显设备、电视机、电脑、车载模块、自动售货机等多类型，5G 智能手机占比约 50%，是 5G 终端创新的重点领域。5G 手机换机潮持续加速，出货量占比保持增长态势。据 IDC 2022 年相关数据，2021 年全球智能手机出货量同比增长 5.7%，达到 13.5 亿部，5G 手机出货量增长率超过 110%，我国成为 2021 年最大的 5G 手机市场。

五、5G 赋能千行百业，创新遍地开花

5G 赋能千行百业快速发展，5G 创新应用在提升民众生活水平、促进行业转型、助力疫情防控等方面发挥作用日益显著。根据工业和信息化部《“十四五”信息通信行业发展规划》新闻发布会数据，截至 2021 年底，我国 5G 应用创新案例已超过 1 万个，覆盖 22 个国民经济重要

行业。其中，工业制造、采矿、港口等垂直行业应用场景加速规模落地，“5G+工业互联网”在建项目超过 1800 个；5G 空中课堂、5G 虚拟实验室、5G 智慧校园等应用初具规模；超过 600 家三甲医院开展了“5G+急诊急救”、远程诊断、健康管理等应用；增强现实导游、4K/8K 直播等 5G 应用在信息消费领域快速发展。

第十三章

先进计算

第一节　发展情况

一、产业规模

计算是现代信息产业的基础和核心，是经济社会演化升级的技术原动力。当前，全球计算产业进入新一轮技术迭代、应用加速、产业链创新链深度调整的变革期，快速密集的计算技术创新带来产业格局重塑机遇。计算技术基础理论、架构加速酝酿突破，分布式计算、异构计算等新型计算技术多路演进，存算一体、量子计算、类脑计算等前沿和颠覆性计算架构不断取得突破，新型计算终端产品不断涌现，E 级超算、人工智能计算中心、一体化大数据中心等算力基础设施加快形成，算力体系向高速泛在、集约高效、智能敏捷方向加速演进，计算技术的密集迸发将推动全球产业格局变迁、传统技术存量变革和新技术增量崛起，当前正是我国先进计算产业打破低端锁定、实现弯道超车的历史机遇期。

当今世界处于百年未有之大变局，国际产业分工体系加快重塑，产业面临前所未有的压力和挑战，但也孕育着摆脱依赖的重大机遇，计算产业市场潜在规模巨大。据测算，到 2025 年，我国先进计算产业将形成 16.6 万亿元的整体市场规模。先进计算整体产业规模分为直接产业规模与辐射带动规模，直接产业规模包括算力、算据、算法三大维度，细分领域囊括电子信息制造业中的计算机制造和电子器件制造，软件和信息服务业中的软件产品、信息技术服务、嵌入式系统软件、信息安全，以及互联网相关服务等。据测算，2021 年，先进计算直接产业规模为6.6万亿元，到2025 年将达到8.1万亿元。先进计算辐射带动规模选取对计算依赖程度较高的重点行业，包括智慧城市、工业制造、自动驾驶、智慧医疗、金融科技。2021年，先进计算辐射带动规模为5.1万亿元，预计到2025 年达到8.5万亿元。若扩大到更多行业，这一数字将更大。随着先进计算产业与国民经济各行业领域深度交叉融合，我国社会经济高质量发展将被注入全新动能。

二、市场结构

一是计算架构方面，按照CPU类型划分，X86与ARM是当前主流的计算芯片架构，其中X86架构最为广泛通用。从2020年厂商收入看，X86服务器厂商收入占整体的95%以上。虽然从通用运算性能、内存容量看，以精简指令集（RISC）为架构的ARM芯片体系略逊X86，更专注于以低功耗为前提的高性能芯片，而随着 X86 着力降低功耗，ARM着力提升性能趋势显现，二者差距逐渐减小；在信创推动下，基于ARM架构的国产服务器产品逐渐应用在政府、企业平台，生态体系逐步完善。

二是超级计算机方面，中国一直将高性能计算的研制作为国家科学与技术发展规划的重要方向。目前，中国的超算系统研制能力已经达到世界一流水平，“天河二号”“太湖之光”两台国产超级计算机连续十次占据世界超算排行榜TOP500首位。在应用方面，中国超算也取得了长足的进步。以广州超算中心为例，近年来初步构建了国产超算创新服务体系，在TOP500最具应用影响力的超算中心排名中位列第五，紧跟美国四大国家实验室发展运行多年的超算中心，广州超算中心的多领域应用成效也受到海内外的广泛认可。根据2021年11月公布的超级计算机TOP500榜单，我国联想、浪潮、曙光、华为四家厂商上榜的超算数位列前十，其中联想独占TOP500中36%的份额，浪潮独占TOP500中10%的份额。

三、创新进展

一是多元化、异构化成为基础器件设计热点。随着摩尔定律和登纳德缩放定律逐渐放缓与停滞，市场对算力器件和能效的要求日益提升，多元化、异构化芯片设计成为产业界关注的前沿热点。计算芯片设计方面，芯片的微架构创新至关重要，须持续加大 Chiplet 架构、NOC、Cache 及内存子系统、关键应用加速指令等设计，更需通过编译优化、加速库创新、面向应用的仿真/协同优化、能效管理创新充分释放芯片系统算力。计算芯片架构方面，在 5G 和 AI 场景驱动下，异构计算正在逐渐成为主流的芯片架构，芯片大厂纷纷通过多种计算单元（CPU、AI 加速器、FPGA 等）异构整合提升计算芯片整体效能。计算芯片封装方面，不同工艺节点、衬底材料、功能进行混封是未来计算芯片发展的重要趋势之一。例如，Chiplet 封装通过插入器、硅通孔（TSV）技术将各类裸芯片进行垂直堆叠和组合封装，能够在更高性能、功能水平上实现芯片复杂度、系统功能度、制造成本、可靠性和研发可控性之间的平衡，支持高性能计算、可重构/神经拟态等计算形态发展。

二是软硬协同、集成化设计成为主流体系架构。先进计算体系架构通过软硬融合、高速互联、架构突破等方式提升运算单元算力和集群算力，推动计算系统向高速高效、智能敏捷、绿色低耗方向加速演进。软硬融合方面，算力充足、低功耗、高灵活性的计算方案设计更为优化，计算软件框架、高效语言编译、基础算法库等计算生态体系持续优化，对算法、指令集、编译工具、芯片的软硬协同设计持续强化。系统架构创新方面，面向 AI、HPC、云渲染等场景的集群架构创新技术蓬勃发展，关于集群系统计算、网络、存储及能源协同架构、多样性算力系统架构、以内存为中心的计算架构创新提速。高速互联方面，极致低时延的新型网络互联拓扑和新一代高性能和低延时转发模型持续创新，国内自主芯片互联标准正在制定，智能网卡作为可在云数据中心服务器上提供网络、存储、安全、管理全功能卸载的异构计算资源，由于高性能且能大幅降低总成本（TCO）的特点，已逐步被亚马逊、微软、阿里、华为等全球公有云龙头企业和 Google、Facebook 等互联网厂商接受并大规模部署。以可编程智能网卡为基础衍生出的 DPU 等新型数据处理器，已成为以数据为中心的计算模型中的核心关键技术。

三是基于云边端深度协同的算力网络加速构建，边缘算力部署大面积铺开，用于云端算力的芯片、功耗技术持续演进，支持端侧推理的计算技术加速突破。边缘资源整合水平持续提升。边缘托管服务趋向成熟，可针对节点网络环境、机型及稳定性不一致的资源形态统一建模提供服务；协同整合边缘节点、跨节点迁移、边缘伸缩等能力持续提升。云端技术向高拓展性方向发展。例如，云端架构方面，无服务器计算兴起，使用容器和云托管的通用应用程序为系统管理提供极大灵活性，云服务方面，针对跨应用和服务的互联复杂性问题，自动化云编排和优化技术将成为重要发展方向。任务部署能力下沉至终端。通过虚拟机监视器（Hypervisor）或容器（Container）等，使终端上同样大小存储空间支撑更多容器化的应用和业务，推动云端数据处理能力下沉，创新应用分发方式，实现端侧资源动态共享和调度，确保资源的弹性和最大化利用。

四是高能效比驱动绿色计算技术创新。伴随摩尔定律推动芯片系统性能每两年翻倍而来的散热和耗电挑战日益严峻，随着国家双碳战略持续推进落地，算力基础设施对算力集群部署、能效比优化等相关技术的要求不断提升。散热方面，当芯片功耗小于500W时，风冷占据绝对的性价比优势，然而面对大于500W的高功耗芯片风冷散热性能达到极限，液冷将成为芯片散热的主流方向。供电方面，相较于不间断电源，高压直流输电在备份、工作原理、扩容及蓄电池挂靠等方面存在显著的技术优势，因而具有运行效率高、占地面积少、投资成本和运营成本低的特点。能效比优化方面，从机房侧液冷下沉到设备侧液冷，提升直接液冷占比，可实现数据中心最低PUE。随着AI处理器运算占比和服务器密度的增加，液冷将成为替代风冷的必然选择。

五是统筹多样化计算方式的软件生态加速发展。当前先进计算面临着多样化的计算方式所引发的编程语言不统一、跨算力编程挑战大等问题。算力的集中化建设，软件的云化、智能化、微服务化、函数化开发成为未来发展方向。通用计算软件方面，解决BMC、BIOS、OS、DB、加速库、编程语言&编译器等技术难点是未来重要课题。AI计算软件方面，支持千亿及以上参数模型的超大规模计算系统软件加快突破，AI系统软件、AI框架、AI可信和训练推理平台持续优化。未来，多样性计算软件体系将成为生态主导，统一的编程语言、异构编译器与加速库持续演进，智能调度框架与分布式多样性计算框架与算力高度协同，推动算力能级跃升和协同效应释放。

第二节　发展特点

一、全球个人计算机市场迎来量价齐升小高潮

2021 年我国电子计算机全年产量达到 46692 万台，同比增长 23.52%。近年来计算机产品产量出口增速下降、消费市场增长乏力的颓势得到明显改观，全球 PC 出货量创 10 年来新高。这一方面是疫情背景下，在线办公、远程教育等“新经济”形态对全球 PC 市场形成大幅提振；另一方面也反映出我国计算机企业在加强供应链成本管控、加快新技术应用迭代、积极开拓行业市场、推动服务化转型等诸多努力后，转型升级、高质量发展的成效逐步显现。该轮小高潮即使在疫情逐渐趋缓之后仍有望延续一段时期。

二、多样性算力发展引发计算技术体系化创新

当前，海量、异构化、实时性的数据处理对算力提出更高的要求，促使算力器件、算法平台到计算模式形成体系化创新，突破“内存墙”“功耗墙”等传统计算瓶颈。加速器有望取代通用处理器成为数据中心主算力；多元、混合异构的芯片设计成为算力器件发展的重点；以 CPU 为中心的计算模式向以内存为中心的存内计算、存算一体转变；开源软件平台和开源社区成为趋势；边缘算力部署大面积铺开，基于云边端深度协同的算力网络加速构建。随着信息科学、生命科学、材料科学等多学科进一步交叉融合，量子计算、类脑计算、光计算、生物计算等前沿计算技术加快演进，有望引发未来产业的颠覆式革命。

三、行业数字化转型引发 AI 算力指数级需求

随着数字经济的迅速发展，算力密集、数据密集型的计算需求陡增，人工智能计算在海量数据、实时响应、极端条件等场景下相较通用计算优势愈发明显，将在超算、数据中心、城市大脑、国防军事等领域数字化转型和效率提升方面起到显著支撑效用。AI 芯片性能方面，在浮点运算能力、多线程并行能力、计算能效方面具有比较优势和更高的计算

功耗性能比。AI算力赋能方面，2020年TOP500超算中对AI加速器的使用率超过70%。互联网及云数据中心方面，应用需求带动AI训练推理芯片市场年复合增长率超过30%。国防军事方面应用大大提升了军用雷达的信息处理、图像识别分类、运动检测、编码等能力。

四、融合型场景应用释放计算产业潜能

“5G+AI+VR+行业应用”的融合型场景是算力、算法、算据大展拳脚的应用舞台，将为计算产业带来提质性拉动。例如，在自动驾驶场景中，车载智能计算平台赋予汽车强大的感知、通信、计算和决策能力，使出行更安全便捷、城市交通管理更智能高效。再如虚拟现实领域，VR/AR设备通过端—云—算力协同，可承担生产生活中网络入口、信息交互、控制中枢等多重功能，有望在未来成为继PC、智能手机之后的下一代计算平台。

五、产业AI化发展处于爆发前期

人工智能计算市场快速发展驱使人工智能芯片、框架、模型快速迭代和演进。计算芯片正经历由CPU到GPU进而向NPU演进的新发展阶段，人工智能异构加速芯片不断向着专用化方向发展。人工智能框架方面，互联网企业基于自身业务特点和需求开发出10余款主流框架，通过迭代更新和开源角逐业界标准。人工智能模型从2012年至今已累计发布超过1000个，OpenAI发布了GPT-3自然语言处理模型，大幅度加快了语言预测方面的应用。对计算机视觉、NLP自然语言处理、跨领域多任务AI模型的探索都在不断加速中。当前，人工智能计算在行业中渗透率约为4%，未来5年云边端市场空间复合增长率有望达到18%～33%，迎来爆发式增长。

第十四章 汽车电子

第一节 发展情况

一、汽车电子市场规模持续扩张

作为全球汽车产销第一大国，我国汽车市场在经历快速增长期后，目前总销量已趋于平稳。2021 年我国汽车总销量达到 2628 万辆，同比增长 3.8%。虽然汽车销量增幅甚微，但是得益于“政策+市场”的双重驱动，我国的新能源汽车市场已实现从导入期向成长期转变，渗透率不断增加。2021 年我国新能源汽车销量达到 350.72 万辆，同比增长 165.11%，渗透率达到 13.3%，相比去年提高了 8.06 个百分点。与传统燃油车相比，新能源汽车中汽车电子成本占比更高。20 世纪 70 年代，乘用车汽车电子成本仅占整车成本的 3%。如今在汽车电动化、智能化和网联化的趋势推动下，单车汽车电子元件价值量显著提升，汽车电子领域也逐渐拓宽。根据盖世汽车统计，目前紧凑型车型、中高档车型、混合动力车型及纯电动车型汽车电子成本占比分别为 15%、28%、47%、65%。随着新能源汽车渗透率逐步提高，预计汽车电子占整车成本比重也将不断提升，从而推动汽车电子市场规模快速扩张。中国汽车工业协会预计，2022 年全球汽车电子市场规模将达到 21399 亿元，我国汽车电子市场规模将达到 9783 亿元，同比增长分别为 6%和 10%，我国高于全球水平。

二、汽车电子国产化亟待推进

汽车电子产业链的上游为各种元器件及零部件，主要包括传感器、处理器、显示屏、动力电池等。中游主要以系统集成为主，针对上游零部件及元器件进行整合，针对某一功能或某一模块提供解决方案。下游为政策环境，以各类车企为主导。相比消费电子，汽车电子对于安全性要求更高，行业具有 TS 16969、ISO 26262、AEC Q100 等多种认证标准，认证周期较长，厂商进入整车厂配套体系大概需要 2～3 年的认证周期。长期以来，汽车电子市场主要被博世、大陆、德尔福等外资企业占据，国外汽车电子一级供应商 CR6 占据全球 52.1%的市场份额，尤其在 ADAS 系统领域，2020 年海外供应商占据了国内 90%以上的市场份额。具体来看，汽车计算、控制类芯片国产化率不足 1%，传感器国产化率不足 4%，功率半导体、存储器、通信等国产化率分别为 8%、8%、3%。2020 年，全球前五大主要芯片厂商分别为英飞凌、恩智浦、瑞萨、德州仪器、意法半导体。而在 TOP25 中，国内上榜企业仅有闻泰科技一家，且位列第 19 位。中国汽车电子产业起步较晚，按欧美供应链体系可能需几年至数十年才能完成追赶，如今原产业链被新能源汽车重塑，不断涌现的造车新势力带来机遇，有望激发我国电子企业快速进入汽车产业链，并不断积累技术能力。目前，在汽车芯片领域，国内整车企业早已开始布局相关芯片产品研发，如比亚迪、小鹏、零跑汽车等。此外，德赛西威是国内领先的汽车电子 Tier1（一级供应商），布局最为全面，在智能驾驶、智能座舱和智能网联领域均有布局；经纬恒润科技作为国内少数能实现覆盖智能驾驶电子产品、研发服务及解决方案、高级别智能驾驶整体解决方案的企业，公司核心产品 ADAS（高级驾驶辅助系统）在国际巨头垄断形势下，突围而出，并在智能驾驶领域占有了一席之地；华阳集团的侧重点在 HUD（抬头显示器），华阳在国内乘用车前装 HUD 市场渗透率已提升至 5%，华阳 W-HUD（挡风玻璃抬头显示器）市场份额位居前三，AR-HUD（增强现实抬头显示器）项目于 2021 年下半年搭载车型上市，实现规模化量产；四维图新通过收购杰发科技切入 MCU 市场，以及娱乐信息系统 IVI SoC 芯片、车载音频功率放大器 AMP 芯片等，形成了以导航业务、高级辅助驾驶及自动驾驶业务、车联网业务、芯片业务、位置大数据服务业务为主的智能汽车业务。

三、汽车电子成半导体行业新增长极

随着汽车“新四化”推进，汽车半导体市场空间打开。车内的半导体，如芯片、功率半导体、传感器等需求都将迎来大幅成长。芯片方面，2017 年每辆传统燃油汽车的芯片搭载量只有 580 颗，新能源汽车的芯片搭载量只有 813 颗，然而到 2022 年，预计传统燃油汽车的芯片搭载量将达到 934 颗，而新能源汽车的芯片搭载量将达到 1459 颗。德勤数据显示，2020 年消费类电子市场芯片规模与汽车芯片规模同为 490 亿美元，但到 2021 年，汽车芯片规模将首次超过消费电子类，到 2025 年汽车芯片市场规模将达到 800 亿美元，年复合增长率 10.3%，成为增速最快的芯片应用市场。功率半导体方面，由于新能源汽车普遍采用高压电路，需要大量的 DC/AC 逆变器、变压器、换流器等，因此对 IGBT、MOSFET、二极管等功率器件的需求量大幅增长。功率半导体单车价值量预计从传统车的 40 美元将提升至 400～500 美元，增长 10 倍以上。预计到 2025 年，车载功率半导体市场规模可达 164 亿美元，5 年复合增速 12.5%。此外，到 2025 年，预计车载传感器市场规模可达 524 亿美元，复合增速 19.1%；计算平台市场规模可达 795 亿美元，复合增速 70%；MCU、模拟 IC、存储、PCB 等领域也会有高个位数的成长率。汽车电子市场已经成为新的风口，将带动半导体市场规模快速增长。

第二节　发展特点

一、消费电子企业纷纷跨界汽车电子赛道

近年来，传统的消费电子市场增长动力不足，而新能源智能汽车市场却方兴未艾。对传统燃油车的替代效应，让这一市场有着巨大的发展空间。汽车电子的市场规模逐年增长，也可以拉动相关半导体和终端需求增长。但诸如家电等传统消费终端产业早已非常成熟，存量市场下增长空间有限，且相对固化的竞争格局下，很多品牌难以有大的作为，因此许多企业纷纷跨界汽车电子赛道，寻找新的市场空间。而且，随着新

能源汽车的电池、电机、电控等上游供应链日趋成熟，造车的门槛相对传统燃油车大幅降低，企业只要做好技术整合和渠道营销，就能相对快速地进入这一市场。目前，美的集团聚焦新能源汽车最核心的“三电”系统，即以电机、电控和压缩机为核心的汽车零部件，产品线涉及电机驱动系统、热管理系统和辅助、自动驾驶系统等；海信集团瞄准在新能源车空调压缩机和整车热管理技术等细分领域发力；格力关注永磁电机领域；海尔和创维更关注车家互联等场景。此外，新能源汽车对芯片的需求日益增长，但该市场一直以来都被恩智浦、英飞凌、瑞萨、TI 等全球前十大汽车半导体厂商所垄断，国产芯片渗透率不足。2020 年以来，疫情影响海外芯片供应，进而导致国内车企产能均遭受重创，这也反映出国内汽车芯片自主替代的重要性和紧迫性。风口之下，紫光国微、艾为电子等国产芯片设计企业从消费电子转战汽车电子，这也是行业转型、融合的一大缩影。由于汽车电子对半导体要求十分苛刻，研发和量产难度大、研发周期长、设计门槛高、资金投入大，相比于专攻汽车芯片的企业，这类“跨界势力”的优势在于有其他稳定的收入来源，公司可为其研发不断输血。汽车电子成为继手机产业后，下一个群雄竞逐的焦点，众多半导体厂商期盼能在新兴领域闯出一片新天地。

二、车载光学成为新的增量市场

2021 年全球智能汽车市场规模快速增长，智能汽车产业链日益成熟，带动了车载领域新的发展浪潮。作为车载成像的主要采集工具，车载光学的市场规模不断扩大，成为智能驾驶的主要增量市场之一。自马斯克提出纯视觉方案以来，作为 ADAS 系统的“眼睛”，车载摄像头已逐渐成为车载视觉系统的主角之一，车载摄像头与毫米波雷达、激光雷达构成 ADAS 系统三大核心部件，其也是未来车联网信息处理的重要入口。随着 ADAS 系统渗透率提升和自动驾驶技术的突破，车载摄像头市场将在未来保持快速增长态势，基于自动驾驶带动的车载摄像头出货量将迅速提高。据 ICVTank 统计，全球车载摄像头总数将从 2021 年的约 1.65 亿个增长到 2026 年的 3.7 亿个，年复合增长率为 16.2%。从市场规模来看，2021 年全球车载摄像头前装市场的规模达到 122 亿美元，后装市场达到 51 亿美元，后装市场仍占有一定比例。未来随着智能汽车渗透率的逐步提高，ADAS 等智能驾驶系统将逐渐成为整车出厂自带功能，更多的摄像头将在出厂阶段配置，后装市场的比重将逐渐下降。预计到 2026 年，全球车载摄像头的前装市场规模将达到 306 亿美元，后装市场规模仅为 49 亿美元，占比萎缩至 14%。

三、智能座舱成为汽车产业发展新风口

智能座舱作为汽车与用户连接的主要枢纽，是未来智能汽车竞争力体现的重要窗口。据 IHS Markit 数据统计，2020 年中国市场座舱智能配置水平的新车渗透率约为 48.8%，到 2025 年预计可以超过 75%，高于全球市场的装配率水平。对包括座舱域控制器、中控屏、液晶仪表盘、HUD 和流媒体后视镜在内的智能座舱系统进行测算，到 2030 年，全球汽车智能座舱市场规模将达到 681 亿美元，国内的智能座舱市场规模也将超过 1600 亿元。我国的市场份额占比将从 23%上升到 37%左右，成为全球最主要的智能座舱市场。据亿欧智库针对近 600 款新发布乘用车座舱内各功能渗透率的统计，其中中控彩屏渗透率高达 97.9%，智能语音系统和 OTA 的渗透率分别为 86%及 50.9%。从近年新问世的乘用车型看，中控彩色大屏和语音交互功能已成为基础配置。从车辆价位上看，座舱的智能化水平基本呈现由两端向中部聚拢的“纺锤型”分布。对于搭载入门级别智能座舱的乘用车，10 万元以下车型智能座舱的渗透率最低，仅为 25.4%，其次是单车售价 75 万元以上的顶级豪华车，渗透率均低于 45%，或许是由于座舱的智能化水平并非其核心竞争力，而 10 万～75 万元价格区间车型则是智能座舱的重点细分市场，其中 10 万～15 万元价格区间车型智能座舱的渗透率最高，达 57.9%。而对于同时搭载多模态交互与 HUD 的高阶智能座舱，座舱的渗透率往往与车型的销售价格正相关，75 万～100 万元价格区间车型的渗透率最高，为 28.6%。

第十五章

锂离子电池

第一节 发展情况

一、产业规模

据工业和信息化部数据，2021 年，我国锂离子电池行业以深化供给侧结构性改革为主线，加快提升产业链供应链现代化水平，全行业实现持续快速增长，先进产品供给能力不断提高，有力支撑“碳达峰碳中和”工作。锂电四大关键材料产量增长迅猛，据测算，正极材料、隔膜、电解液增幅接近 100%。锂电全行业总产值突破 6000 亿元。如图 15-1 所示，2021 年我国锂离子电池累计产量为 200.5 亿只，同比增长 15.4%，增速较 2020 年有所回升，打破了 2016 年以来增速持续下降趋势。

2021 年，我国内需市场稳步增长，锂离子电池市场需求快速提升。其中，新能源汽车恢复增速势头，消费电子、电动自行车较快增长，TWS（真正无线立体声）、电动船舶等新兴市场开拓现成效。在此带动下，2021 年我国锂离子电池产量呈现加速增长态势。如图 15-2 所示，锂电全行业总产值突破 6000 亿元，增速超 200%。

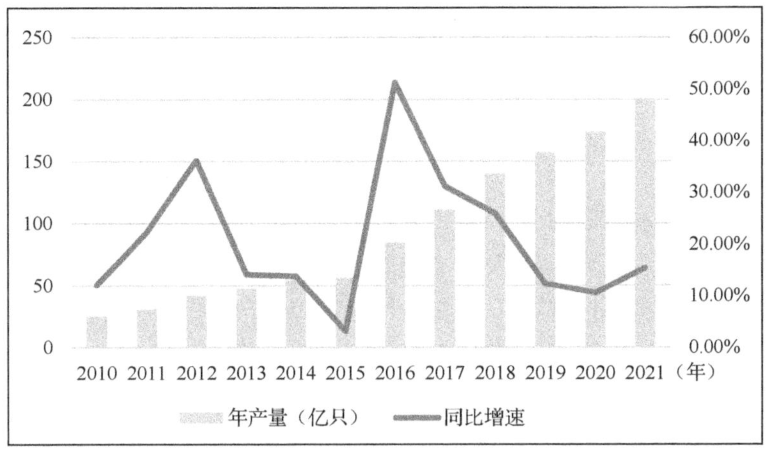

图 15-1　2010—2021 年我国锂离子电池年产量和同比增速

数据来源：国家统计局，2022 年 4 月

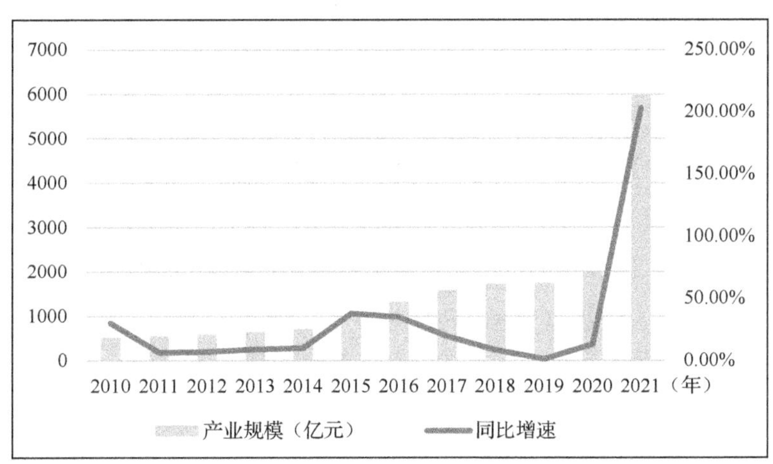

图 15-2　2010—2021 年我国锂离子电池产业规模和同比增速

数据来源：赛迪智库整理，2022 年 4 月

锂离子电池进出口增速分化，贸易顺差继续保持高速增长。出口量额齐升，海关总署数据显示，2021 年我国锂离子电池出口 34.2 亿只，首次突破 30 亿只，同比增长 54.1%，持续增长势头得以保持；出口金额为 284.3 亿美元，同比增长 78.4%，延续高速增长态势，增速较上年大幅增长 56.1 个百分点；出口平均单价继续提升，2021 年我国锂离子

电池出口平均单价达到8.3美元/只，较2020年7.2美元/只提高了15.3%。进口量额均出现小幅增长，2021年我国锂离子电池进口15.4亿只，同比增长8.7%，较2020年有所回升。如图15-3所示，2021年我国锂离子电池进口金额为38.5亿美元，同比增长8.8%，自2019年出现下滑以来开始回升；平均进口单价基本稳定在2.5美元/只。2021年我国锂离子电池贸易顺差进一步扩大至245.8亿美元，较2020年的124亿美元增长98.2%，增速继续保持高位，增幅较2020年扩大64.9个百分点。

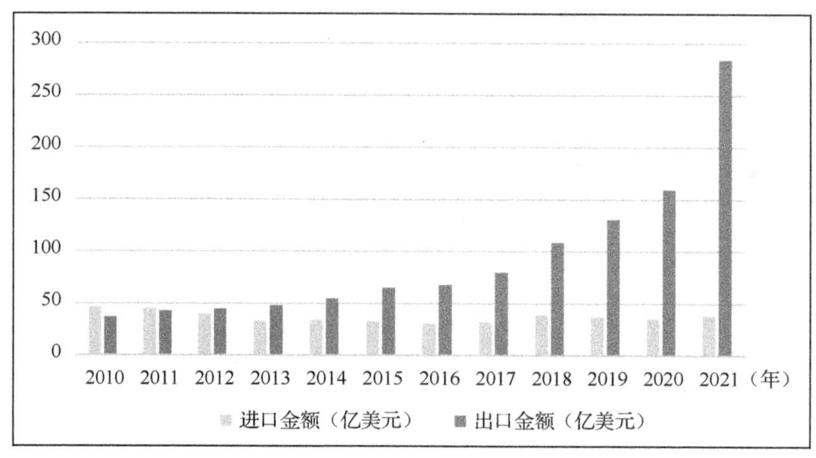

图15-3 2010—2021年我国锂离子电池进出口贸易额

数据来源：海关总署，2022年4月

二、产业结构

2021年，全球锂离子电池总体出货量562.4GWh，同比大幅增长91.0%。从产业结构来看，全球汽车动力电池（EV LIB）出货量为371.0GWh，同比增长134.7%；储能电池（ESS LIB）出货量66.3GWh，同比增长132.6%；小型电池（SMALL LIB）出货量125.1GWh，同比增长16.1%。2021年我国锂离子电池产量324GWh，同比增长106%，其中消费、动力、储能型锂电产量分别为72GWh、220GWh、32GWh，分别同比增长18%、165%、146%。从市场结构来看，2014年以来，中国一直是全球最大的锂离子电池生产和制造国家。2014年，中国锂离子电池总体出货量在全球的占比为42.1%，这一数据在2021年达到59.4%。

如图 15-4 所示，从不同类别来看，储能电池（ESS LIB）和小型电池（SMALL LIB）出货量在全球占比持续提升，汽车动力电池（EV LIB）在全球出货量占比虽从 2019 年开始下滑，但目前已呈现上扬趋势。

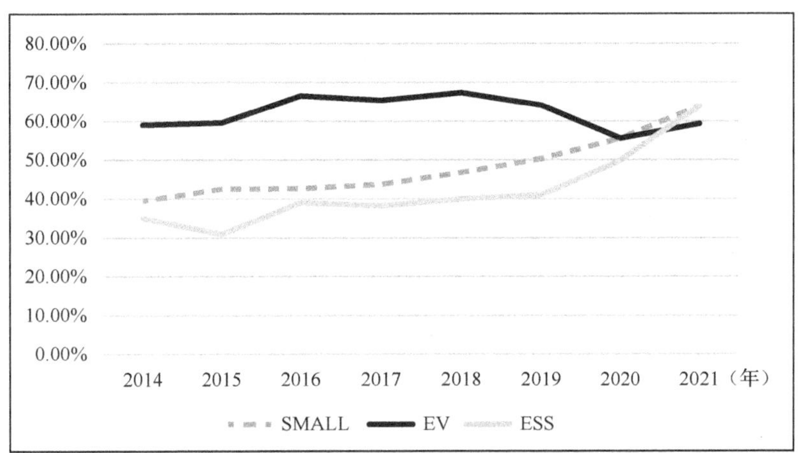

图 15-4　2014—2021 年我国不同类别锂离子电池出货量占全球比重

数据来源：EVTank，2022 年 4 月

第二节　发展特点

一、主流锂电技术水平提升面临“天花板”，技术创新呈现多元化趋势

当前，技术最成熟、应用最广泛的动力及储能锂电池主要为磷酸铁锂电池和三元锂电池。为抢占价值链高端，各国围绕材料改性提升、高安全性能电池体系、低成本制造和高能量密度、长寿命电池研发等开展了技术攻关，磷酸铁锂、三元锂电池单体最大能量密度已从 2015 年的 100Wh/kg、200Wh/kg 提高到 2020 年底的 200Wh/kg、300Wh/kg，标准化锂电储能系统寿命已突破 3000 次。但受制于材料结构，磷酸铁锂电池的能量密度未来提升空间有限，预计到 2025 年，三元锂电池单体能量密度将达 350Wh/kg，提升幅度将逐渐减小。钠离子电池、液流电池、固态电池等新型电池技术不断突破。一方面，企业通过结构创新提升系

统能量密度。动力电池企业通过结构创新提升系统能量密度，CTP、刀片电池、One-Stop Battery（一站式电池）、大圆柱电池、蜂窝电池等多种新形态持续涌现。另一方面，固态电池技术成创新热点。从电池结构看，固态电池在安全性、能量密度、续航时间等方面具有相对优势，成为宁德时代、蜂巢能源、松下、LG 化学、丰田等动力电池和汽车巨头竞相布局的重要领域，预计 2022 年固态电池将小批量投放市场。

二、磷酸铁锂电池装机量迅速攀升，市场增长势头强劲

据动力电池产业创新联盟数据，2021 年动力锂电池装机量高达 154.5GWh，同比增长 143%。其中三元电池全年装机量为 74GWh，占比 48%，同比增长 91%；磷酸铁锂电池全年装机量为 80GWh，占比 52%，同比增长 227%。近几年来，磷酸铁锂电池全年动力装机量首次超过三元电池。如图 15-5 所示，从 2021 年每月数据来看，磷酸铁锂电池占比从年初的 38%逐步增加，至 7 月装机量首次超过三元，占比达到 51%，此后每月装机量占比保持在 55%以上。随着磷酸铁锂 CTP（Cell to Pack，电芯集成电池包）及刀片电池技术提高，磷酸铁锂电池能量密度增加，安全性较佳、成本低等性价比优势是其在各个细分领域市场需求均增加的原因。加之 2021 年原材料价格大幅上涨，电芯成本涨幅空间较大，磷酸铁锂电池相较三元电池性价比高，导致磷酸铁锂电池在动力、小动力及其他领域需求占比均上涨。

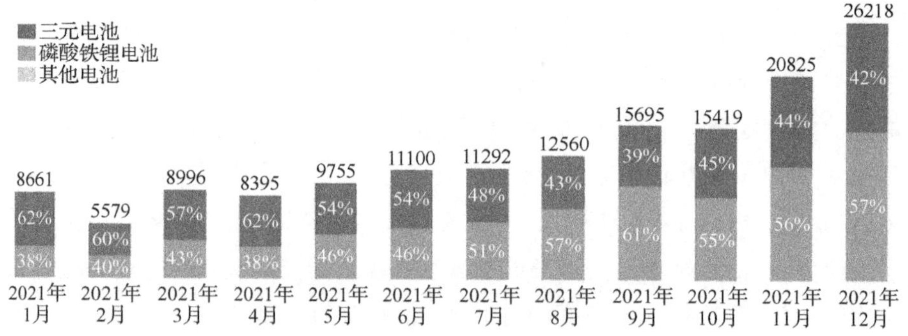

图 15-5　2021 年 1—12 月动力电池装机量（单位：MWh）

数据来源：动力电池产业创新联盟，2022 年 4 月

三、新赛手持续涌入，龙头企业优势巩固

新能源汽车产量井喷式增长使得动力锂电池行业上下游的众多企业纷纷受益，并助推龙头企业逐渐建立优势。2017 年，比亚迪、宁德时代、天津力神、沃特玛、国轩高科等企业通过股市、融资等多种方式筹集资金，进一步扩大规模，在品牌、影响力、技术水平等方面形成优势。同时，由于龙头企业的产能扩张速度快且有良好的市场基础，规模效应持续凸显，其中，位居国内前三的宁德时代、比亚迪、中航锂电 2020 年累计装机量分别为 31.79GWh、9.48GWh、3.55GWh，合计市场占比达到 68.26%，且宁德时代产量位居全球第一。随着技术研发持续投入和扩产项目建成投产，龙头企业的领先优势将会继续巩固，在全球锂电池市场的占有率将会进一步提升。

第十六章

智能传感器

传感器作为连接物理世界和数字世界的桥梁，一般包含接口单元、计算单元、传感单元。传感单元负责信号采集，计算单元对电信号进行处理，最后通过接口单元与其他装置进行通信。根据具体应用场景的不同需要，传感器还可集成其他零部件，不断延伸传统传感器的功能。传感器产品种类繁多，可以根据不同的分类标准，如被测量、技术原理、敏感材料、应用领域、使用目的等进行分类。例如，根据传感器感知外界信息所依据的基本效应可将传感器分为物理传感器、化学传感器和生物传感器；根据测量的用途不同可将传感器分为光学传感器、压力传感器、温度传感器、惯性传感器、气体传感器、流量传感器等。

第一节　发展情况

一、产业规模

近年来，传感器逐渐由传统型向智能型方向发展，传感器市场也日益繁荣。根据赛迪数据，2020 年，全球传感器市场规模为 1606 亿美元，其中智能传感器市场规模为 360 亿美元，占总体规模的 22.3%。预计 2022 年全球传感器市场规模约为 1850 亿美元，智能传感器市场规模为 450 亿美元。2016 年至 2019 年间，我国传感器市场规模不断增长，2019 年中国传感器市场规模达到 2188.8 亿元，同比增长 12.7%，2020 年中国传感器市场规模将突破 2500 亿元，2021 年增至 2951.8 亿元，增速达到 17.6%。

二、主要应用领域

传感器产品的下游应用领域为汽车电子、智能仪表、智能家居、消费电子及健康医疗等行业或领域。2020 年中国传感器市场规模达 2510 亿元，同比增长率为 14.66%。汽车电子方面，据汽车工业协会数据，2020 年中国新能源汽车产量达 136.70 万辆，同比增长 13.35%，随着新能源汽车的加速渗透和 ADAS 系统（高级驾驶辅助系统）、自动驾驶进一步应用，车载传感器行业也将迎来更大的市场空间。智能仪表方面，以用途广泛的智能水表为例，市场数据显示，2021 年全球智能水表市场规模达到 337.65 亿元。预计 2021—2027 年，全球智能水表市场规模将以 15.43%的年复合增长率增长，2027 年全球智能水表市场总规模将达到 798.85 亿元。智能家居方面，作为智能家居中的主流产品，据中商产业研究院数据，2021 年中国扫地机器人销售规模约为 110 亿元，同比增长 17.02%。

三、主要类别

智能传感器主要基于硅材料微细加工和 CMOS 工艺制作。按制造技术，智能传感器可分为 CMOS、光谱学、MEMS 三大类。MEMS 和 CMOS 技术成本低、易于大批量生产、集成性好，使器件具有多种检测功能和数据智能化处理功能，是智能传感器制造的两种主要技术。据 IC Insights 预测，未来 CMOS 传感器市场规模将保持增长，在 2026 年达到 269 亿美元，目前索尼市场份额位居第一。MEMS 传感器可实现自动识别等领域中的多传感器数据融合，具有很好的识别精度和定位能力，早期广泛应用于军事领域，可实现对长距离空中和海洋的监视、侦察。航天领域亦广泛采用集成 A/D 转换器的 MEMS 传感器。

四、区域布局

（一）重庆

截至 2021 年 5 月 20 日，西部（重庆）科学城北碚园区全部企业数量 14052 家，规模以上企业数量 329 家，打造突出关键技术牵引、创新生态供需匹配、产城融合发展的传感器产业生态体系基本形成。北碚在传感器研发创新上已有一定基础，拥有中科院重庆绿色智能技术研究院、西南大学、重庆材料研究院等多个科研机构技术支持。其中，重庆材料研究院已建立了传感器敏感材料及元件、测温材料、贵金属材料及制品、金属功能材料及制品等六条中试工艺生产线，在工程仪表、特种合金、测温材料三大优势专业领域处于国内领先地位。

（二）青岛

经过多年的培育和发展，青岛在智能传感器研发和产业化方面打下了坚实的基础，涌现出了歌尔微电子等一批优秀的智能传感器研发制造企业，建成了多个产教融合人才培养基地、国家工程实验室等创新平台，引进了一批具有核心竞争优势的智能传感器重点项目，初步形成了涵盖智能传感器研发、器件制造、终端应用的全产业链体系。青岛已成为山东省重点打造的国内领先的声学智能传感谷。青岛依托微电子研究院，围绕材料、芯片、器件、算法、智能装备及先进封装等展开技术攻关，重点聚焦智能家电、消费电子领域龙头企业供应链建设，围绕培育智能传感器产业生态，瞄准国际国内领先水准，实现了高起点、高标准智能传感器产业的聚集、链式、协同发展。

（三）北京

北京市将高端仪器装备和传感器产业列为全市十大高精尖产业体系的 29 个细分领域之一。2021 年 7 月，北京市经济和信息化局印发《关于推动北京市传感器产业创新发展工作方案》（以下简称《方案》)。《方案》指出，以怀柔科学城建设为重要契机，将怀柔打造成高端仪器和传感器硬科技产业基地，为加快建设北京国际科技创新中心，构建高精尖经济结构提供有力支撑。预计到 2022 年，北京将建成 5 个协同创新平台和传感器产业发展基金，形成技术实现支撑体系。攻克科学仪器 5 个领域、10 项以上关键核心技术，突破 10 种以上重点传感器产品。突破智慧城市 5 个领域、15 种以上重点传感器产品，培养 10 家以上“专精特新”企业，形成企业培育服务体系。引进培育 50 家以上科学仪器和传感器优质企业。

五、存在的问题

随着传统行业数字化转型不断推进，新一代信息技术不断为设计环节、生产环节、物流环节等带来新的变化。智能传感器作为未来物联网世界最前端的感测系统，是数据的采集入口及感知前端。随着 5G、大数据、人工智能等技术不断成熟和各技术间的融合应用，智能传感器与新技术的结合将催生更多的应用场景，创造更大规模的市场。但是，我们也应清醒看到，我国智能传感器技术与国外先进水平相比仍有较大差距，传感器产业化应用渗透率不高，产业基础薄弱，专利布局缺乏，这些都成为制约我国未来智能传感器发展的重要因素。且我国传感器厂商规模普遍较小，且布局分散，未形成产业集聚和产业合力。品牌效应不明显，高端品牌都掌握在外国企业手中，产品附加值低，产品结构有被锁定于低端的风险。

第二节　发展趋势

随着传感器行业的飞速发展，我国传感器和芯片厂商已基本掌握了中低端传感器研发技术，并逐步向高端传感器领域拓展。传感器行业的技术呈现出自动化和智能化、多传感器融合化、集成化、微型化和低能耗，以及国产替代加快的特点。

一、自动化和智能化程度不断提升

随着上下游产业的不断发展，传统传感器的反应速度慢、感测精度差等问题逐渐暴露出来，市场对传感器的需求也逐渐向自动化、智能化的方向转型。与传统传感器相比最大的硬件区别为智能传感器内置了微处理器，让传感器从输出单一且不稳定的模拟信号，升级为经过微处理器后的数字信号，甚至具有执行控制功能，极大程度提高了传感器的测量精度、可靠性及稳定性。

二、多传感器融合趋势愈发明显

随着物联网科技的快速发展，下游行业逐渐对传感功能提出更多元化的要求，如汽车自动驾驶系统，单一传感器无法胜任自动驾驶技术对距离估计和极端环境等要求，此时就需要多种传感器共同配合，将信息整合处理，更好更安全地实现汽车自动驾驶。

三、集成化水平不断提升

集成化传感器不断向精细化发展，其设计空间、生产成本和能耗预算都在日益紧缩，在大多应用领域中，为实现全面、准确感测事物和环境，往往需同步传感多种变量，要求在单一的传感设备上集成多种敏感元件、制成能检测多个参量的多功能组合成为传感器主要解决方案，其特点为多个传感器硬件集成在一台设备中，各自独立工作并将原始数据直接传输至中央处理器进行决策，主体为硬件融合。这种使传感器实现多种功能的高度集成化和组合化是未来主要发展趋势之一。

四、微型化是重要方向之一

在传感器下游科技领域中，大多行业以微型化为主要发展方向，产品微型化有利于提升产品适应性，降低产品的重量和大小，同时也压缩了成本。传统传感器受体积限制逐渐难以满足便携设备、可穿戴设备等下游行业不断升级的消费需求。以微型化传感器代表 MEMS 器件为例，其体积仅为之前的 17%，而成本则是过去的十分之一，因此微型化是未来传感器发展的必然趋势之一。

五、国产替代不断加快

传感器国产替代需求的重要性正日渐凸显。根据公司公开发行说明书，美国、日本及德国等发达国家传感器技术开发较早，市场份额合计近 70%。根据工业和信息化部数据，我国敏感元件与传感器大约有 60% 依赖进口。然而经过多年来的不断发展，我国已形成完整产业体系，当前中低端传感器基本能满足市场需求。在制造强国战略、《国务院关于

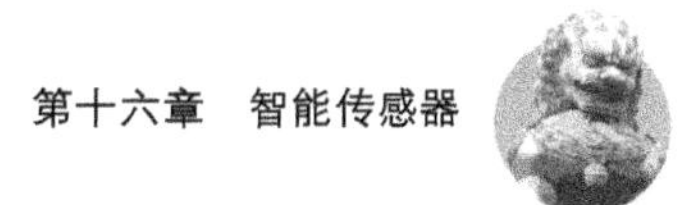

积极推进物联网+行动的指导意见》等一系列国家政策的指引下，我国部分传感器制造企业已实现自主研发设计生产高端传感器产品，并凭借明显的价格优势与世界领先企业竞争。随着我国制造业整体技术水平的不断加强，我国国产替代步伐将进一步加快。

第十七章

数据中心

第一节　发展情况

一、产业情况

当前，以 5G、人工智能、云计算、物联网等为代表的新一代信息技术飞速发展，推动信息技术与传统电子信息制造业的加速融合。数据中心作为经济社会运行不可或缺的数字底座，应用于生产生活的多个环节，支撑数字经济快速发展，并推动各个行业领域数字化转型。新冠肺炎疫情暴发以来，数据中心的重要性愈发凸显，远程办公、在线教育、无接触配送等大量新业态新模式快速涌现，为数据中心的发展带来了新空间和新需求。

2021 年，我国数据中心业务的总体营收已经达到 1500 亿元，同比增长 27.7%；截至 2022 年 2 月，我国数据中心规模已达 500 万标准机架，算力达到 130 EFLOPS（EFLOPS 即每秒一百亿亿次的浮点运算），其中，大型以上数据中心机架规模达到 420 万架，占比超 80%。2016—2021 年我国数据中心市场规模如图 17-1 所示，近三年年复合增长率达到 30.2%，预计未来我国数据中心市场规模仍将保持高速增长。

二、市场结构

数据中心的产业链上游是基础设施及硬件设备商，以数据中心机房内的各种基建设备、服务器、存储系统、网络设备为主；产业链中游是运营服务及解决方案提供商，主要包括运营商及第三方 IDC 服务厂商；产业链下游为数据流量用户，如云计算厂商、互联网厂商及传统的金融、政企客户。

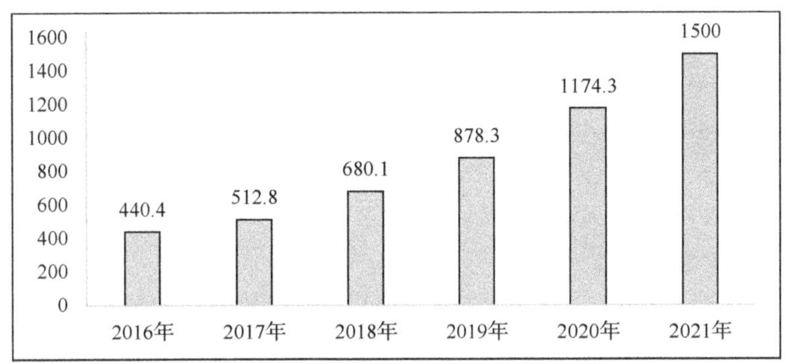

图 17-1 2016—2021 年我国数据中心市场规模（亿元）

数据来源：IDC，赛迪智库整理，2022.04

从上游来看，我国数据中心基础设施硬件设备的投资规模中，服务器占主要比重，其次为存储设备。根据 IDC 数据，2020 年，我国数据中心 IT 基础架构市场规模达到 286.9 亿美元，同比增长 19.1%，其中，服务器市场规模达到 216.5 亿美元，同比增长 19.0%；外置存储市场规模达到 48.4 亿美元，同比增长 17.5%；数据中心网络设备市场规模达到 21.9 亿美元，同比增长 24.5%。

从中下游来看，我国数据中心行业主要有四类市场参与者：基础电信运营商、第三方数据中心服务商、云厂商，以及其他跨界转型从事数据中心业务的厂商。基础电信运营商是数据中心最大的市场参与者，中国电信、中国移动、中国联通三大运营商凭借网络带宽和机房资源优势，机房遍布全国；第三方数据中心服务商近年来逐渐兴起，以弥补数据流量指数级增长带来的供需缺口，当前我国核心城市的数据中心服务主要由第三方数据中心服务商来提供，竞争较为充分。第三方数据中心服务商以万国数据、秦淮数据和世纪互联为代表，分别占据 5.6%、2.0%、1.9%的市场份额，整体实现高速增长。云厂商方面，阿里云、腾讯云、百度云等均开展了以数据中心建设为核心的新基建计划，加大资金和资源投入，但目前市场份额占比并不高。

从数据中心产业链的重点企业来看，数据中心上游市场中存储设备代表企业有华为、浪潮、新华三等，服务器企业有浪潮、华为、新华三、IBM等；软件设备有用友、清华同方等。从代表企业分布情况来看，我国数据中心产业链相关企业在北京、广东、上海、江苏、浙江等经济发达地区的发展相对完善。以北京为例，上游网络/存储设备制造企业有新华三、路由家等，中游数据中心服务商包括世纪互联、光环新网等行业代表性龙头企业，美团、百度、京东等下游互联网用户企业也聚集在北京。

三、产业政策

（一）政策梳理

数据中心作为支撑数字经济发展的底座被纳入新基建，相关政策强调向规模化、集中化、绿色化、布局优化发展。截至2022年4月，国内数据中心相关政策梳理见表17-1。

表17-1 国内数据中心相关政策梳理

<table>
<tr><th>发布时间</th><th>政策名称</th><th>发布部门</th><th>备注</th></tr>
<tr><td>2015年1月</td><td>《关于促进云计算创新发展培育信息产业新业态的意见》</td><td>国务院</td><td rowspan="5">数据中心被作为发展数字经济的新型基础设施</td></tr>
<tr><td>2015年8月</td><td>《促进大数据发展行动纲要》</td><td>国务院</td></tr>
<tr><td>2016年7月</td><td>《国家信息化发展战略纲要》</td><td>国务院</td></tr>
<tr><td>2016年12月</td><td>《“十三五”国家信息化规划》</td><td>国务院</td></tr>
<tr><td>2017年4月</td><td>《云计算发展三年行动计划（2017—2019年）》</td><td>工业和信息化部</td></tr>
<tr><td>2013年1月</td><td>《关于数据中心建设布局的指导意见》</td><td>工业和信息化部、国家发展改革委、国土资源部、电监会、国家能源局</td><td rowspan="3">引导数据中心向规模化、集中化、绿色化、布局合理化发展</td></tr>
<tr><td>2015年3月</td><td>《关于国家绿色数据中心试点工作方案》</td><td>工业和信息化部、国管局、国家能源局</td></tr>
<tr><td>2019年2月</td><td>《关于加强绿色数据中心建设的指导意见》</td><td>工业和信息化部、国管局、国家能源局</td></tr>
</table>

续表

发布时间	政策名称	发布部门	备注
2020 年 12 月	《关于加快构建全国一体化大数据中心协同创新体系的指导意见》	国家发展改革委	引导数据中心向规模化、集中化、绿色化、布局合理化发展
2021 年 5 月	《全国一体化大数据中心协同创新体系算力枢纽实施方案》	国家发展改革委、中央网信办、工业和信息化部、国家能源局	
2021 年 7 月	《新型数据中心发展三年行动计划（2021—2023 年）》	工业和信息化部	
2021 年 9 月	《关于完整准确全面贯彻新发展理念做好碳达峰碳中和工作的意见》	中共中央、国务院	
2021 年 11 月	《“十四五”信息通信行业发展规划》	工业和信息化部	
2021 年 12 月	《贯彻落实碳达峰碳中和目标要求推动数据中心和 5G 等新型基础设施绿色高质量发展实施方案》	国家发展改革委、中央网信办、工业和信息化部、国家能源局	

资料整理：赛迪智库整理，2022.04

（二）政策解读

一系列国家重量级数据中心产业政策从宏观产业的政策布局、技术方向指引、节能双碳要求、数字化赋能责任，以及投资建设等多个角度全面引领我国数据中心产业的发展。在国家政策的引导下，北京、上海、江苏、广西、甘肃、贵州、宁夏、天津等地方政府出台政策加强区域数据中心布局引导，推动协同创新发展。

2020 年 3 月，中共中央政治局常务委员会提出“加快推进 5G 网络、数据中心等新型基础设施建设”，《新型数据中心发展三年行动计划（2021—2023 年）》明确指出，新型数据中心是以支撑经济社会数字转型、智能升级、融合创新为导向，以 5G、工业互联网、云计算、人工智能等应用需求为牵引，汇聚多元数据资源、运用绿色低碳技术、具备安全可靠能力、提供高效算力服务、赋能千行百业应用的新型基础设施，具有高技术、高算力、高能效、高安全特征的特点。2022 年 2 月，国家发展改革委、中央网信办、工业和信息化部、国家能源局联合印发通知，同意在京津冀、长三角、粤港澳大湾区、成渝、内蒙古、贵州、甘肃、宁夏等 8 地启动建设国家算力枢纽节点，并规划了 10 个国家数据中心集群，标志着“东数西算”工程正式全面启动。

“东数西算”作为一个国家级算力资源跨域调配战略工程，从全国角度一体化布局，针对我国东西部算力资源分布总体呈现出“东部不足、西部过剩”的不均衡局面，通过构建数据中心、云计算、大数据一体化新型算力网络体系，引导中西部利用能源优势建设算力基础设施，让西部算力资源更充分支撑东部数据运算，实现“数据向西，算力向东”，更好地为数字化发展赋能。

在我国力争实现 2030 年前碳达峰、2060 年前碳中和的背景下，由于数据中心存在较高的系统能耗以维持服务器、散热系统、供配电系统等基础设施的运行，如何实现绿色低碳高质量发展也是政策关注和引导的重点方向。《贯彻落实碳达峰碳中和目标要求推动数据中心和 5G 等新型基础设施绿色高质量发展实施方案》明确指出，到 2025 年，全国新建大型、超大型数据中心平均电能利用效率降到 1.3 以下，国家枢纽节点进一步降到 1.25 以下，绿色低碳等级达到 4A 级以上。在数据中心、5G 实现绿色高质量发展基础上，全面支撑各行业特别是传统高耗能行业的数字化转型升级，助力实现碳达峰总体目标，为实现碳中和奠定坚实基础。

第二节　发展特点

一、数据中心总体布局日趋合理

自 2013 年工业和信息化部联合四部门发布《关于数据中心建设布局的指导意见》，工业和信息化部发布《全国数据中心应用发展指引（2018）》以来，北京、上海等地围绕严格控制新建、扩建数据中心数量及规模等发布了相关文件，我国数据中心总体布局渐趋合理。北京、上海、广州、深圳等一线城市数据中心规模增速逐渐放缓，一线城市周边地区数据中心规模快速增长，网络质量、建设等级及运维水平逐步提升，有效承接了一线城市应用需求。从我国主要省市数据中心机柜存量数据来看，截至 2021 年末，华东、华北、华南的数据中心机架数量排名前三，分别占比 29%、26%、24%。河北、天津、江苏等一线城市周边地区数据中心大规模建设，在建机架数位列全国前三。对于部分中西部经济稍欠发达地区，由于政策引导、成本、环境等因素，数据中心的建设和利用率正在不断提高，数据中心网络、运维质量不断完善，冷存储业务、离线计算业务逐步上线，有效改善了当地网络发展水平，带动了当地经济的发展。

二、多样化算力应用场景需求旺盛

新型信息化技术的融合与海量数据的涌现，推动着我国数据中心应用场景不断演化，新兴应用场景层出不穷，算力赋能效应凸显。人工智能、5G、区块链等场景化应用，为数据中心发展打开了新的成长空间。人工智能生态不断完善，人工智能场景化应用加速落地，人工智能基础设施服务将迎来快速发展新时期。5G 方面，数据中心的建设有助于提供更低时延的 5G 通信网络，加速智慧交通、智慧教育、智能金融、智慧医疗等新业务形态发展；VR/AR 等应用需求也将为数据中心市场发展与服务模式创新打开成长空间，数据中心的建设为我国产业数字化转型提供了有力的支撑。

三、基础运营商主导建设，第三方服务商共同发展

以中国电信、中国联通、中国移动为代表的基础电信运营商，由于其在骨干网络带宽资源和互联网国际出口带宽方面的明显优势，目前在我国数据中心市场占据着近一半的份额。云计算的发展是近几年带动 IDC 市场增长的关键，第三方 IDC 厂商由于配置灵活、定制能力强等优势受到大型云厂商的青睐。当下云计算巨头对定制化数据中心的需求日益苛刻，在资源整合、技术服务方面对 IDC 服务商提出了更为严格的要求；很多中小型第三方服务商受限于技术水平和服务能力，很难满足客户的需求，从而导致第三方服务商的盈利情况出现两极分化。随着中国新基建加速推进，作为核心算力基础设施的数据中心不断迎来利好，为了配合战略布局和业务扩张需要，互联网大厂相继宣布新基建重大资本开支计划加码数据中心建设。

第十八章

电子信息绿色低碳

第一节　发展情况

一、我国电子信息制造业能耗增长趋缓

2012 年以来，我国电子信息制造业能耗增长率在 2019 年首次出现下降趋势。如图 18-1 所示，《中国能源统计年鉴（2021）》数据显示，2019 年我国电子信息制造业能源消耗 5028 万吨标准煤，同比增长 8.64%，增长率较 2018 年大幅下降 17.74 个百分点。

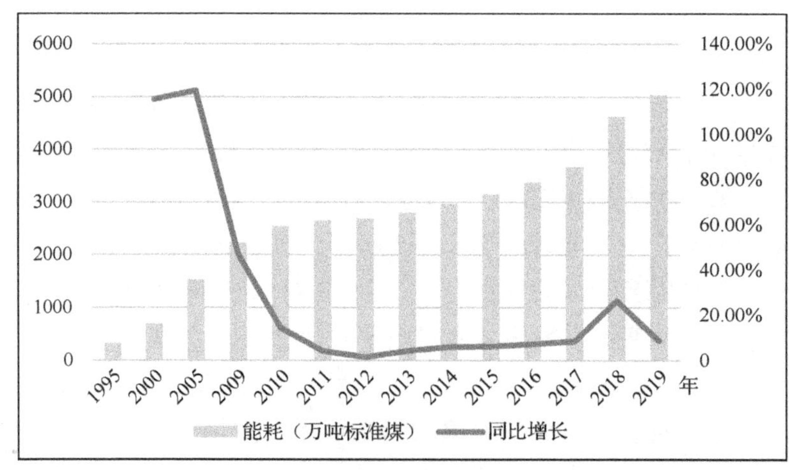

图 18-1　1995—2019 年电子信息制造业能源消耗

数据来源：《中国能源统计年鉴（2021）》，2022 年 4 月

二、我国万元电子信息制造业主营业务收入能源消耗增速明显放缓

我国万元电子信息制造业主营业务收入能源消耗仍处于小幅增长阶段，但增速明显放缓。如图 18-2 所示，2019 年，我国规模以上电子信息制造业实现营业收入 11.4 万亿元，同比增长 4.5%。综合来看，2019 年，我国万元电子信息制造业主营业务收入能源消耗量为 0.0441 吨标准煤，较 2018 年小幅增长 1.1 个百分点，增速较 2018 年同期下降了 53.5 个百分点。

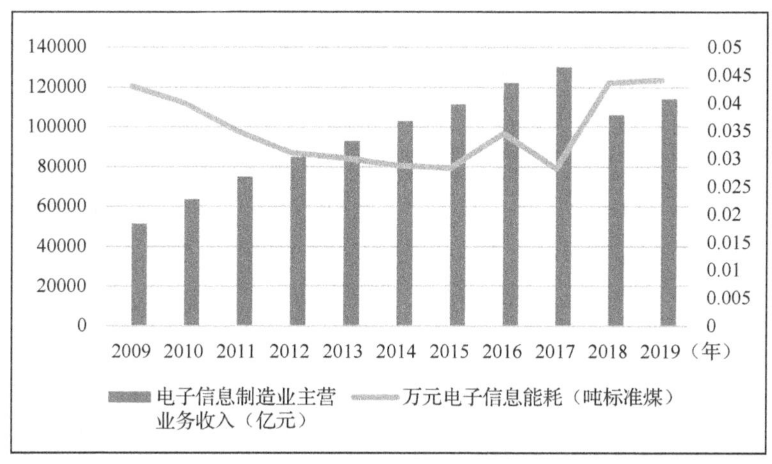

图 18-2　2009—2019 年万元电子信息制造业主营业务收入能源消耗

数据来源：工业和信息化部、《中国能源统计年鉴（2021）》，2022 年 4 月

第二节　发展特点

一、ICT 技术推动我国进一步深化减排力度，成为我国实现碳中和的重要途径

根据 GeSI 的研究，数字技术在未来 10 年内通过赋能其他行业可减少全球碳排放 20%。根据《全球通信技术赋能减排报告》，2018 年移动互联网技术使全球温室气体排放量下降了 21.35 亿吨，几乎是移动互联网行业自身碳足迹的 10 倍。据相关研究机构的估算，到 2030 年，数字

技术对各行业减少碳排放的赋能作用逐步加强，其中工业领域将减少碳排放13%～22%、建筑领域将减少碳排放23%～40%、交通领域将减少碳排放10%～33%，总体赋能全行业平均减少碳排放12%～22%。

数字技术通过统筹协调电力行业与全社会其他行业的减排责任和进程，考虑新型存储，碳捕获、利用与封存，氢能等关键新型技术对电力低碳转型路径的影响，合理定位煤电发展，科学利用新能源，破解电力平衡挑战。以新型储能为例，借助数字技术可以实现储能系统的互联网化管控，提高储能系统运维的自动化程度和储能资源的利用效率，充分发挥储能系统在能源互联网中的多元化作用。

二、节能减排、绿色低碳已成为我国ICT巨头企业的刚需

自碳中和目标提出以来，“绿色经济”已成为经济发展中的一大焦点。随着ICT企业耗电量猛增，能耗成本逐渐成为决定ICT公司市场竞争力的重要因素，叠加国家双碳目标的压力，通过节能减排、绿色低碳实现碳中和已成为我国ICT企业的刚需。相关行业数据显示，随着全球ICT产业的迅速发展，全球ICT产业的温室气体排放占比将会从2007年的1%～1.6%，增长到2040年的14%以上。ICT企业的碳排放主要来自电力的使用，减排手段主要为使用零排放的可再生能源。目前的绿电采购以钢铁等高耗能企业为主，但科技企业也开始提出采购需求。随着绿电成本的进一步下降，科技企业采购绿电的案例将明显增多。

自2020年9月中国承诺2060年前实现碳中和后，越来越多企业开始启动碳达峰碳中和计划，如国电投集团给出了明确的碳达峰计划，中石化、中海油、大唐等能源央企也相继宣布启动碳中和计划。2021—2022年，阿里巴巴、腾讯、百度等科技巨头都发布了碳中和相关行动报告，并明确了自身实现碳中和的时间表。2021年12月，阿里巴巴公布2030年前实现碳中和目标，在2030年前，实现自身运营碳中和；在2030年前，协同上下游价值链实现碳排放强度比2020年降低50%；到2035年15年间，带动生态累计减碳15亿吨。2022年2月，腾讯发布《腾讯碳中和目标及行动路线报告》，并承诺不晚于2030年，实现自身运营及供应链的全部碳中和；不晚于2030年，实现100%绿色电力。据悉，腾讯碳中和路径主要包括节能提效、持续提升可再生能源利用比例和碳

抵消。百度公司 2021 年 6 月发布《碳中和全景图》，计划在已有绿色实践的基础上，从数据中心、办公楼宇、碳抵消、智能交通、智能云、供应链六个方面推进，在 2030 年实现集团运营层面的碳中和目标。

三、数据中心是电子信息产业节能减排的重要挑战之一

随着信息化进程加速，数字经济正逐步成为我国经济发展的核心驱动力。数据中心作为数字经济的核心载体，其规模和体量正与日俱增。数据中心服务器、存储设备、备份装置、冷却系统等基础设施运行均需要大量电力的供应，进而带来能耗和碳排放的迅速增长。在双碳背景下，数据中心面临着碳排放的严峻考验，正成为电子信息乃至全部产业节能减排的焦点领域。

数据中心的能耗和碳排放贯穿其完整生命周期，且以运营阶段为主。服务器运行、机房内空调设备的制冷和运行、办公区域人员用电等均对能耗有着高要求。根据《绿色数据中心白皮书 2020》的数据，我国超大型数据中心平均电能利用率（PUE）为 1.46，部分优秀绿色数据中心 PUE 可达 1.2～1.3，处于全球领先水准。然而，因我国数据中心建设规模增长较快，且能耗整体处于较高状态，当前我国数据中心总能耗处于快速增长态势，增速显著高于全球平均水平。有关测算数据显示，到 2021 年，全国数据中心机架规模（标准机架为换算单位，以功率 2.5 千瓦为一个标准机架）达到 543.6 万架，较 2020 年增加 27%；PUE 达到 1.35，碳排放强度（CUE）为 0.82。2021 年，全国数据中心能源消耗达到 2166 亿千瓦时，较 2020 年增加 44%，约占全社会用电量的 2.6%；二氧化碳排放量约为 1.35 亿吨，较 2020 年增加 3915 万吨，约占全国二氧化碳排放量的 1.14%。

以华为为代表的企业在绿色运营数据中心、降低数据中心能耗领域做出了众多尝试和努力。华为围绕数据中心制冷难题持续攻坚，使用液冷方案冷却系统等散热，大幅降低用电能耗，从而减少碳排放。在密闭式液冷机柜中，通过液体带走所有热量，可以将散热功耗下降 96%，PUE 由采用风冷方案的 2.2 降低至 1.1。在 50 千瓦柜功率设备上，每年可节省约 50 万千瓦时散热能耗，相当于减少二氧化碳排放约 237.5 吨。

四、软硬件结合打造高性能、低能耗的5G网络新基建

5G 网络作为新基建之首，是极为重要的新型基础设施，助力新基建数字化发展、赋能各行各业，但与此同时也带来了高耗能的严峻问题。面向万物互联的未来趋势，ICT 的基石作用将进一步凸显，推进节能减排对于整个 ICT 行业，以及其他需要 ICT 技术赋能的行业都具有深远意义。配套设备增多、设备天线数多、站点密集度提升是造成 5G 总体能耗提升的主要原因。基站、传输、电源和机房空调是 5G 总体能耗最集中的四个部分，其中基站占整体网络能耗的 80%以上。

据相关研究机构预测，从 2019 年到 2025 年，5G 产业在全球爆发式发展，与此同时，通信行业的碳排放从 2.33 亿吨飙升至 4.06 亿吨，6 年内增幅将达到 74%，远超全球各行业平均水平。全球多家电信运营商已制定节能减排目标，通过 ICT 技术助力各行业节能减排，并持续降低网络的碳排放。硬件方面，5G AAU 天线阵列成为 5G 基站天线优选方案。AAU 基于多天线、多通道设计，一方面通过空间复用大幅提升系统的容量；另一方面通过调整多天线的幅度和相位，使无线信号的能量集中于更窄的波束上，并精准指向用户的位置，从而提升能量的传输效率和比特能效。此外，AAU 使 5G 基站集成度持续提升，向支持多频段、超宽频段发展，可将部署方式转变为多频合一、多模块合一，从而大幅降低了设备的部署数量、成本及设备能耗。从软件层面，电信运营商通过部署节能软件以降低网络能耗，在保障用户体验的基础上，借助智能网络，根据不同的场景和业务变化，精准、实时地调整频谱、载波等网络资源的分配，实现 5G 网络资源高效优化。

区　域　篇

第十九章 长江三角洲地区电子信息产业发展状况

第一节　整体发展情况

长江三角洲地区（以下简称“长三角地区”）包括上海市、江苏省、浙江省和安徽省全域（面积 35.8 万平方千米），是我国经济发展最活跃、开放程度最高、创新能力最强的区域之一，是我国电子信息制造业最重要集聚区之一。

一、产业规模

2021 年，长三角地区电子信息制造业企稳向好，生产保持平稳较快增长，创新实力不断增强，产品高质量发展成效明显。

2021 年，上海市电子信息制造业总产值达到 5351.42 亿元，与上年同期相比增长 1.4%，占到全市规上工业总产值的 13.55%，仅次于汽车制造业，依旧是全市的战略性、支柱性产业。高端电子信息产品新产量实现高速增长，笔记本电脑产量达到 1850.0 万台，比上年增长 31.9%，集成电路产量达到 365.0 亿块，同比增长 19.8%，服务器产量达到 35 万台，同比增长 27.7%，智能电视产量 153.5 万台，与上年基本持平。

2021 年，江苏省电子信息制造业增加值与上年同期相比增长 17.3%，高于规上工业 4.9 个百分点，比全国平均增速高出 1.6 个百分点。从重点产品看，集成电路全年产量达到 1186.1 亿块，同比增长 39.1%，电子计算机产量达到 5472.2 万台，同比增长 10.4%，太阳能电池（光伏）

产量达到 7791.8 万千瓦，同比增长 32.0%，光纤产品增长 6.8%，服务器产量增长 67.3%，而智能手机、彩色电视机等产品产量同比出现下滑。

2021 年，浙江省电子信息制造业增加值与上年同期相比增长 22.7%，比浙江省规上工业增加值增速高出 9.8 个百分点，也高出全国电子信息行业 10.0 个百分点。从重点产品看，集成电路全年产量达到 229.7 亿块，同比增长 43.6%；电子计算机产量达到 190.7 万台，同比增长 38.4%；电子元件产量达到 1607.9 亿只，同比增长 45.0%；太阳能电池（光伏）产量达到 5152.5 万千瓦，同比增长 80.9%；光纤产品增长 130.3%，光缆产品增长 51.4%，而智能手机产品产量同比出现下滑。

2021 年，安徽省电子信息制造业增加值与上年同期相比增长 33.2%，高于全国电子信息制造业增加值增速 15.7 个百分点，高于全省规上工业增速 24.3 个百分点，对全省工业经济增长的贡献率继续居各行业首位。从重点产品看，全年电子计算机生产 3694.8 万台，与上年相比增长 19.1%，移动通信手持机同比增长 5.7%，彩色电视机产量 1224.8 万台，与上年基本持平。电子信息制造业成为全省实施创新驱动、制造强省和转型升级发展的重要引擎。

二、产业结构

长三角地区电子信息制造业起步早、发展快，已建立了“原材料—零部件—整机生产—信息应用”较完整的电子信息产业链。

上海市形成了集成电路产业“一核多极”和新材料产业“3+X”的布局，大力打造张江—康桥—临港综合性集成电路产业创新带，加快建设金桥 5G 产业生态园，形成上海电子化学品专区，以上海化工区为主体，金山、奉贤分区协同，促进光刻胶及配套材料、电子特气、湿电子化学品等电子化学品生产。此外，上海市在金山区形成以和辉光电为龙头的新型显示产业集群，已聚集奥来德、升翕、光驰、玟昕、九山电子等上下游配套企业。

江苏省集成电路产业发展较好，产业链囊括 EDA 工具、IC 设计、晶圆制造、封测、设备、专用材料等环节，汇集了众多知名集成电路企业，形成了以无锡、南京、苏州等为中心的集成电路产业集聚区。此外，江苏省 5G 产业链加速发展，在苏州已形成芯片、光通信、光电缆等优势环节的产学研用协作体系。

浙江省加速在第三代半导体领域布局，围绕稀土永磁材料、含氟新材料、高性能纤维、光伏材料等特色领域形成产业集聚，并在可再生能源领域取得较快发展。浙江省拥有国内完整且具竞争力的产业链体系，光伏组件产能在全国仅次于江苏省，光伏辅材企业数量全国居首，光伏装机量连续多年位居全国第一。

安徽省以京东方、维信诺等新型显示龙头企业为引领，实现全产业链布局，其中合肥新型显示产业基地已成为国内面板产能最大、产业链最完善、技术水平最先进的产业集群。全省集成电路发展较快，产业链初具规模。智能终端实现快速增长，全省微型计算机、彩色电视机、智能手表/手环等产品出货量位居全国前列。

第二节　产业发展特点

一、区域协作增强

长三角地区以产业政策为引领，发挥各地区优势，逐步深化电子信息领域的协同发展。2021 年 5 月，上海市经信委、江苏省工信厅、浙江省经信厅和安徽省经信厅共同签署《联合开展长三角产业链补链固链强链行动合作协议》，增强跨区域产业链合作，同月，三省一市在江苏无锡举办长三角一体化发展高层论坛，揭牌长三角科技创新共同体建设办公室，正式成立长三角集成电路、人工智能等产业链联盟。8 月，浙江省经信厅印发《长三角区域一体化发展信息化专题组三年行动计划（2021—2023 年）》，计划通过高水平协作，围绕集成电路、新型显示等领域形成一批具有全球竞争力的标志性产业链和战略性新兴产业集群。11 月进博会期间，发布《长三角 G60 科创走廊“十四五”先进制造业产业协同发展规划》和《长三角 G60 科创走廊打造具有国际影响力的科创走廊和我国重要创新策源地指标体系》，成立长三角 G60 科创走廊专精特新中小企业协作联盟，助力产业一体化发展，增强区域产业整体竞争力。12 月，长三角集成电路设计与制造协同创新中心昆山成果转化示范基地正式签约，进一步加快区域创新协同。

二、产业聚集加速

上海市集成电路产业高度集聚，以张江高科技园区的集成电路设计产业园为核心，发挥科教、人才、产业集聚优势，着力打造国内领先的集成电路平台，目前已集聚包括紫光展锐、格科微、聚辰半导体、AMD等国内外知名集成电路企业，全球、全国芯片设计10强企业有7家在张江设立研发中心或总部，全国已上市的30家集成电路企业有17家位于张江。

江苏省集成电路产业主要布局在无锡、苏州、南京、南通等地，其中无锡是江苏省集成电路产业集聚中心，拥有包括设计、制造、封装、测试及装备、材料等支撑配套在内的完整产业链，截至2021年底有集成电路企业400家，其中规上企业173家，全年营收达1780亿元。新型显示产业主要集聚在南京经济技术开发区、昆山光电产业园等地。其中，南京经开区集聚了韩国LG、日本夏普，以及我国京东方、中电熊猫、杉金光电等龙头企业及上下游企业，形成新型显示产业集群，年产值超过1000亿元；昆山光电产业园已形成“原材料—面板—模组—整机”的完整产业链条，维信诺、友达光电、龙腾光电分别在有机发光体AMOLED、低温多晶硅（LTPS）、非晶硅TFT-LCD领域有领先地位。

浙江省集成电路产业主要分布在杭州、绍兴、衢州、嘉兴、宁波等重点城市，其中，杭州是浙江省的集成电路产业集聚中心，集中了浙江省85%以上的设计企业和95%以上的设计业务收入。2021年杭州集成电路设计业收入366.9亿元，产业规模在全国仅次于上海、北京和深圳。

安徽省构建形成合肥新站高新技术开发区、合肥高新技术开发区、合肥经济技术开发区等集成电路产业集聚区。新型显示产业也主要集聚在合肥，目前合肥形成以显示面板为核心，以玻璃基板、偏光片、光学膜、驱动IC、靶材、液晶、光刻胶、湿化学品、特种气体、特种装备等为配套的全产业链布局，已成为国内产业链条最全、技术水平最高的新型显示产业集聚中心。

三、重大项目持续推进

2021年，上海市继续强化集成电路领域项目布局。在上海市发展

改革委公布的 2021 年上海市重大建设项目清单中，涉及集成电路的包括上海集成电路产业研发与转化功能型平台、上海天岳碳化硅半导体材料项目、华力微电子 12 英寸先进生产线建设、中芯国际 12 英寸芯片 SN1 项目、积塔半导体特色工艺生产线、超硅半导体 300mm 集成电路硅片全自动智能化生产线等。其中，中芯国际 12 英寸芯片 SN1 项目，总投资额 90.59 亿美元，规划月产能 3.5 万片晶圆，将建成内地第一条 FinFET 工艺生产线，未来覆盖工艺节点可直达 7nm。8 月 6 日，格科半导体 12 英寸 CIS 集成电路研发与产业化项目顺利封顶，项目总投资约 155 亿元，预计 2024 年竣工，是临港新片区挂牌后落户的第一个大型集成电路晶圆制造项目。

2021 年，江苏省加大集成电路、新型显示领域重大项目推进工作，在全省完善产业布局。4 月 20 日，华玻电子玻璃研发生产一期项目在南京高淳区建成投产，项目总投资 50 亿元，预计建成玻璃、触控、模组、全贴合、整机全产业链加工生产基地。9 月 16 日，昆山友达光电 LTPS 显示面板二期项目开工，预计投资总额 18 亿美元，年生产能力将由 30 万片增加至 56 万片。11 月 16 日，12 英寸半导体大硅片超级工厂项目落地无锡，总投资约 105 亿元，用地 280 亩，规划产能每月 60 万片，预计年销售 60 亿元。12 月 29 日，苏钏科技柔性折叠屏玻璃基板项目在南通启动量产，项目总投资 60 亿元，全部建成后将有望成为世界规模最大、技术最领先的柔性折叠屏玻璃（UTG）基地之一。

2021 年，浙江省积极布局集成电路产业链，落地项目涉及电子材料、触控、AI、5G、射频、通信、传感器、激光、功率半导体、化合物半导体等领域。“十四五”期间，浙江省将重点建设杭州富芯 12 英寸模拟集成电路芯片生产线项目，该项目于 2020 年开工，一期总投资 180 亿元，用地约 321 亩，计划建设 12 英寸、加工精度 90～55nm 集成电路芯片生产线，将是浙江省首条 12 英寸晶圆生产线，规划产能 5 万片/月。6 月 28 日，长电集成电路（绍兴）有限公司位于绍兴市越城区高新区的 300mm 集成电路中道先进封装生产线项目一期主体工程正式结顶，项目总投资 80.83 万元，总用地 230 亩，计划建成年产 12 英寸 eWLB、A-eWLB 产品 48 万片的封装测试生产线。在新型显示领域，7 月 20 日，浙江泰嘉光电 G8.5 超薄玻璃基板深加工项目进行 AMHS 首台设备搬

入，项目一期总投资达 160 亿元，建成后将形成年产 144 万片高清液晶面板生产能力。

2021 年，安徽省积极推进集成电路、新型显示领域重大产业项目建设。1 月，旷达科技参股的芯投微滤波器芯片项目落户合肥高新区，项目总投资 55 亿元人民币，涉及滤波器芯片与模组研发、设计及生产总部建设。8 月，维信诺合肥第 6 代全柔 AMOLED 生产线在投产后 8 个月实现量产交付，刷新业内新产线达成量产速度。9 月 28 日，人民控股集团光电显示材料项目在滁州开工，项目包括偏光片、CPI 膜、配套产业园、显示模组设计与销售、供应链金融等 5 个子项目，总投资达 102 亿元人民币。

第三节　主要行业发展情况

一、集成电路产业

长三角地区是我国集成电路产业的重要集聚区，根据国家统计局数据，2021 年全国集成电路产量为 3594 亿块，其中长三角地区总产量为 1793.5 亿块，占全国产量的比重达 49.9%。

上海市是我国集成电路全产业链重要基地。2021 年，上海市集成电路产量达 364.9 亿块，同比增长 26.4%；实现销售收入 2578.85 亿元，同比增长 24.5%，相比上年提升 3.1 个百分点。上海已初步形成“一核多极”产业布局，其中，浦东新区的张江高科技园区作为“一核”，带动徐汇区、杨浦区、浦东新区的临港地区、松江区、嘉定区、青浦区、金山区等“多极”共同发展。截至 2021 年底，总部在上海的 A 股半导体公司超过 20 家。

江苏省是我国最重要的集成电路产业聚集区之一，无锡友达、华润矽科、华虹半导体、台积电、SK 海力士等知名企业分布在无锡、南京、苏州、南通等城市。2021 年，江苏集成电路产量达到 1186.1 亿块，同比增长 42.1%，占当年全国总产量的 33.0%，相比 2020 年集中度进一步上升；实现销售收入 2758.09 亿元，同比增长 25.34%，其中设计业、晶圆业、封测业销售收入分别增长 40.6%、34.6%、16.8%。

浙江省集成电路设计行业发展良好，涌现出士兰微、中天微、国芯科技、中科微等一批明星企业。2021年，浙江省集成电路产量达229.7亿块，同比增长32.0%。

安徽省是集成电路行业的后发追赶者，2021年集成电路产量达12.6亿块，同比增长37.7%。合肥市积极推进存储芯片、面板驱动芯片、汽车电子芯片、家电核心芯片等特色芯片国产化，较为完整的集成电路垂直产业链已初步成型。2021年，合肥市实现全产业链产值近400亿元，同比增长约30%。

二、新型显示产业

长三角地区具有深厚产业研发基础，相关科研机构众多，囊括了东南大学、浙江大学、上海大学、合肥工业大学、中国电子科技集团公司第五十五研究所、中国科学院上海光学精密机械研究所等国家和省部级科研平台机构。

长三角地区形成了上海金山、南京、合肥、宁波等技术互补、产业协同的新型显示产业集聚区。其中，上海的AMOLED领域、江苏的OLED和氧化物TFT-LCD领域、浙江的激光显示及其产业链领域、安徽的高世代领域都处于全国领先地位。长三角地区还在国内率先实现了AMOLED产业突破，高世代大尺寸TFT-LCD高清电视量产，以及各类新型显示技术如立体显示、硅基微型显示、量子点显示等的战略布局。

第四节　重点省市发展情况

一、上海市

2021年是“十四五”开局之年，上海市发布系列政策规划，加强电子信息制造业顶层设计。3月，上海临港新片区发布《临港新片区集成电路产业专项规划（2021—2025）》，加速集成电路产业资源和创新要素向临港集聚。12月，上海市印发《新时期促进上海市集成电路产业和软件产业高质量发展的若干政策》，给予更高水平的人才、投融资、研发支持。12月，上海市经信委印发《上海市电子信息产业发展“十

四五”规划》，其中的电子信息制造业专项规划提出“一核三基四前五端”产业体系，加速集成电路、新型显示、汽车电子、智能终端等重点领域发展。

在集成电路领域，上海市持续发力，加快集成电路特色产业园区建设，加快提升集成电路供应链保障能力。12月，举办2021中国（上海）集成电路创新峰会，以“竞争与创新，集成电路发展之路”为主题，研判产业形势，促进政产学研资协同，助力集成电路产业发展。

在新型显示领域，平台和展会成为上海市发展的重要支柱。6月，上海市举办DIC 2021中国（上海）国际显示产业高峰论坛暨中国（上海）国际显示技术及应用创新展，以“创新赋能 行稳致远”为主题，促进面板厂商、核心设备材料厂商和下游终端用户的供应链对接和产品技术交流。

二、江苏省

江苏省在集成电路领域优势明显，2021年展会活动丰富。6月，2021世界半导体大会暨南京国际半导体博览会在南京市举办，以“创新求变，同‘芯’共赢”为主题，同期举办的展览会占地规模达15000平方米，长电科技、英飞凌、华天等超过300家企业报名参展。2021中国（苏州）电子信息博览会、中国集成电路设计业2021年会（无锡）等展会相继举办，进一步提升了江苏省各市在集成电路领域的知名度。此外，教育部2021年11月公布的首批集成电路科学与工程一级学科博士学位授予点名单中，南京大学、东南大学和南京邮电大学均成功入选，也为产业发展增添了保障。

在新型显示领域，江苏省立足产业基础，加强新型显示与产业链上下游合作。5月，2021第八届海峡两岸（南京）新型显示产业高峰论坛在南京举办，论坛以“自主可控、创新强链、合作共赢”为主题，强调了产业链的创新与安全发展。

三、浙江省

浙江省在集成电路领域呈现出多城并进的趋势。6月，在宁波举办

2021 中国集成电路产业生态论坛，各界总结交流集成电路产业发展经验，推动杭州、宁波两地协同发展。7 月，浙江省集成电路产业技术联盟成立大会暨产业链协同创新论坛在杭州举行，进一步联动业内企业、科研机构、金融资本资源，形成发展合力。10 月，2021 第四届半导体才智大会在浙江诸暨召开，以“芯之所向 行之所往”为主题，会上发布了《中国集成电路产业人才发展报告（2020—2021 年版）》，深化行业认识。

在新型显示领域，浙江推动技术差异化发展。12 月，2021 中国国际量子点显示产业大会在浙江舟山举办，探讨量子点显示应用领域的阶段性成果，加强产业界上下游合作。

四、安徽省

安徽省加快集成电路、新型显示产业发展，以合肥市为中心加快产业集聚发展，推动产业创新发展。2021 年 12 月，中国集成电路共保体安徽中心挂牌成立，提供企业财产、货物运输、科技研发、成果转化等全方位保险保障支持，提升产业链应对风险能力。

在新型显示领域，安徽省立足产业优势，加快产业创新发展。2021 年 6 月，在合肥市举办 2021 世界显示大会，围绕“显示世界 看见未来”主题，推动新型显示产业链与汽车行业供应链合作共赢。会上还发布了《合肥宣言》，进一步凝聚行业共识，增强产业链上下游合作，促进产业创新发展。

第二十章

珠江三角洲地区电子信息产业发展状况

第一节　整体发展情况

珠江三角洲地区（以下简称“珠三角地区”）制造业基础雄厚，是我国最重要的电子信息制造业集聚区之一。随着粤港澳大湾区发展战略的推进，东莞、珠海、惠州等地加强与广州、深圳的协同发展，珠三角电子信息产业区域一体化效应进一步增强。

一、产业规模

2021 年，广东省电子信息产业保持平稳增长。据《广东省国民经济和社会发展统计公报》数据，广东省高技术制造业增加值较 2020 年增长 6.9%，占规上工业增加值的比重为 29.9%，与 2020 年基本持平。其中，电子及通信设备制造业增长 4.7%，计算机及办公设备制造业增长 23.5%。广东省先进制造业增加值较 2020 年增长 6.5%，占规上工业增加值比重 54.2%，比 2020 年回落 1.9 个百分点。其中，高端电子信息制造业增长 1.3%。装备制造业增加值较 2020 年增长 7.4%，占规上工业增加值比重 44.6%。其中，计算机、通信和其他电子设备制造业增长 5.0%。此外，广东省信息传输、软件和信息技术服务业营业收入较 2020 年增长了 15.5%。

二、产业结构

珠三角地区电子信息产业规模和技术水平在全国处于引领地位，主

要优势领域是通信设备、计算机、家用电器、视听产品和电子元器件等，尤其智能终端和新型显示等领域优势显著。智能终端方面，vivo、OPPO、小米、苹果、Honor 排在 2021 年智能手机出货量前五位，珠三角手机品牌占据其中三席。其中，vivo 以 7100 万部的出货量位列第一，同比增长 21.5%；OPPO 出货量 6710 万部，同比增长 20.4%，位列第二；Honor 出货量为 3860 万部，同比增长 15.6%，位列第五。5G 方面，华为持续领跑国内 5G 手机市场，以 29.2%的市场占有率保持领先，较 2020 年稍有下降；vivo 和 OPPO 分别以 15.4%和 13.6%的市场占有率排名第二、四位；Honor 以 9.8%的市场占有率排名第六。新型显示方面，珠三角地区拥有全球最大的液晶电视模组生产基地，产能全国领先。珠三角地区的超高清视频、虚拟现实、智能家居等信息技术产业也在快速增长。

空间布局方面，珠三角地区不断突出以通信产品和消费电子为重点的产品升级，逐渐形成以深圳、东莞、惠州为中心的电子计算机制造产业链，以深圳、广州、东莞为中心的通信设备制造产业链，以惠州、珠海、佛山为代表的智能家电制造产业链。

企业培育方面，珠三角地区积极打造世界级电子信息龙头企业，拥有华为、TCL 等一大批实力强劲的电子信息骨干企业，信息技术领域上市公司数量超过北京和上海之和，总市值居全国首位。TCL 等智能电视品牌加速向高端化发展，华为、vivo、OPPO 等智能终端品牌引领全球手机市场发展。

三、政策环境

在国家政策与地方政府的共同推动下，广东省内产业转移与协同发展不断加速。《粤港澳大湾区发展规划纲要》提出，打造以珠海、佛山为龙头的珠江西岸先进装备制造产业带，以深圳、东莞为核心在珠江东岸打造具有全球影响力和竞争力的电子信息等世界级先进制造业产业集群。广东省随后出台了 66 项任务、100 条举措落实推进粤港澳大湾区建设，构建协调联动、运作高效的大湾区协调工作机制。惠州、东莞加速承接和提升电子信息制造能力，惠州依托强大的智能手机生产能力打造万亿级电子信息产业集群，东莞加速对深圳龙头企业的承接和协作，逐渐形成“一企两市/多市”的常态化布局，提升龙头企业的竞争力和创新力。

2021年，广东省出台《制造业高质量发展“十四五”规划》，明确提出要巩固提升新一代电子信息、智能家电、超高清视频显示等战略性支柱产业。目标是到2025年，新一代电子信息产业营收达6.6万亿元，形成世界级新一代电子信息产业集群；家电产业营收突破1.9万亿元，形成全球领先的智能家电产业集群；超高清视频显示上下游产业营收超1万亿元，打造具有全球竞争力的超高清视频显示产业集群。

第二节　主要行业发展情况

一、通信设备

2021年，广东省程控交换机产量为591.11万台，位居全国榜首；生产手机6.69亿部，排名全国第一，产量约是第二名河南省的4倍；生产移动通信基站设备461.38万射频模块，占全国总产量的85%。随着5G技术的飞速发展和广泛应用，华为等5G龙头企业进入快速发展期，5G商用普及将催生新的移动终端换代需求。

二、超高清视频显示

经过多年发展，珠三角地区聚集了LG显示、电气硝子、创维等全球知名的显示龙头企业。广州积极建设“世界显示之都”，广州开发区着力打造全国最大的新型显示产业基地。2021年，国家新型显示技术创新中心在广东聚华新型显示研究院挂牌，该中心是新型显示领域首家国家级创新载体。大批上游设备、原材料和零部件企业，中游面板制造与模组企业，以及下游整机企业纷纷来到珠三角地区投资建厂，不断推动产业链发展壮大，形成国内技术最先进、生产规模最大、产出效益最高的超高清显示集群之一。

三、智能家电

2021年，我国彩色电视机累计产量为18496.5万台，累计下降3.6%。其中，广东省彩色电视机产量达9810.91台，同比略有下降，排名全国第一，超过一半的彩色电视机由广东省制造。目前，电视智能化、高清化趋势加快，智能音箱、4K/8K超高清电视等产品需求进一步增长，珠三角地区在智能电视等家电产品领域拥有广阔的发展前景。

四、集成电路

2021年，广东省集成电路产量为539.39亿块，同比上升44%。广东省集成电路产业链涵盖了产业链前端研发设计、后端封装测试及应用环节，其中集成电路设计领域在全国领先。目前，广东省拥有广州、深圳、珠海三大集成电路产业集群，聚集了华为、中兴、英特尔、瑞萨、博通等半导体研发中心。

第三节　重点城市发展情况

一、深圳市

深圳电子信息产业规模位居全国首位。深圳的手机、程控交换机、彩电等产量均位居全国乃至全球前列，培育了一批具有全球竞争力和知名度的骨干企业，如华为、比亚迪、中兴、康佳、创维、TCL、大疆等。2021年，全国电子信息百强企业中有22家深圳企业，特别是华为再次蝉联电子信息百强企业首位。深圳电子信息领域中小企业也充满活力，近年来企业数量年均增长20%，奥比中光、优必选等成为优质成长型企业，锂电企业贝特瑞成为世界最大的锂电池负极材料供应商。目前深圳重点培育和发展集成电路产业，致力于从“制造工厂”向“智造工厂”转型。

据《深圳市国民经济和社会发展统计公报》数据，2021年，深圳全年规模以上工业增加值增长4.7%，其中，通用设备制造业、电气机械和器材制造业增加值分别增长15.3%、13.3%。主要高技术产品产量快速增长，其中，新能源汽车、工业机器人、智能手机、3D打印设备分别增长173.9%、60.5%、40.9%、21.2%。

二、东莞市

东莞是移动智能终端、消费电子和智能装备等领域的国内重要生产

基地之一，集聚华为、OPPO、vivo等巨头企业。2021年，东莞高新技术企业总量达到7400家，数量跃居全国地级市第二。东莞主要围绕电子信息技术、新材料技术、光机电一体化技术、新能源高效节能技术等领域发展高新技术产品，其中，电子信息技术领域占据高新技术产品的半壁江山。

据《东莞市国民经济和社会发展统计公报》数据，2021年，东莞规上工业增加值5008.81亿元，同比增长10.2%，增速高于全国。其中，电子信息制造业增长6.4%，电气机械及设备制造业增长14.7%。高技术制造业实现快速增长。从先进设备产品看，2021年，工业机器人增长66.8%，服务机器人增长42.7%；从高端电子产品看，集成电路增长22.5%，智能手表增长209.6%；从新能源产品看，锂离子电池增长24.4%。

三、惠州市

惠州是广东乃至全国重要的电子信息产业基地，形成了5G及智能终端、超高清视频显示、智能网联汽车、新能源电池等主导产业，行业总产值居广东省第三。目前，惠州已经打造成为千亿级平板显示产业集群，拥有TCL、旭硝子、雷曼、聚飞等产业链上下游重点企业。《惠州市先进制造业发展“十四五”规划》提出，到2025年，工业总产值达到1.5万亿元，其中电子信息及相关产业产值达8000亿元。2021年3月，惠州与广州、佛山联合培育的广佛惠超高清视频和智能家电产业集群入选工业和信息化部25个先进制造业产业集群之一，成为国内首个跨区域跨领域建设的先进制造业产业集群。2021年12月，惠州仲恺高新区作为超高清视频显示特色产业园入选广东省制造强省首批特色产业园名单。

2021年，惠州工业总产值突破1万亿元，其中规上工业总产值9785.9亿元，增长26%，增速稳居全省前列。规上工业增加值2082.3亿元，同比增长14.1%，增幅居珠三角第3位。其中，电子产业增加值797.69亿元，同比增长13.9%，两年平均增长9.4%。

第二十一章

环渤海地区电子信息产业发展状况

环渤海地区是指环绕着渤海全部及黄海部分沿岸地区所组成的广大经济区域，该地区电子信息产业基础雄厚，各种产业资源高效整合和交汇。环渤海地区成为继长三角地区和珠三角地区之后又一发展成绩瞩目的电子信息产业基地。

第一节　重点省市发展情况

一、北京市

2021 年，北京市电子信息制造业发展态势良好。2021 年北京市高技术产业实现增加值 10866.9 亿元，按现价计算，同比增长 14.2%；占地区生产总值的比重为 27.0%，同比提高 0.5 个百分点。战略性新兴产业实现增加值 9961.6 亿元，按现价计算，增长 14.0%；占地区生产总值的比重为 24.7%，同比提高 0.4 个百分点。

北京市 2021 年高技术制造业完成固定资产投资同比增长 99.6%，占制造业投资的比重为 72.1%，比上年提高 11.3 个百分点；工业互联网、5G、车联网等新型基础设施加速建设，新基建投资增长 26.4%。限额以上批发零售业、住宿餐饮业实现网上零售额 5392.7 亿元，同比增长 19.0%，占社会消费品零售总额的 36.3%，同比提高 4.1 个百分点。

北京工业互联网创新实现快速发展，已建成国家顶级节点指挥运营中心、国家工业互联网大数据中心，初步形成“双跨+行业+特定技术”的工业互联网平台体系，培育形成重点平台约 60 个，入选工业和信息

化部跨行业跨领域平台 2 个，形成各类工业 APP 超 5 万个，促进两化融合发展水平位列全国第一梯队。北京已成为国家工业大数据交互的核心枢纽。

北京市北斗产业应用示范取得较好发展，北斗卫星导航应用示范项目顺利完成验收，推动北京市北斗产业创新中心初步建成，并将其构建成全国领先，并具备创新孵化、标准研制、数据服务等能力的产业公共平台。该项目成为全国第一个同时完成任务验收和财务验收的区域示范项目。

北京人工智能产业加速创新。目前北京已开放全国首个自动驾驶出行服务商业化试点，百度和小马智行成为首批获许开展商业化试点的企业。成立北京人工智能产业联盟，发布我国首个、全球最大的智能模型“悟道 2.0”，全球首个软硬件一体的自主可控区块链平台“长安链”投入运营。百度飞桨平台聚集了 194 万开发者，成为国内服务开发者规模最大、功能最完备的开放深度学习平台。

二、天津市

天津市电子信息制造业实现快速发展。2021 年天津市电子信息制造业累计完成产值 1847 亿元，增加值累计增长 9.1%，其中，集成电路产业实现产值 333 亿元，增速达 56.3%。实施项目 78 个，实现投资 129 亿元，比上年增长 26%。联想集团创新产业园项目、中芯国际 T3、三星电机 MLCC 智能改造、中环领先半导体硅片、环鑫半导体 6 英寸芯片扩产、恩智浦扩产等项目顺利开工；华峰测控测试基地、新宙邦、波汇材料激光器芯片等项目顺利落地；华海清科化学抛光机、恩智浦测试中心、立联信工厂、砺铸智能等项目竣工投产。

天津市滨海新区依托先进制造业基础，优化产业结构，逐渐从“制造之城”走向“智造之城”。同时，滨海新区以人为本，将智能科技广泛应用在城市管理和市民服务中，完善政府治理，提供更优质的社会公共服务。滨海新区在坚持不懈的探索和创新中，正在大步迈向繁荣、宜居、智慧的现代化海滨城市。

三、山东省

山东省电子信息产业发展迅速。2021 年 1—10 月，全省电子信息

制造业实现营业收入 3620.9 亿元，同比增长 28.2%，高于全国 9.3 个百分点，位居全国前列。山东省电子信息产业融资对接会的召开，既是贯彻落实省委、省政府建设数字强省决策部署，又是山东省新旧动能基金与重点项目实现精准对接的有效实践。济南市作为山东省电子信息行业新旧动能转换“三核”之首，软件和高端计算产品成为重要的产业名片，加快布局超高清视频、智能传感器、集成电路、第三代半导体、虚拟现实和卫星应用等产业。

突出智数赋能增效，工业加速高端迈进。2021 年，山东省规模以上工业增加值比 2020 年增长 9.6%，两年平均增长 7.3%；山东省高技术制造业增加值增长 18.5%，两年平均增长 14.1%。2021 年 1—11 月，山东省规模以上工业实现利润总额 5146.6 亿元，增长 36.3%，两年平均增长 24.2%。

紧盯产业深度融合，高端服务业蓬勃壮大。2021 年，山东省服务业对经济增长的贡献率达 59.5%。2021 年 1—11 月，山东省规模以上服务业实现营业收入 10323.8 亿元，比 2020 年增长 26.3%，两年平均增长 13.8%。2021 年 1—11 月，山东省高技术服务业保持较快增长，实现营业收入同比增长 20.7%，两年平均增长 16.1%。其中，电子商务服务、科技成果转化服务、研发与设计服务、专业技术服务等行业营业收入均保持高速增长。

着力消费扩容提质，升级类商品增势强劲。2021 年，山东省社会消费品零售总额 33714.5 亿元，比 2020 年增长 15.3%，两年平均增长 7.4%；网上零售额 5409.1 亿元，比 2020 年增长 17.8%，其中，实物商品网上零售额 4763.3 亿元，增长 16.5%。

注重投资精准高效，制造业投资快速增长。2021 年，山东省固定资产投资比 2020 年增长 6.0%，两年平均增长 4.8%；高技术产业投资增长 10.0%，快于全部投资 4.0 个百分点；卫生、教育等社会领域投资实现两位数增长。

加快服务融入新发展格局，进出口保持高速增长。2021 年，山东省货物进出口总额 29304.1 亿元，比 2020 年增长 32.4%，两年平均增长 19.6%。其中，出口 17582.7 亿元，比 2020 年增长 34.8%；进口 11721.4 亿元，增长 29.0%。山东省外贸市场份额更加多元，对“一带一路”沿

线国家进出口额 9376.0 亿元，增长 40.8%，占进出口总额的比重为 32.0%。山东省加快跨境电商综试区建设，全省跨境电商进出口、市场采购贸易出口实现“双过千亿元”，为外贸增长注入了新动能。

四、辽宁省

2021 年，辽宁省固定资产投资增长 2.6%，高技术产业投资、改建和技术改造投资均增长 28.1%。消费在持续恢复中稳步升级，社会消费品零售总额增长 9.2%。外贸基本盘总体稳定，进出口总额增长 17.6%，出口增速连续 4 个月超过全国平均水平。创新驱动发展战略深入实施，科技成果本地转化率 50%以上。产业结构持续优化，粮食总产量达到 507.7 亿斤（2538.7 万吨），创历史新高；全年规模以上工业增加值增长 4.6%，其中，高技术制造业增加值同比增长 12.9%。绿色低碳发展加快推进，碳达峰碳中和工作稳妥启动，能源产业结构调整取得较好进展。

2021 年，辽宁省电子信息产业快速发展，特色电子产品产量位居全国前列，核心技术转化能力持续提升。辽宁省围绕电子信息领域的推进工作集中在以下两个方面。

一是围绕重点产业，推进创新要素集聚。制定数字辽宁发展规划，培育 100 个“5G+工业互联网”示范工厂和园区，建成 5G 基站 2.3 万座。6 个工业互联网标识解析二级节点在铁岭、葫芦岛等地上线运行，I 根镜像服务器落地辽宁。大力实施“兴辽英才计划”，支持科技领军人才 80 名、创新创业团队 36 个。二是加快发展高端装备制造、新材料等战略新兴产业，高技术制造业投资同比增长 33.4%。

2021 年，辽宁省制定了《做好“三篇大文章”专项行动计划（2021—2023 年）》及 23 项配套文件，谋划项目 1492 个，落实 20.8 亿元数字辽宁智造强省专项资金，聚焦工业稳增长、数字化转型、提升产业基础能力和产业链水平、绿色低碳循环发展，民营经济和中小企业发展等工作，带头抓落实、善于抓落实、层层抓落实，推动结构调整“三篇大文章”开篇破题，实现良好开局。工业互联网标识解析取得突破，上线运行 16 个，数量居全国第 6 位，“星火·链网”超级节点落地沈阳，5G 基站突破 5 万个。两化融合不断拓展，辽宁省 10 项两化融合指标增速高于全国平均水平，实施智能制造企业生产效率平均提升 21.2%，培育国家

服务型制造示范单位13个，20个项目入选工业和信息化部试点示范，成功举办2021全球工业互联网大会，被工业和信息化部誉为全国近年来工业互联网领域规模最大、水平最高、成果展示最全面的一届大会，网媒覆盖受众超8.2亿人次。结构调整成效初显，1—11月，高技术制造业增加值同比增长14.0%。工业投资连续11个月正增长，工业技术改造投资高于全国19.4个百分点，居全国第4位。企业竞争力显著增强。全省实有民营经济市场主体新增54.5万户。鞍钢和本钢成功重组。137户企业获评国家专精特新"小巨人"企业，10户企业获评国家制造业单项冠军企业，29家企业获评国家绿色制造示范单位。

第二节　重点园区发展情况

一、发展情况

中关村国家自主创新示范区（以下简称"中关村示范区"）、天津滨海高新技术产业开发区（以下简称"天津高新区"）和青岛国家高新技术产业开发区（以下简称"青岛高新区"）是环渤海地区的重点代表园区。

2021年1—11月中关村示范区规模（限额）以上高新技术企业实现总收入7.4万亿元，比上年同期增长22.5%，两年平均增长16.8%；实现技术收入14543.3亿元，同比增长20.2%，两年平均增长21.8%。其中，电子与信息、生物工程和新医药技术领域保持较高增长。1—11月，电子与信息、生物工程和新医药技术领域实现收入为36933亿元和4612.4亿元，同比分别增长27.6%和1倍；实现技术收入10319.2亿元和234.5亿元，同比分别增长22.4%和51.0%。企业研发投入不断增加。1—11月，中关村研究开发人员合计80.1万人，比上年同期增长10.0%；研究开发费用合计3574.5亿元，比上年同期增长33.6%。

中关村示范区落实北京打造国际一流营商环境高地的工作部署，对标先进、锐意改革、集成政策，推动营商环境和园区品质优化提升。北京首次晋升StartupBlink"2021年全球创业生态系统最佳城市"TOP3。中关村加大先行先试改革力度，2020年开展公司型创投企业所得税优惠政策、技术转让所得税优惠政策等系列试点，推出"强链工程"、独

角兽企业行业管家等服务新举措。2022 年，出台《中关村国家自主创新示范区优化创新创业生态环境支持资金管理办法（试行）》，进一步优化创新创业生态体系，促进各类新技术、新产业、新业态、新模式聚集发展。

天津高新区聚集产业链、生态链，全力打造信创产业高地。天津高新区已经聚集中环、曙光、360、腾讯等一批产业龙头企业，正在借助良好产业优势打造“中国信创谷”。经过多年发展，天津高新区信创产业形成全链布局，已形成飞腾—麒麟—长城—曙光“PKGS 信创包”整体方案供给能力，构建起覆盖“芯片—操作系统—数据库—服务器”的国产化产品链条。天津高新区信创产业已覆盖了核心的元器件、产业的终端设备、操作系统，以及后端的应用，四大创新产业的关键节点，集聚上下游创新创业企业 1000 多家，信创产业整体营业收入规模达到了 400 亿元。

青岛高新区坚持创新驱动、协同发展，带动产业转型升级。目前，青岛高新区已聚集中关村、腾讯、华为、中兴、百度、微软（中国）等全国知名孵化平台，建成产业载体 35 个，投入使用孵化器面积约 230 万平方米，认定区级以上孵化载体 37 家，其中国家级孵化载体 17 家，全市最大孵化产业集群已在高新区形成。2021 年，青岛高新区 2 家孵化器获得科技部火炬中心 2020 年度国家级科技企业孵化器工作优秀评价（A 类）、2 家孵化器获评青岛市标杆孵化器。自主培育了悟牛智能、简码基因、中科英泰、高测科技、海大生物等一批科技创新企业，高新技术企业达到 302 家，入库科技型中小企业 301 家。

二、发展特点

“组合拳”推动电子信息产业创新。天津高新区以打造高端人才引领型特色载体为抓手，统筹科技创新工作建设，推动智能制造领域中小企业开展技术攻关，促进创新创业生态不断完善。目前有专业化众创空间、科技企业孵化器等载体近 50 家，国家级 18 家。高端人才引领格局初步显现，已累计引入高端人才 2500 余人。青岛高新区引进光电院、声学所等 6 家中科系院所，中科研发城、西南交通大学青岛轨道交通研究院投入运营，康复大学、山东大学国际产业园、青岛中以国际客厅、欧盟创新中心加快建设，多领域百花齐放的创新平台生态圈正在加速形成。

营商环境不断优化。中关村示范区发布《中关村国家自主创新示范区数字经济引领发展行动计划》提出探索、试点落地一批创新政策，并与国家开发银行北京分行和中关村融资担保公司共同签署《中关村示范区先进制造业高质量发展资金合作计划协议》，解决中关村先进制造业企业融资的堵点、难点和痛点。青岛高新区持续推进营商环境改革，建立起高效的行政运转体制和高素质的干部队伍，机构由 22 个精简为 8 个，压缩了 64%，工作效能大幅提升。天津高新区紧紧围绕“办事方便、法治良好、成本竞争力强、生态宜居”的建设目标，深入贯彻落实国家和天津市《优化营商环境条例》，全面深化“放管服”改革，不断推出改革创新举措，打造国际一流营商环境，并获得“2020 中国经济营商环境十大创新示范区”称号。

第二十二章

福厦沿海地区电子信息产业发展状况

经过多年建设和发展，福厦沿海地区已经成为我国仅次于长三角、珠三角、京津冀的第四大电子信息制造业产业集群区域，在液晶电视、传感器、集成电路、计算机和网络通信、LED、锂电池等产业领域已经成为我国有影响力的产业集群区域。

第一节 整体发展情况

2021 年 6 月，福建省人民政府印发《“十四五”制造业高质量发展专项规划》，实施福建“强制造”计划，面向 2025 年，以产业链建设为抓手构建制造业新体系，推动产业结构优化升级、创新能力不断增强、质量效益持续提升、绿色发展日益明显。

“十四五”时期，福建省电子信息产业发展重点在于突出“增芯强屏”延链补链。到 2025 年，全省电子信息产业规模达到 1 万亿元，重点发展特色专用芯片、自主计算机整机制造、柔性显示、LED，以及以 5G 为牵引的网络通信等重点领域。

集成电路方面，在福州、泉州、厦门、莆田等原有的集成电路产业基础上，加快建成产业集聚发展的产业群，构建“一带双核多园”的发展格局。发挥重点企业引领作用，如联芯、瑞芯微、士兰微等重点企业，加快发展高端芯片、推动重点项目建设、研发并产业化先进封测技术，发展特色集成电路设计业，增强集成电路材料和装备本地配套及服务能力。

新型显示方面，依托福清融侨开发区、厦门火炬高新区、莆田高新区等产业集聚区，做强做优玻璃基板、面板、模组、整机等新型显示全产业链。着眼前沿显示技术发展和市场需求，加强液晶、光刻胶、光学基膜、电子墨水、有机发光材料、电致发光量子点等核心基础材料研究与自主开发。引导京东方、天马微、冠捷、宸鸿、友达、华佳彩、合力泰等重点企业加快发展，着力攻克 OLED 蒸镀工艺、彩色电子纸、Mini/Micro LED 等一批关键技术，加快 3D 显示、激光显示等新型显示技术研发布局。加快天马微 6 代柔性 AMOLED、电气硝子玻璃基板三期等项目建设，发展柔性显示、低温多晶氧化物、金属氧化物等新型显示面板及模组，加快培育光学膜、偏光片、玻璃基板、触控 IC 等核心材料和关键元器件。开发彩色电子标签、线上教育平板、电子公交站牌、智能挡光玻璃等终端产品。①

计算机和网络通信方面，依托福州高新区、厦门火炬高新区、莆田高新区、漳州台商投资区等集聚区，发挥星网锐捷、新大陆等重点企业作用，发展计算机和服务器产业、新型移动终端设备和以 5G 为重点的通信产业与设备。引导浪潮、神州鲲泰、海峡星云、升腾资讯等重点企业加快发展，推动国产整机、服务器制造生产，带动相关关键零部件、核心元器件协同发展。推进大唐 5G 东南产业基地、永定国动通信产业基地等项目建设，加强核心芯片、显示屏、基站天线、射频组件等 5G 核心器件产品开发及产业化，发展 5G 微基站、智能手机、金融智能 POS 机及各类通信设备与终端等产品，推动 AR/VR 终端产品研发生产。推动天通卫星、新一代高通量卫星等应用，培育发展海洋卫星应用产业。

第二节　重点园区发展情况

一、发展情况

厦门国家火炬高新技术产业开发区（以下简称“厦门火炬高新区”）

---

① 福建省人民政府:《关于印发福建省“十四五”制造业高质量发展专项规划的通知》。

是福厦沿海地区的重点园区。近年来，厦门火炬高新区致力于高新技术产业发展，大力发展平板显示产业、半导体与集成电路产业、软件与信息服务产业、计算机与通信设备产业、人工智能产业、物联网与工业互联网等产业群，产值大幅提升，实现厦门43%的工业产值，其中高技术产业的产值占规上工业总产值82%以上，聚集各类企业14000多家，其中国家级高新技术企业1200多家，占厦门市50%。如今，厦门火炬高新区逐渐成长为厦门经济特区创新驱动的主引擎，汇聚各方人才聚集的高地，也是福建省经济高质量发展的重要窗口。

关键指标持续增长。2021年厦门火炬高新区主要经济指标均保持两位数的增长态势。全年规上工业总产值3453.8亿元，约占全市42%，同比增长13.9%。规上工业增加值833.02亿元，同比增长10.6%。规上软件业营收同比增长10.7%。固定资产投资完成332.5亿元，同比增长21.3%。实际利用外资35亿元，同比增长16.7%，超额完成市里下达的各项任务指标。新净增企业4148家，企业数量增长39.6%。国家级高新技术企业超1200家，高技术产业产值占比规上工业总产值达78.9%，数字经济产值占比达92%。高技术企业利润同比增长96.8%。实现一般公共预算总收入74.4亿元，同比增长41.1%，其中实现区级一般公共预算收入19.9亿元，同比增长80.7%。

以高质量发展为目标，持续优化营商环境。多年来，厦门火炬高新区坚持目标导向进行科学布局，围绕园区的重点产业、优势产业、战略新兴产业，不断创新扶持模式，加大扶持力度，出台支持专精特新“小巨人”企业成长的政策措施，对企业在技术研发、人才保障、基金投资等方面给予精准的一对一帮扶和滚动培育，帮助企业更快成长为助力厦门经济高质量发展的新锐力量。

以科技创新为引擎，重视人才培养和引进。2021年厦门火炬高新区围绕新能源汽车、人工智能等重点产业进行产业链布局，推动一批新的创新平台落户园区，如神州信创研究院、国家新能源汽车技术创新中心厦门分中心。此外，园区持续完善高层次人才政策。近年来，厦门火炬高新区通过赛事平台和优渥的政策保障，持续吸引国内高校毕业生和留学生及国外高层次人才。为各层次、各专业的人才提供展示和成长的机会。2021年，厦门火炬高新区与南开大学、中南大学、合肥工业大学共同建立就业实习基地，为高层次人才提供就业实习机会。同时，2021年厦门火炬高新区还积极推动落实职业教育改革创新举措，分别与厦门软件职业技术学院、厦门海洋职业技术学院共同建立职业技能提升中心，同时允许产业园区的工人不脱产进修并获得相应学历，大幅提升了园区工人的科学素养和技能水平。

二、发展特点

2021 年，厦门火炬高新区承压而上，稳健前行。进一步加快推动主导产业发展，强化企业服务保障，保障主导产业供应链安全，促进产业链价值提升。

一是重点项目建设成效显著。2021 年，厦门火炬高新区超额完成省、市重点项目的全年投资目标，完成 12 个省重点项目，投资 189.35 亿元，完成 37 个市重点项目，投资 209.38 亿元。2021 年，园区平板显示产业产值达 1543.7 亿元，同比增长 7.7%。计算机与通信设备产业产值为 1006.6 亿元，同比增长 15.1%。

二是高层次人才创新引领作用初显。厦门火炬高新区积极开展与国内外企业的战略合作，借鉴国外的领先战略、前沿学术成果和优势产业资源，充分汇聚国内外先进的知识、技术、经验和资本，积极搭建政产学研合作平台，助力企业创新发展。目前，厦门火炬高新区已与 18 家合作伙伴建立战略合作关系，开展 4 个旗舰培训项目，有效助力园区人才能力提升与产业转型升级。

三是企业精准服务能力大幅提升。2021 年厦门火炬高新区深入开展调研，依据调研结果和企业需求制定出台扶持政策，精准解决企业需求。依托园区的产业联合会，全力搭建园区的供应链平台，积极拓展产业链，为园区企业提供供应链协同机制，实现市场要素资源共享，目前已吸引近 200 家产业链上下游企业入驻。

四是产业链招商成效显著。2021 年厦门火炬高新区围绕主导的产业链群开展系统研究，包括集成电路、平板显示、计算机与通信设备、软件与信息服务业等领域，重点研究补短板、强弱项，在园区的产业链薄弱或缺失环节进行重点研究布局，提高招商引商的精准度。厦门时代

的一个百亿级项目落地园区，对推动厦门市打造千亿级新能源产业集群具有重要意义。2021 年，园区引进光谷云、中国电力等若干个十亿元级项目，同时，从补链强链的角度引进诺华精密、烟台显华、南京高光等先进制造业项目。深入挖掘园区企业增资扩产潜力，积极推动电气硝子、中航锂电、友达等重点企业增资 179 亿元。

第二十三章

中部地区电子信息产业发展状况

我国中部地区多省大力布局电子信息产业，从基础研究、技术研发和产能承接多维度出发，形成特色鲜明、差异化发展的电子信息产业格局，以湖北省为代表的中部地区产业规模增速明显高于全国平均水平，电子信息产业已成为中部地区经济发展的主要支撑。2021 年，中部地区重点省市、园区坚持创新驱动、提升技术实力，推动电子信息产业高质量发展。

第一节　重点省市发展情况

一、湖北省

湖北省立足于省内企业和高校优势，重点发展新型显示器件、集成电路、下一代信息网络等国家战略性新兴产业，打造以武汉光谷为引领的具有国际竞争优势的万亿级光电子信息产业，推进产业集群建设。围绕电子信息行业延链、补链、强链，实施“万企万亿技改工程”，提升汽车、机电、化工等产业附加值，推进行业迈向高端化、智能化、数字化，推动传统制造升级为智能“智造”。

2021 年，湖北省规上工业增加值全年累计增长 14.8%，较全国平均水平高出 5.2%，位居中部第一，其中汽车行业（占比 12.99%）全年产量达到 209.9 万辆，居全国第四，增加值累计增长 8.7%，高技术制造业增加值同比增长 30.2%，计算机增长 40.6%，微型计算机设备、平板电脑、手机、光电子器件产品产量分别增长 19.5%、24.6%、76.2%、39.2%，

均高于全国平均水平。

武汉市作为湖北省电子信息产业的核心力量，发挥坚实工业基础优势，以烽火通信、长飞光纤等一批领军企业为引领，扩大光电子产业优势，突破集成电路等国家重点新兴产业，形成集群化、链条化的产业发展模式。截至 2021 年底，武汉市电子信息制造业百亿级企业达到 7 家，电子信息制造业整体产值突破 3000 亿元。

二、河南省

河南省以电子信息重大项目为牵引，以先进计算、新型显示、智能终端、集成电路等电子信息细分领域为主轴，聚焦“补芯”“引屏”“固器”“强端”，推进重点项目建设，赋能产业发展。

2021 年，河南省规模以上电子信息制造业增加值增速达 24%，高于全省工业增加值增速平均水平 17.7%，对规模以上工业增加值增长贡献率达到 26.3%，拉动全省工业增长 1.7 个百分点。2021 年河南省手机产量 1.6 亿部，约占全国手机总产量的十分之一，PC12.4 万台，服务器 2 万台，形成了 3000 亿级智能终端产业集群。

2021 年河南省在智能传感器产业及先进计算产业方面进展突出。成立了河南省智能传感器制造业创新中心，推进“一谷多园”加快发展，高质量打造郑州·中国智能传感谷，并推动开封、安阳、新乡、鹤壁等地融入发展产业链关键环节，形成智能传感器产业集群。全省加快建设全国先进计算生产基地，郑州着力打造超聚变服务器及配套产业，提升浪潮、长城、紫光等重点企业产业化能力，推动许昌、安阳等地加快发展国产高端整机制造产业，构建集研发设计、生产制造、融合应用为一体的产业生态，打造千亿级先进计算研发生产基地。

三、江西省

江西省抓住显示产业新一轮迭代升级机遇，形成电子元器件、智能终端、光伏锂电、VR 为主导的电子信息产业发展格局。2021 年，江西省电子信息产业营收达到 6688 亿元，同比增长 25.4%，利润达到 417.2 亿元，同比增长 52.2%，规模位列全国第七，利润位列全国第五。

截至2021年底，江西省电子信息全行业规上企业达到1787家，比2020年增加294家，新增5家百亿级企业，总量达到11家。LED产业持续发挥竞争优势，多项原创技术达到国际先进水平，其中联创电子在全球高清广角镜头市场占有率超过70%，菱光科技接触式影像传感器全球市场占有率达到40%，晶能光电手机闪光灯出货量全球市场份额达到25%，细分领域国际竞争力突出。

空间布局方面，江西省推动多点多园区电子信息产业齐头并进，促进创新资源共享。以南昌、吉安两大区域为核心，推动京九（江西）电子信息产业带“一轴、四城、十基地”空间布局，促进有序竞争、全面开花的电子信息产业发展格局。

第二节　重点园区发展情况

一、武汉东湖新技术开发区

武汉东湖新技术开发区（以下简称“东湖高新区”）2021年GDP突破2400亿元，增长率达到16.8%，GDP总量、固定资产投资、招商引资到位资金总量均位列武汉市首位，光芯屏端网、汽车制造与服务、大健康、高端装备制造等重点产业向万亿级迈进。开发区创新发展成效突出，2021年高新技术产业增加值达到1288.78亿元，占开发区GDP超过50%，全国首颗三维相变存储器测试芯片、首款百万像素级双色双波段红外探测器、首台新型显示喷印装备等重大技术成果均在光谷诞生。2021年举办5G+工业互联网大会，完成高新技术工业投资超过500亿元，工业增加值同比增长25.9%。

东湖高新区以“一芯驱动”战略为核心，人工智能和量子科技等前沿产业齐头并进，全面打造“三个光谷”升级版，建立具有全球影响力的创新创业中心。围绕世界级“芯”产业集群，出台专项政策，着力推动建设5G芯片、全光网络、空天地宽带互联等新一代通信领域技术。引入泰康科技和大健康总部、TCL华星光电t5、高端光电子器件产业基地等百亿级项目，打造全国首个“星火·链网”区块链基础设施。

提高技术研发竞争力，武汉产业创新发展研究院、武汉量子技术研

究院落户光谷，数字建造、智能设计与数控 2 个国家技术创新中心获批，综合性国家产业创新中心核心区建设有序推进。园区内中国信科等 10 家企业上榜中国企业专利 500 强，长飞光纤等 8 家企业位列国家知识产权示范企业，兰丁医学等 11 家企业被评为国家知识产权优势企业。

加快自贸区建设，创新与开放“双轮驱动”。贯彻落实国务院《关于支持自由贸易试验区深化改革创新若干措施的通知》，实施高新技术企业培育计划，设立股权激励专项资金，推动创新创业创造高质量发展。打造创新和开放驱动发展先行区，先进制造业和现代服务业示范区，战略性新兴产业和高技术产业集聚区，以及中部地区对外开放新高地。

二、郑州航空港经济综合实验区（郑州新郑综合保税区）

郑州航空港经济综合实验区是我国目前唯一一个由国务院批准设立的航空经济先行区，重点打造航空物流业、高端制造业、现代服务业。拥有航空、高铁、地铁、城铁、普铁、高速公路与快速路等多种立体综合交通枢纽，是我国内陆首个人民币创新试点、三个引智试验区之一，被列为郑州国家中心城市建设的“引领”，河南“三区一群”国家战略首位、河南最大的开放品牌，是我国“空中丝绸之路”的重要支撑。

2021 年，郑州航空港经济综合实验区生产总值达到 1172.8 亿元，同比增长 12.1%，工业总产值突破 4000 亿元，同比增长 31%，电子信息产业达到 4110.5 亿元，增长 31.9%，占河南省电子信息产业的比重达到 79%。外贸进出口总值增至 5246 亿元，同比增长 17.9%，园区内贸易企业销售额首次突破 2000 亿元，达到 2127.7 亿元，同比增长 24.3%，其中手机贸易企业销售额达到 353.3 亿元，同比增长 55.4%。以富士康、超聚变为引领的“智能机”产业链，以 771 所、合晶为引领的“河南芯”产业链，和以比亚迪为引领的“网联车”产业链三链稳步推进，持续发挥河南省电子信息领军园区作用。

三、南昌国家高新技术产业开发区

南昌国家高新技术产业开发区以“芯屏端网”融合发展为引领，打造国家新型工业化产业示范基地。2021 年 GDP 总值达到 920 亿元，同

比增长 9%，园区总收入达到 6109 亿元，同比增长 20%，其中工业营业收入达到 3049 亿元，是江西省唯一工业营业收入突破 3000 亿元的园区。全区规模工业增加值同比增长 12%，固定资产投资同比增长 15.2%，均位列南昌市第一，出口总量达到 278 亿元，占南昌市出口总量比重超 30%。创新引擎建设登上新台阶，引进北京大学南昌创新研究院、中山大学南昌产业研究院、北航江西研究院等高校科研平台，超过 1000 个项目获得国家级科技计划立项，13 项成果获得国家科学技术奖励。

以移动智能终端、LED 两大产业为核心，高新区推出"一企一策""一企一专班""一企一方案"三个一政策，培育壮大一批电子信息企业，全力推动江西省电子信息产业高质量发展。2021 年高新区电子信息产业全年营业收入 1302.18 亿元，同比增长 31.5%，规模以上工业企业达到 85 家，ODM 整机制造企业和配套企业超过 30 家，移动智能终端产业 9 家，LED 企业 16 家。2021 年园区内移动智能终端整机生产规模大幅提升，笔记本电脑、平板电脑累计产量达到 1804.17 万台，同比增长 51.7%；智能手机累计产量 8644.0 万部，同比增长 96.0%。建成全国唯一涵盖衬底材料、外延、芯片、封装、终端应用及核心关键生产设备等拥有全自主知识产业权 LED 产业链。

第二十四章

西部地区电子信息产业发展状况

我国西部地区包括陕西省、四川省、云南省、贵州省、广西壮族自治区、甘肃省、青海省、宁夏回族自治区、西藏自治区、新疆维吾尔自治区、内蒙古自治区、重庆市 12 个省、自治区和直辖市。西部地区的矿产、土地、水力等资源十分丰富，尤其是天然气和煤炭资源的储量分别占全国 87.6%和 39.4%，这些是西部地区发展特色优势产业的重要基础条件。

第一节 重点省市发展情况

一、四川省

四川是我国西部重要的电子信息产业基地，在新型显示、数字娱乐、集成电路设计、信息安全等产业领域具有独特优势。四川重点发展新型显示产业，成都高新区聚集京东方、深天马、中光电、富士康、戴尔、联想、TCL 等新型显示产业龙头企业，基本覆盖上游原材料、中游显示面板、下游终端全产业链。依托成都高新技术产业开发区、绵阳高新技术产业开发区、绵阳经济技术开发区、乐山高新技术产业园区，四川形成了“成都—绵阳—乐山”电子信息产业带，以及绵阳数字视听产品及配套产业集聚区，“成都—乐山”集成电路产业集聚区，“成都—绵阳”软件、网络及通信设备产业集聚区等特色产业集聚区。

2021 年，四川全年工业增加值 15428.2 亿元，比上年增长 9.5%。其中，规模以上计算机、通信和其他电子设备制造业增加值比上年增长

22.5%。主要产品方面，电力电缆增长 145.6%，电子计算机整机增长 29.0%。四川近年来聚焦发展集成电路、新型显示、智能终端、人工智能等重点产业领域，致力于打造数字经济新优势。其中，在新型显示领域，四川加快发展 OLED 显示、柔性显示、超高清显示、激光显示等关键新兴技术，建设集基础材料、元器件、整机组装为一体的产业生态。在存储器领域，四川力争打造中国的“存储谷”，到 2025 年实现存储产业总规模突破 5000 亿元。

二、重庆市

重庆是全球最大的笔记本电脑生产基地、重要的手机生产基地。2021 年，重庆电子信息制造业增加值增长 17.3%，其中，笔记本电脑出口值突破 2000.9 亿元，连续 3 年居全国第一位。重庆目前集聚了惠普、宏碁、华硕三大品牌商，富士康、广达、英业达、仁宝、纬创、和硕等主机生产商，以及戴尔、东芝、索尼、苹果、小米等笔记本电脑相关品牌。2021 年，重庆“芯屏器核网”全产业链进一步补链、强链，重庆将集成电路、核心元器件作为电子信息产业发展重点，全力推进华润晶圆制造和封装项目、四联传感器 MEMS 制造项目等重大项目建设，支持康佳加快突破 Micro LED 关键技术，电子信息产业集群进一步做优做强。

重庆加大招商引资力度，吸引大量优质项目落地。两江新区作为内陆首个国家级新区，着力打造“集成电路+新型显示”产业集群。两江新区与武汉东湖集团联合建设的两江新区半导体产业园交付建筑 13 万平方米，中科院、航天中电等 20 多家电路设计、物联网、新型显示等领域的企业入驻园区，其中大多数为国家高新技术企业。京东方重庆第 6 代 AMOLED（柔性）生产线项目量产，未来将广泛应用于智能终端、车载显示等高端显示领域。大陆集团在重庆设立的中国软件与系统研发中心正式投入运营，该中心将瞄准先进驾驶辅助系统、端到端网联、域和跨域高性能计算机单元及基于服务的软件架构系统，实现全球交付。

三、贵州省

贵州把握大数据发展先机，实施大数据战略行动，推动电子信息产

业发展。中国电信、中国移动、中国联通三大运营商都将其南方数据中心设在贵州。目前，贵州是中国电信的南方数据基地、集团网络骨干节点，是中国移动五大数据基地之一，也是中国联通云平台一级节点。

贵州省全力建设贵州国家大数据综合试验区，重点打造大数据配套产品层和信息化融合产业体系，加快提升电子信息制造产业链和产品层级。集聚了苹果、高通、微软、戴尔、惠普、英特尔、甲骨文等世界知名企业，以及阿里巴巴、华为、腾讯、百度、京东等国内龙头企业进入贵州发展。2021 年，贵州大数据电子信息产业完成总产值 1597.63 亿元，同比增长 20.5%，其中，电子信息制造业工业总产值收入占比为 52.2%。此外，贵州积极发展大数据智能终端，推动家用视听、汽车电子、健康电子、信息安全、智能手机、智能电视、智能家居云服务器、数据中心设备、云存储设备、桌面云终端等研发与产业化。

第二节　重点园区发展情况

一、成都高新技术产业开发区

成都高新技术产业开发区（以下简称“成都高新区”），于 1991 年成为首批国务院批准国家级高新区，实行省市共建，行使市级管理权限。成都高新区管理（共建）面积达 234 平方千米，共有四园，包括电子信息产业功能区（电子信息制造业）、新经济活力区（IC 设计业、新经济产业、金融服务业）、天府国际生物城、未来科技城（航空航天、智能制造、新材料）。

（一）园区发展特点

依托成都完备的产业体系和便捷的交通，成都高新区迅速发展成为成渝地区双城经济圈建设的重要增长极、中西部创新驱动发展示范区，以及国家高质量发展先行区。园区企业聚集度高、科教人才资源丰富、产业载体多样化、基础配套完善，已成为西部发展力度最高、经济效益最好的区域。

（二）园区发展现状及趋势

成都高新区电子信息产业体系完善，重点发展芯屏端网四大产业集群。"十三五"末，148 家规上企业总产值达 3778 亿元，同比增长 13.56%，占成都市比重超过 85%。从细分领域来看，集成电路发展态势强劲，代表企业包括海光、MPS、振芯、芯原、华大、联发科等 IC 设计公司，德州仪器等晶圆制造公司、英特尔、达迩、宇芯等封装测试公司，另外还有林德气体、ASM、梅塞尔等产业配套公司。新型显示集群产业生态完善，在京东方、天马等企业的带动下，实现了从核心材料、关键部件、高端设备、触控模组、终端应用和新兴显示技术的全产业链覆盖。智能终端集群不断壮大，成都高新区是全球智能终端产业的重要一极，制造了全球约 20%台式电脑、60%的苹果平板电脑。

二、金凤电子信息产业园

金凤电子信息产业园地处重庆市工业强区九龙坡区的金凤镇，位于重庆市西部新城核心，是重庆市的笔记本电脑计算基地拓展区和核心配套区、消费电子产业基地、汽车电子产业基地。同时，金凤电子信息产业园是重庆国家级高新区重点打造的笔记本电脑配套产业基地，是重庆市副中心之一西永组团的重要组成部分，已聚集形成电子信息、新材料、高技术服务、增材制造四大产业。

（一）园区发展特点

园区重点引进创新型电子信息龙头企业，打造完整的电子信息上下游产业链，以科技创新的优势为园区产业产品打开国内外市场。2015 年已跨入百亿级工业园区，"十三五"末协议产值 1852 亿元，初步形成了碳产业、笔记本电脑关键零部件产业和高新技术产业等重要产业集群。

（二）园区发展现状及趋势

园区拥有重庆市最大的数码产品市场，覆盖了电子信息产业从研发、制造到销售、服务的完整产业链。目前已聚集了前沿生物科技、赛

诺生物药业等一批生物医药企业，以及格力空调、梅安森科技等一批先进制造业企业。园区现有多家科研院所，包括机械工业第三设计研究院、煤炭科学技术研究院等，建成了留学生创业园、二郎高科孵化园等一批科技孵化平台，为促进科技创新及成果转化提供强力支撑。

三、贵州新蒲经济开发区

贵州新蒲经济开发区位于遵义市城区东部，在国家及贵州省“黔中率先崛起、黔北加快跨越”发展战略指引下，遵义市提出构建黔北经济区中心城市，2012 年 8 月经贵州省政府批准成立了贵州新浦经济开发区。该开发区主要功能为“整合中心城区周边资源、打造遵义大都市区、拉开城市发展框架、集聚城市发展力量、扩大城市辐射能力”，是遵义市实现产业转型升级、三化同步的重要载体。

（一）园区发展特点

贵州新浦经济开发区以电子信息、高端装备制造、新材料三大主导产业为发展重点，聚焦于基础设施服务平台建设、元器件及终端制造等。以大数据引领的智能终端产业为主导，重点发展手机整机、主板、集成电路、穿戴设备、大数据存储及应用等产业。新蒲经济开发区围绕主导、寻找差异，紧跟市场、明确目标，抢抓长三角、珠三角产业转移机遇，紧紧围绕打造千亿级“西南智能终端产业制造之都”的发展目标，打造集智能终端研发、生产、销售、物流、金融等为一体的全产业链。

（二）园区发展现状及趋势

贵州新蒲高科技产业园占地约 3000 亩，项目总投资 60 亿元。园区致力于打造“黔北智造园、低碳产业园”，坚持“以企业为主体、以市场为导向”发展策略，是遵义市打造千亿级电子信息产业的主要载体，也是推动产业转型升级的重要支撑。贵州新蒲高科技产业园依托“1+6”大学城人才培育战略，集聚了众多研发创新资源，推进了科技成果研发及产业化。目前已建成黔北高新技术产业基地、研发创新基地和科研成果转化基地，为构建完善电子信息产业链提供了技术储备。

企 业 篇

第二十五章 计算机行业重点企业

第一节 联想

一、总体发展情况

联想集团有限公司（以下简称“联想”）是一家成立于中国、业务遍及 180 个市场的全球化科技公司。作为全球领先的 ICT 科技企业，联想保持研究、设计与制造全球最完备的端到端智能设备与智能基础架构产品组合，为用户与全行业提供整合了应用、服务和最佳体验的智能终端，以及强大的云基础设施与行业智能解决方案。作为全球智能设备的领导厂商，联想每年为全球用户提供数以亿计包括 PC、平板电脑、智能手机等在内的智能终端设备。目前，联想核心业务由三大业务集团组成，分别为专注智能物联网的 IDG 智能设备业务集团、专注智能基础设施的 ISG 基础设施方案业务集团及专注行业智能与服务的 SSG 方案服务业务集团。

2021 年，联想实现营业收入 4898.72 亿元，同比增长 17.32%；净利润 57.55 亿元，同比增长 48.78%。所有业务集团利润均有所增长，基础设施方案业务首次扭亏为盈，其中以 PC、智能设备、移动业务为主的智能设备业务集团和方案服务业务集团的溢利和营业额实现强劲的双位数增长。2021 年联想 PC 销售量居全球第一。

二、企业发展战略

联想将继续围绕“端—边—云—网—智”新 IT 技术架构开发核心

技术，把握物联网（嵌入式计算）、元宇宙（AR/VR）、智慧家居、智能协同办公设备等新兴市场机遇，加大创新投入的力度，力争集团在三年内实现研发费用翻番，深入推进服务导向的智能化转型。未来，集团将继续专注 3S（智能物联网、智能基础架构、行业智能）的战略，把握在各业务领域持续增长和提升盈利水平的机会，向三年内（2023/2024 财年底）净利润率翻番的目标稳步迈进。

三、重点领域发展情况

智能设备业务方面。2021 年，运营利润同比增长 21%，创历史新高；营业额同比增长 16%，创历史新高。商用个人电脑销量同比增长 25%。非个人电脑收入同比增长 22%，占智能设备业务集团收入的 19%。得益于强大的产品组合和更广泛的运营商范围，智能手机业务连续 7 个季度健康盈利、快速增长，营业额同比增长 46%；智能协同办公解决方案营业额翻番。

基础设施方案业务方面。并购 IBM 服务器业务以来首次实现盈利，营业额连续 4 个季度双位数百分点的增长。云 IT 基础设施业务营业额同比年增长 38%，企业 IT 基础设施业务营业额同比增长 7%，中小企业 IT 基础设施业务部门收入达到过去 5 年的最高水平。

方案服务业务方面。2021 年，收入同比飙升 25%至 15 亿美元；支持服务收入同比增长 21%，呈现强劲的盈利能力；随着服务组合扩大，个人电脑渗透率进一步提升。运维服务收入同比增长 50%，业务规模和盈利能力提升。

第二节　浪潮

一、总体发展情况

浪潮集团有限公司（以下简称“浪潮”）是全球领先的新型 IT 基础架构产品、方案及服务提供商，以“智慧计算”为战略，通过“硬件重构+软件定义”的算力产品和解决方案、构建开放融合的计算生态，为客户构建满足多样化场景的智慧计算平台，全面推动人工智能、大数据、

云计算、物联网的广泛应用和对传统产业的数字化变革与重塑。通过不断完善基于客户需求的服务器软硬件研发体系，目前已形成具有自主知识产权、涵盖高中低端各类型服务器的云计算 IaaS 层系列产品。浪潮具备全栈技术开发能力，引领前沿应用，在云、AI、开放计算和边缘计算等领域处于全球领先地位。

2021 年浪潮业绩实现快速增长，营收 670 亿元，同比增长 6%，净利润 20 亿元，同比增长 37%。2021 年，浪潮服务器产品位居全球前二，持续以 30%+的市场占有率领跑中国市场；2021 年上半年浪潮信息的 AI 服务器产品市场占有率位居全球第一，市场占有率超过 20%。

二、企业发展战略

浪潮持续聚焦云计算、大数据、AI 为代表的智慧计算，明确从计算到智算的行业发展趋势，坚持“开放、融合、敏捷”策略，在研发、生产、交付、服务模式等方面持续创新，各项业务保持快速增长势头。在通用计算领域，浪潮信息于 2021 年全新发布的 M6 服务器已打破 165 项 SPEC 世界性能测试纪录，浪潮信息的 AI 服务器产品在 2021 年度全球权威 AI 基准测试 MLPerf™ 中共斩获 44 项第一，名列 MLPerf™ 2021 年度冠军榜首。

浪潮作为全球领先的智慧计算企业，将以开放开源为原则，不断完善和强化产品技术布局，积极发展开放计算和 AI，为智算中心提供算力支持，在算力基础设施方面向更深、更广发展，助力企业数字化转型捕捉全新机遇，为数字经济注入无限智慧生机，共绘新格局之下美好蓝图。2022 年，浪潮信息还将继续推行“智算合伙人”理念，持续壮大元脑生态，包括升级元脑平台 AI Store、加速分销智慧转型、行业智能方案共创、伙伴赋能加油站等四大举措。

三、重点领域发展情况

云计算领域，浪潮 SR 整机柜服务器在中国市场份额超过 60%，i48 是全球第一款通过开放数据中心委员会（ODCC）制定的天蝎多节点服务器标准的高密度服务器。

AI 领域，浪潮具备 AI 平台全栈技术能力，发布首款智算中心调度

系统 AI Station，拥有性能最强的液冷 AI 服务器 NF5488LA5，发布 2457 亿参数的 AI 巨量模型“源 1.0”。

边缘计算领域，浪潮参与开发了 ODCC 社区的 OTII（开放 IT 基础设施）基准，并且推出了第一款符合该标准的边缘服务器 NE5260M5，被通信行业大规模采用，发布融合 ICT 标准的边缘一体化云柜、基于 OTII 标准的 NE3160 和基于开放 ECOM（边缘计算模块化）架构的 EIS800 系列产品。

数据存储领域，浪潮存储基于存储平台战略，升维新一代 G6 存储平台，以“安全、可靠、经济、高效”四大优势支撑行业新应用、新场景。浪潮存储多次刷新 SPC-1 国际基准测试榜单，其中高端全闪以超 2300 万 IOPS（每秒读写次数）打破全球存储性能最高纪录。凭借强大的产品竞争力，浪潮存储批量进入银行、运营商等行业核心用户。

第三节　曙光

一、总体发展情况

曙光信息产业股份有限公司（以下简称“曙光”）是中国信息产业领军企业，为中国及全球用户提供创新、高效、可靠的 IT 产品、解决方案及服务。曙光持续针对高端计算机、存储、云计算、大数据、自主软件等开展研发工作，掌握了大量高端计算机、存储和云计算领域的核心技术，在本领域实现国内领先并达到国际先进水平。公司主要从事高端计算机、存储、安全、数据中心产品的研发及制造，同时大力发展云计算、大数据、人工智能等先进计算业务。

曙光在北京、天津、青岛、南京、武汉设有先进计算、云计算、大数据、AI、节能数据等技术研发中心，就技术研发、应用创新、生态协同等方面展开深入研究。在天津、盘锦建有国内领先的智能制造生产基地，集全球领先的制造工艺与智能技术为一体，打造自动化、智能化、柔性化的现代制造工厂。在成都、包头、无锡、乌鲁木齐等 40 余座城市建设、运营城市云中心，为各地政府提供信息化公共服务平台、智慧城市和工业互联网应用平台，支撑区域信息化建设与发展。在太原、兰

州、合肥、南京、徐州等城市建有先进计算中心，为区域科技创新、经济发展提供计算服务，构建涵盖技术研发、成果转化、生态孵化、人才培养等的产业生态。

2021 年曙光实现营收 112.00 亿元，同比增长 10.23%。归母净利润 11.58 亿元，同比增长 40.78%；扣非净利润 7.73 亿元，同比增长 46.98%，净利润高速增长。

二、企业发展战略

曙光利用液冷核心专利等技术优势，实现了计算技术的绿色节能、集约高效和安全可靠；目前，曙光正向“云计算+大数据+人工智能”方向拓展，初步形成了规模性云数据网络平台，助力新基建与绿色低碳金融的发展。曙光依托先进计算技术为信息时代金融安全提供坚实保障，同时在大量非结构金融数据处理等方面设计相关产品，加强了数据风险预警与控管，为信息系统的创新发展与金融新业务的展开夯实了基础。同时，该公司的计算服务与高性能计算机在医疗领域和科学研究方面应用广泛，惠及高科技发展。

三、重点领域发展情况

高端计算机方面。公司高端计算机产品主要包括机架式服务器、高密度服务器、刀片服务器、超融合软件一体机产品等，能够面向多种应用场景，兼顾性能、能效、应用生态，具有领先的计算密度和节能性，同时，产品整合高速网络和存储技术，可实现超大规模线性扩展。

存储产品方面。公司为用户提供包括分布式文件、分布式块、分布式对象、HDFS 统一存储、混闪和全闪系列集中式存储等产品，以及一体化解决方案。公司分布式文件产品连续 7 年位居 IDC 国内市场前两名，分布式块存储连续两年中标运营商集采项目。

云计算服务方面。曙光云入围中央国家机关 2021 年云计算服务协议供货采购供应商名录，曙光 Cloudview 全栈云平台、曙光电子政务云平台解决方案入围工业和信息化部信息中心发布的“2021 年数字技术融合创新应用典型解决方案”。

第二十六章

通信设备行业重点企业

第一节 华为

一、总体发展情况

华为创立于 1987 年，是全球领先的 ICT 基础设施和智能终端提供商，致力于把数字世界带入每个人、每个家庭、每个组织，构建万物互联的智能世界。2021 年华为整体经营情况符合预期，实现营业收入 6368 亿元；净利润 1137 亿元，同比增长 75.9%。其中运营商业务、企业业务、消费者业务分别实现营收 2815 亿元、1024 亿元、2434 亿元，运营商业务表现稳定，企业业务稳健增长。2021 年，华为加大了研发投入，研发费用 1427 亿元，占销售收入的 22.4%，研发费用额和费用率均处于近十年的最高位，在全球企业中位居第二。

二、企业发展战略

加强研发投入与系统工程创新，推动基础理论、架构和软件重构。理论突破、软件突围、架构重构将为华为未来求生存、谋发展奠定基础，华为正以开放的心态，在全球实现技术能力布局，贴近学术源头，与全球高校合作、建立联合实验室。

持续打造可信可靠产品、解决方案，促进生态繁荣。华为建立了多节点、多路径、多梯次的供应网络备份能力，与全球供应商、合作伙伴共创安全、可靠、有竞争力的健康产业链。华为将网络安全与隐私保护

作为公司的最高纲领，秉承开放、协作、利他的理念不断发展商业生态，汇聚全行业共筑繁荣的鸿蒙、欧拉、昇思生态，共同为客户创造更大价值。

三、重点领域发展情况

在消费者业务方面，截至 2021 年，搭载 HarmonyOS 的华为设备超过 2.2 亿台，HarmonyOS Connect（鸿蒙智联）已有 1900 多家生态合作伙伴，鸿蒙智联 2021 年新增产品发货量突破 1.15 亿台，华为智能穿戴设备全球累计发货量已超过 1 亿台，2021 年三季度华为手表和手环出货量全球第一。

在运营商业务方面，持续创新，助力运营商拓展商业新边界，实现商业新增长。截至 2021 年，全球 200 多家运营商部署了 5G 商用网络，5G 用户数超过 7 亿，商用上市终端超过 1200 款。

在企业业务方面，华为发布了 11 大场景化解决方案，华为云发布开天 aPaaS，以开发者为核心，提供全流程、一站式开放平台。作为全球增速最快的主流云服务厂商，华为云已上线 220 多个云服务、210 多个解决方案，聚合全球超过三万家合作伙伴，发展 260 万开发者，云市场上架应用超过 6100 个，在 2021 年实现了销售收入 201 亿元，同比增长 34%，在中国市场排名第二，全球市场排名第五。

第二节　中兴通讯

一、总体发展情况

中兴通讯股份有限公司（以下简称“中兴通讯”），是全球领先的综合性通信设备制造业上市公司和全球综合通信信息解决方案提供商之一，致力于为客户提供满意的 ICT 产品及解决方案，集“设计、开发、生产、销售、服务”等一体，聚焦于“运营商网络、政企业务、消费者业务”，业务覆盖 160 多个国家和地区，服务全球 1/4 以上人口。

2021 年，中兴通讯实现营业收入 1145.2 亿元，同比增长 12.9%。其中，国内市场实现营业收入 780.7 亿元，国际市场实现营业收入 364.5 亿元，分别实现 14.7%和 9.1%的同比增长。

二、企业发展战略

始终坚持关键领域技术领先，加大核心芯片自研，确保产品商业可持续。在国内市场敢于竞争突破，不断挑战更高份额，贡献规模盈利；在海外市场，围绕“大国大T大网”加强策略性突破和稳健经营。在政企业务，聚焦能源、交通、政务、金融、互联网、大企业，强化渠道综合竞争力，实现传统优势产品及服务器、IDC数据中心等新产品的快速复制推广，完成跨越式增长。在消费者业务方面，抓住手机和移动互联网产品发展和变化的机会，迅速扩大规模。在新业务方面，加强5G行业和汽车电子等数字化转型业务、数字能源业务及智慧家庭拓展，加快破局，成为业绩增长的新引擎。中兴通讯将持续推进数字化转型，提高各环节的运营效率；将持续加大核心人才吸引和激励，完善合规管理体系，强化内控治理，防范企业风险；打造高韧性组织，积极践行双碳绿色发展理念，实现企业可持续发展。

三、重点领域发展情况

在运营商网络业务方面，2021年实现营业收入757.1亿元。无线产品方面，参与全球5G建设，提升网络效率，建设最优性价比5G网络。在2021年8月GlobalData的Small-Cell评级中，中兴通讯的QCell系列小站产品获得全部满分评级，排名第一。有线产品方面，5G承载全系列端到端产品大规模部署，光网络运营商市场继续保持领先，端到端的光纤到户FTTP解决方案继续保持GlobalData最高水平“Leader”评级，国内外市场格局进一步优化。视频产品方面，视频系统用户总容量超2亿，市场份额持续提升。

在政企业务方面，2021年实现营业收入130.8亿元。依托“精准云网”和“赋能平台”，积极布局新基建、5G行业应用及企业数字化转型升级。服务器及存储产品已规模进入金融、互联网、能源等行业的头部企业。GoldenDB分布式数据库获评国产分布式数据库金融行业第一品牌。5G行业应用方面，已联合500多家合作伙伴开展5G应用创新和商业实践，实现近百个5G创新应用场景。

在消费者业务方面，2021年实现营业收入257.3亿元。手机、家庭

信息终端营业收入保持同比快速增长。全新一代屏下摄像手机 Axon 30 全球首发，引领屏下摄像技术的更新迭代；三主摄四阵列影像旗舰 Axon 30 Ultra，率先推出融合计算摄影。5G 移动互联产品销售已突破 30 个国家和地区。家庭信息终端规模跃升，发货同比增长超 50%，累计发货达 5.8 亿台，在行业内继续保持全球领先地位。

第三节 爱立信

一、总体发展情况

爱立信是世界领先的电信解决方案和服务供应商，主要产品包括移动和固定网络基础设施，以及针对运营商、企业客户和开发商的宽带和多媒体解决方案。2021 年全年，爱立信净销售额达到 2323 亿瑞典克朗；按可比单位和货币调整后的销售额（有机销售额）、网络业务销售额分别同比增长 4%和 7%。2021 年全年，爱立信净利润 230 亿瑞典克朗，同比增长 30%。其中，2021 年第四季度销售额为 713 亿瑞典克朗，同比增长 2%，网络业务有机销售额同比增长 3%，数字服务业务有机销售额与上年同期持平。

二、企业发展战略

近年来，爱立信采取“提高业务灵活性、减少业务中的资本占用”战略，成功减少了公司运营成本；2021 年爱立信采取“投资核心业务技术领导力、扩大市场份额”策略，稳定了公司第四季度和全年的业务发展。未来，爱立信的核心业务基础——移动基础设施业务将继续保持强劲，并将继续增加研发投入，保持技术领导力和竞争力。此外，爱立信将继续在企业级市场发力。预计，爱立信企业级业务的增长率和盈利能力，未来将逐渐超越移动基础设施业务。

三、重点领域发展情况

在网络业务方面，2021 年第四季度有机销售额增长 3%，毛利率提升至 46.4%。2021 年，爱立信强化了行业领先的产品组合，包括可提高

网络性能的超轻、节能型 Massive MIMO 和用于 5G 中频段的全新 Cloud RAN 产品组合。

在数字服务业务方面，2021 年第四季度有机销售额同比保持稳定，毛利率提升至 43.4%。未来爱立信将继续增加对 5G 产品组合的投资，包括对编排产品的投资，在技术和技术标准中保持持久的竞争力。

在管理服务业务方面，2021 年第四季度毛利率为 18.9%，2021 年全年有机销售额减少了 6%。为了增加利润，爱立信将加速向具备更高潜在利润空间的软件驱动型产品转型。

在新兴业务和其他业务方面，2021 年第四季度毛利率提升至 35.2%，全年毛利率提升至 37.3%，其中 Cradlepoint 做出了主要的贡献。此外，爱立信的专网和 Cradlepoint 5G 产品组合也在迅速发展。

第四节　诺基亚

一、总体发展情况

诺基亚是移动通信领域的全球领先者，2021 为诺基亚转型之年，集团业务再度聚焦，技术领导力加强。集团财务收入稳健增长，整体超出市场预期。2021 年营业收入为 222.02 亿欧元，同比增长 1.6%，其中第四季度营业收入为 64.14 亿欧元，同比下降 2.34%。全年自由现金流 24 亿欧元，其中第四季度强劲产生 4 亿欧元。

二、企业发展战略

2021 年诺基亚仍然坚持“三步走”战略计划，第一步为“重置”，第二步为“加速”，第三步为“规模”，积极调整自身定位，以实现可持续的盈利增长。在人工智能方面，推出了“5G+AI”赋能绿色城市的应用方案，诺基亚将会借助“5G+智慧城市”方案打造一个绿色、智慧、科技、低碳的城市。在开放光网络方面，诺基亚是极少数在 IP 和光网络两个领域都拥有全系列解决方案的厂商，在 400G 光模块及 SDN 控制器两方面都已经走在了业界的最前沿，有着广泛的商业应用。在 5G 垂直行业的应用方面，诺基亚已经与中国约一千家合作伙伴合作共同释放 5G 的更多潜力。

第二十七章

消费电子设备行业重点企业

第一节　创维数字

一、总体发展情况

创维数字股份有限公司（以下简称“创维数字”）成立于 2002 年，是国内较早从事数字电视智能机顶盒终端研究、开发、设计、制造及销售的国家高新技术企业，目前已形成了数字机顶盒、宽带网络通信连接设备、虚拟现实 VR 终端、汽车车载显示四大业务领域。创维数字主营业务为：（1）数字智能终端及相关软件系统与平台的研发、生产、销售及服务，主要向国内通信运营商和广电运营商、海外电信与综合运营商提供系统集成及 2C 消费渠道市场零售，其中智能终端产品包括：4K/8K 等各类智能机顶盒、VR 终端等；（2）用于宽带网络通信连接的 PON/10G-PON、WiFi 路由器、Cable Modem、CPE 等产品；（3）用于专业显示的汽车智能车载显示（车载显示触控屏、车载数字液晶仪表）、显示模组（中小尺寸手机模组、Mini LED 背光灯条模组）；（4）运营服务业务，主要包括智慧城市业务、B2B 售后增值服务等。创维数字基于电信网、广电网、互联网、物联网，联合国内外电信或综合运营商、内容商、应用商、渠道商、政企数字化行业客户等战略伙伴，围绕“系统+终端+应用”打造数字、宽带、超高清、智能及物联的生态链。

在数字机顶盒领域，创维数字于 2002 年开始从事数字电视机顶盒终端的研究、开发、设计，基于格兰研究等数据，公司在国内三大通信

运营商、国内广电运营商、国内 2C 消费 OTT 市场的占有率及中国企业出口海外的销量，都居于行业领先地位，公司是国内数字机顶盒行业的龙头企业，整体规模居于全球机顶盒行业的前列，于国内外行业市场均具有较强的竞争力、影响力及品牌口碑。2021 年公司获国家工业和信息化部、中国工业经济联合会颁布的“制造业单项冠军示范企业”认定。

在宽带网络通信连接设备领域，创维数字从 2015 年开始布局国内三大通信运营商市场的宽带通信连接设备业务，报告期内公司以 32.26%的份额首次中标《中国移动 2020—2021 年智能家庭网关产品集中采购（公开部分）》采购包三 10G PON-双频 WiFi6 智能家庭网关项目，以 4%的份额首次中标中国电信集团《2021 年天翼网关 4.0 集中采购项目》，公司在中国联通多个省份智能网关项目中大份额中标，在中国移动的多个省份也大份额中标智能家庭网关项目。国内广电网络运营商市场方面，公司 EPON、GPON、Cable Modem、家庭智能网关等中标福建广电、歌华有线、广东省网、广东弘智科技等项目，市场占有率处于领先地位。公司 GPON、Cable Modem、WiFi 路由、4G CPE 也深耕印度、东南亚、墨西哥等运营商市场及欧洲 Strong 的 2C 零售市场。基于机顶盒覆盖的海外运营商客户，公司宽带连接设备也在积极拓展海外其他电信、通信运营商的市场。

在虚拟现实 VR 终端领域，创维数字继 2018 年推出全球首款 4K 显示 8K 硬解码 VR 一体机之后，报告期推出了全球首款千元级 4K 一体机 SKYWORTH S802 4K，也领先于国内外行业发布首款 Pancake 超短焦 VR 眼镜，并于美国批量出口销售。

在汽车车载显示领域，创维数字作为汽车前装的 Tier1 企业，基于显示模组，结合自身的软件系统开发能力，集成中控、仪表等显示系统，最终提供给品牌整车厂。相比于博世、大陆、伟世通等厂商的高价产品，国产 Tier1 企业的产品已拥有更高的性价比，配套服务也比国外的公司全面，兼顾整车厂降本+响应速度的需求，国产替代已经成为大势所趋。而具备核心显示等技术优势的电子企业将在汽车电子的供应体系中实现快速渗透，进而带动车载显示屏行业进一步发展。公司 2016 年布局汽车电子前装市场业务，基于创维在消费电子显示领域的积淀及优势，公司在车载显示领域具有高色域、高对比度、高一体黑、窄边框、超薄

等研发及技术优势，作为 Tier1 企业目前公司已经定点奇瑞、吉利等 10 多家国产及合资品牌汽车厂家相关车辆的中控显示屏、数字液晶仪表等，并具有很好的口碑及品牌效应，报告期已初步形成供应规模，将迈入快速发展的通道。2021 年由于“缺芯”，一线等汽车厂商及汽车整机行业受到缺芯影响，整车减产，整车厂芯片供应的不齐套，导致公司产品的交付部分延缓。

2021 年，创维数字实现营业收入 1084655.96 万元，同比增长 27.49%；实现归母净利润 42178.30 万元，同比增长 9.93%，毛利率为 16.24%，经营活动现金流量净额为 18996.35 万元。

二、企业发展战略

公司现有主营及目前在重点培育发展的产业属新一代信息技术、宽带网络信息通信、虚拟现实/增强现实、汽车智能、超高清视频等战略新兴产业。“新型基础设施建设”、双千兆“宽带中国”战略及数字经济发展规划的推进，虚实互动的下一代空间计算与新业态，结合超高清视频产业行动计划及宽带网络通信与 5G 应用，以宽带网络为依托的 VR/AR 技术、大数据与云计算、汽车智能、智慧家庭/城市等不断发展，公司深耕中国本土，进一步夯实产业基础，并基于全球化与国际视角，把握布局产业的新机遇、新应用、新业态、新模式和新服务。公司按照既定的发展规划，基于以下两个维度实施未来的发展战略。

（一）内生性增长与深耕服务平台

基于智能系统技术、平台与应用，向智能系统技术方案提供商、智慧系统集成商、用户运营服务商转型。公司已经布局并形成一定优势的产业，将主要围绕新一代数字智能融合终端、宽带设备、专业显示，以及与上述业务关联的运营与服务四大产业板块细分展开。

虚拟现实/增强现实设备及新生态与运营业务，定位虚拟现实设备及系统平台与内容分发为一体的产品及服务提供商，基于游戏、直播、社交、教育、医疗、会议等应用，在国内外行业定制解决方案、运营商市场及 2C 消费端实现设备销售及内容与生态的运营。跟进增强现实技术与产品及交互技术等研发设计，构筑下一代空间计算与新交互的底层核心。

专业显示业务领域中的汽车车载显示系统（含中控显示屏、数字仪表等）、Mini-LED 背光模组，基于汽车智能电子及软件定义汽车、新型显示技术、超高清视频产业、5G 应用等的大力发展，规划发展成为公司未来业绩持续增长及相关产业重点布局的业务板块。

10GPON、XGS-PON、WiFi6/7、5G CPE、FTTR 等宽带网络通信连接设备系统业务，借助全球 IP 化、宽带升级与中国宽带网络迈入“三千兆”大力发展的时代、5G 技术及大规模的商用，未来加大技术投入、科技研发及生态伙伴合作，增加市场覆盖率，提高市场规模，继续提升市场占有率，规划成为公司业务增长的“第二支柱”业务。

数字智能盒子、智能融合型终端系统业务，借助 4K/8K 迭代升级实现国内增量销售的同时，提升国际本地化研发、供应链及制造，未来进一步扩大全球的规模与市场份额，提升经营质量与效率，规划发展成为全球更具影响力、竞争力的第一品牌，并延伸至智能家居、智慧家庭、智能会议等生态体系。

智慧城市数字化转型解决方案商业务，规划面向行业客户提供场景化的“系统+终端+应用”，聚焦在社区、园区、教育、医疗、交通、展览、新零售等行业，持续投入大数据平台+智慧终端的创新研发，发展智慧城市业务，助力政府及企业的数字化转型。

（二）外延式扩张与丰富生态链

把握新应用、新产品、新模式、新技术、新基建的新动能机遇，进一步丰富公司的产业生态链，基于有效、务实、转型与创新，公司可采取投资、并购、战略联盟，以及跨界合作等多方式，在产业布局上实施外延式发展扩张，具体规划以下领域。

第三方内容及应用领域，扩充云平台生态，提供第三方应用与服务，具体方向：8K VR/AR 生态内容、5G VR 直播服务、与运营商合作的云游戏业务及教育、健康等服务。

基于汽车智能业务，用软件定义汽车，在车载娱乐、自动驾驶、域控制等相关细分领域，与车载显示总成硬件业务形成互补合力的“软”业务。

宽带网络通信及光通信技术相关细分领域的新材料、新模块、新型智能终端设备等。

第二节　海康威视

一、总体发展情况

杭州海康威视数字股份有限公司（以下简称“海康威视”）专注于物联感知、人工智能和大数据领域的技术创新，提供软硬融合、云边融合、物信融合、数智融合的智能物联系列化软硬件产品，具备大型复杂智能物联系统建设的全过程服务能力。二十余年来，海康威视提供的感知技术手段从可见光拓展到毫米波、红外、X 光、声波等更广泛的领域，提供的产品从物联感知设备拓展到与人工智能、大数据技术充分融合的智能物联产品、IT 基础产品、平台服务产品、数据服务产品和应用服务产品，从事的领域从综合安防拓展到智能家居、数字化企业、智慧行业和智慧城市。作为一家拥有系统能力的产品公司，海康威视构建开放合作生态，业务覆盖全球 150 多个国家和地区。

海康威视的业务可概括为 3 类支撑技术、5 类软硬产品、4 项系统能力、2 类业务组织和 2 个营销体系。其中，3 类支撑技术包括物联感知技术、人工智能技术和大数据技术；5 类软硬产品包括物联感知产品、IT 基础产品、平台服务产品、数据服务产品和应用服务产品；4 项系统能力包括系统设计开发、系统工程实施、系统运维管理和系统运营服务；2 类业务组织包括 3 个事业群（公共服务事业群、企事业事业群和中小企业事业群）和 8 个创新业务（智能家居、移动机器人与机器视觉、红外热成像、汽车电子、智慧存储、智慧消防、智慧安检、智慧医疗）；2 大营销体系包括国内业务营销体系和国际业务营销体系。

在智能物联领域，海康威视多年来持续聚焦技术创新、丰富产品体系、打造系统能力，技术能力、产品能力与系统能力相辅相成、相生相长。

2021 年，全球疫情持续两年，防疫抗疫工作仍然对区域经济带来巨大的影响。随着逆全球化趋势的加剧，部分国家之间的冲突对抗继续加大，政治经济形势对商业经营带来的挑战日益严峻。全球芯片短缺的情况仍然在持续，原材料价格上涨加剧了制造成本的上行。国内对教育行业、房地产行业政策的调整，导致行业洗牌，带来诸多变化。企业在纷繁复杂、急剧变化的国内外环境中，谋求持续稳定增长的挑战越来越大，面对外部各种不确定性，公司始终聚焦自身能力的成长，保持稳健的经营策略，通过稳定持续的供应链管理，保障全球业务的顺利开展。2021年，公司实现营业总收入814.20亿元，比上年同期增长28.21%；实现归属于上市公司股东的净利润 168.00 亿元，比上年同期增长25.51%。

二、企业发展战略

智能物联行业的需求始终呈现碎片化、场景化特征，如何在满足个性化需求、形成场景化解决方案的同时，最大限度地获得商业上的规模效应，是对所有行业参与者的挑战。用户需求的碎片化、个性化，导致需求的准确性把握不易实现，产品的多样化、定制化变得必要，解决方案的行业细分和需求定制特点愈加突出；为客户、用户提供营销服务支持也因为碎片化需求愈加扁平和专业，生产环节的小订单、柔性化成为必须，企业运营所需的其他所有环节，都为适应这种碎片化的行业特性而改变。

（一）继续加大研发投入，推进软硬件研发工作平台化运行

海康威视以视频技术为起点，逐步将感知技术从可见光扩展到红外、X光、毫米波等领域，并不断探索声、温、湿、压、磁等感知手段，不断拓展多维感知能力；公司在人工智能和大数据领域的技术积累日益深厚，通过拓展千行百业智能物联应用，形成从感知到认知、从产品到解决方案、从数据到应用的完整体系，并通过中大型项目设计、实施、运行的落地，不断打磨实战能力，通过项目实际演练，完善技术、产品和方案，形成从研发到市场，从市场再到研发的良性循环。报告期内，海康威视研发投入占销售额比重超过 10%，研发技术人员数量继续稳步增长，占公司总人数近 50%。公司将继续保持高强度的技术投入，持续巩固智能技术基础，不断丰富智能设备种类，潜心挖掘智能应用效能，以持续的研发投入打造综合能力，为公司在智能物联行业的稳健发展夯实基础。

（二）深入洞察用户需求，增强区域营销作战能力

公司在省级业务中心基础上，将业务触角继续下沉，形成300多个城市分公司，覆盖国内绝大部分地级市，形成以经济水平与人口数量为牵引，以先行地区为标杆，以城市为单位的分层分类营销体系。公司在海外设立23个大区功能中心，下设66个分支机构，形成总部—大区—国家的营销网络架构，总部建设业务支撑能力，大区建设运营与服务体系，国家因地制宜深耕本地市场。公司在营销体系建设上长期持续的投入，形成国内和海外在营销组织、本地化人才团队、合作伙伴等方面的深厚积累，营销人员能够和客户快速交流需求，形成良好的信息互动和业务沟通。

公司在国内以公共服务事业群、企事业事业群、中小商业事业群的组织形式拓展行业应用；在海外经销与行业相辅相成，推行一国一策。行业带动区域，区域推动行业，营销带动研发，研发推动营销的有机组合，助力深入洞察用户需求，使营销和技术研发工作都能有的放矢，推进公司业务稳步向前。

（三）持续提升应变能力，保障供应链稳定

海康威视在售硬件设备型号近3万种，存在订单零散、需求切换频繁、齐套性要求高等特点，因而要求供应链体系必须具备柔性、高效的制造能力，从而满足行业需求种类繁多的碎片化需求。报告期内，公司妥善应对芯片产能供给失衡导致的缺芯、原材料涨价等方面的不利影响，保障公司产品持续稳定供给。

公司在杭州桐庐、重庆运营制造基地，推进武汉制造基地建设和桐庐、重庆制造基地的扩建计划，并通过印度、巴西、英国海外工厂的本地化制造，支持全球产品供应。公司打造敏捷、柔性的制造体系，构建业内领先的自动化生产能力，持续提升精益生产和智能制造水平，满足小批量、多批次、大规模的产品制造需求。公司以采购规模为优势，与供应商发展稳定互惠的合作关系，长期帮助供应商快速迭代改善产品，助力全球千余家供应商伙伴快速发展，行业整体供应链稳定性不断增强。针对近年来由于制裁和疫情带来的供应链不确定性，公司继续保持

原材料高水位，以高库存缓冲外界环境变化带来的风险。

（四）通过优化方法工具，持续提升内部管理水平

企业处于不断变化的市场竞争中，能否比竞争对手更有效率地做好内部资源的配置，降低内部信息沟通成本，是企业竞争力的重要方面。海康威视始终保持求真务实的风格，无论内外部环境与时代境遇如何变迁，公司始终聚焦如何将业务做实做强，将“专业、厚实、诚信”的经营理念作为指导业务发展的准则和公司上下共同坚守的信念。随着公司业务不断发展变化，公司的资源组织方式与管理方法也不断调整适配。在业务方向和目标设定方面，公司已形成体系化的战略规划方法，定期滚动刷新，统一认识，各业务、部门上下拉通、左右对齐，确保目标明确，分解到位；在内部管理方面，公司以客户为中心推动管理变革，每年推动 100 余个管理变革项目，不断优化资源布局，捋顺协同方法；公司以 IT 系统建设为抓手，持续优化改善业务系统的效率；公司在推进财务风险的识别和管控，建设数字化的质量管理体系，完善内控机制，推动合规体系建设，保护创新成果等方面，均努力持续改善和提升。

（五）吸引和团结优秀人才，建设以人为本的组织氛围

公司将人才视为企业竞争力最重要的来源，秉承“以人为本、共同成长”的用人理念，广泛汇聚全球人才。公司建立了管理与专业双序列的职业发展通道，不断完善人才识别与绩效考核机制，以科学的方法识人用人，充分调动员工积极性和创造性，提升组织能力。以薪酬福利、股权激励、创新业务跟投等构成的员工综合回报体系已经初步成型，员工参与分享公司成长的分配机制逐渐成熟，参与激励和跟投的广大员工，通过创造公司的业绩获得个人的长期回报，使业务长远发展与人才持续成长相辅相成。

公司为不同职业序列人才提供多级培训课程，为公司中坚力量的巩固升级、后备力量的储备发展提供动力，公司面向全体员工提供丰富深入的各类培训服务，为公司价值观的赓续传承、职业能力的提升精进提供保障。公司鼓励员工自由建立兴趣社团，定期举办丰富多样的文体活动，营造平等开放、积极向上的组织氛围，组织“管理者座谈”“高管

面对面”“经理人对话”“人文大讲堂”“读书会”等主题活动，帮助员工全方位收获成长。

第三节　大华

一、总体发展情况

浙江大华技术股份有限公司（以下简称“大华”）坚持以视频为核心的智慧物联解决方案提供商和运营服务商的战略定位，在 HOC 城市之心的基础上全新升级并发布了 Dahua Think#战略，聚焦城市、企业两大业务领域，坚定 AIoT 和物联数智平台两大技术方向，持续构建以先进技术研究院、大数据研究院、中央研究院、网络安全研究院、智慧城市研究院五大研究院为基座的基础研究体系，不断提升在云和大数据、AI、业务软件等方面的软实力。同时，不断深入洞察行业场景，深刻理解客户需求，聚联合作伙伴，打造共建、共赢、共生的智慧物联生态共同体，共同为客户提供完善的智慧物联解决方案，服务城市数字化创新和企业的数智化升级，助力经济社会可持续、绿色、高质量发展。

公司通过聚焦城市和企业的客户价值，深耕细作，形成了“两纵”的业务战略布局。在城市业务领域，公司将 AI、大数据、云计算与客户业务流程充分适配，进行数智赋能。与生态合作伙伴一起共建“架构统一、利旧兼容、能力共享、商业开放”的新型智慧城市生态。经过多年的积累，公司在交通、交警、港口、公共民生、生态环境等行业，洞察细分场景超 5000 个，开发业务组件超 800 个，推出行业解决方案 200 多个。通过这些解决方案的加载，公司努力实现了“社会安全、城市有序、绿色惠民、治理提效”的城市管理新面貌。在企业业务领域，公司将 AI、大数据等先进技术与行业数据相结合，洞察业务细分场景超 3000 个，开发业务组件 1000 多个，累计形成行业解决方案 300 多个。通过这些方案的加载，公司持续赋能企业的“安全体系、生产价值、经营管理”。

2021 年，公司坚持精细化管理和高质量发展的经营理念，实现营业收入 328.35 亿元，比上年同期增长 24.07%；实现扣除非经常性损益后的归属于上市公司股东的净利润 31.03 亿元，比上年同期增长

13.47%，实现稳健增长。

二、企业发展战略

（一）坚持以“五全”为核心的研发创新投入，以客户需求为导向

人工智能、大数据和5G等通信技术加速了视频与物联网产业的融合，让机器像人一样去感知、理解和思考世间万物是智慧物联时代的标志。技术的发展，推动数据维度不断丰富和提升，进而推动智慧物联进入全新的发展阶段。当前，智慧物联已进入千行百业，业务的发展对数据提出更高的要求。以数据升级为重要驱动，需要感知更多维、连接更广泛、处理更及时、交互更高效。

公司始终坚持研发创新投入，以客户需求为导向，不断打磨产品与解决方案，持续提升核心关键技术的自主创新性和领先性，夯实数智基础能力底座。经过多年的沉淀，公司在人工智能、AIoT、大数据、软件等方面的技术能力已经更加成熟，面对这一碎片化的市场，公司具备了面向具体场景解决客户问题的全套解决方案能力和相应的组织管理能力。

（二）持续优化全球化营销网络，加大客户覆盖

公司拥有覆盖全球的营销和服务网络。截至2021年底，公司在国内设有32个省区级办事处。公司针对营销端加大客户覆盖投入，中小企业业务持续下沉，行业客户覆盖不断深入，覆盖盲点的客户不断得到挖掘，同时引入多维生态合作伙伴，共同加强客户的覆盖与挖掘，缩短与客户的距离。积极拥抱互联网/物联网模式，全面布局电商、云商，以及云睿业务。

公司在海外全年新增2600余家大华元素/形象店，门店总数达5000家，同比2020年增长112%。为在海外塑造品牌形象、业务高速增长打下坚实基础。公司在海外拥有广大的分销网络，同时，也直接面对海外中、高端的城市客户与行业客户开展解决方案销售。依托于公司强大的技术实力和积极的拓展策略，公司将在国内政府业务、企业业务的应用模式复制到海外，逐步提高解决方案在海外市场收入的占比。公司通过培育国际化的营销管理团队，建设本地化的营销中心，进一步抢占国际市场。

（三）以供应安全为核心优化供应生态和供应布局，扎实推进智能制造

面对全球疫情的持续影响及全球供应短缺形势，公司以全球化、多元化、集成化、数智化的四化为发展主线，持续构建面向全球市场的高效、智能、柔性的供应链体系。公司通过搭建物料供应安全管理平台实现风险识别及预警管理，同时落地供应商管理策略，优化战略合作生态布局，并强化海外供应布局，提升自动化、信息化、合规化能力，全面提升安全供应能力，保障稳定高质量交付。在国内，位于浙江省杭州市富阳区的大华智慧（物联网）产业园区二期已于 2021 年投产。这是公司与杭州富阳一起打造的全球大华智能制造小镇。“未来工厂”作为公司企业业务中智慧制造的样板点，从软件系统智慧升级着手，全面推动“互联网+制造业”的融合发展，将人流、物流、车流、信息流、工程流、产品流互联互通，形成一个可视化、可追溯的数字化园区，打造一个可推广、可复制的新制造、新模式、新方案，助力制造业数字化、网络化、智能化转型升级。在海外，公司已建立印度、越南两个海外制造中心，在核心物流集散中心荷兰、匈牙利、巴拿马等建立区域供应中心，保障公司全球业务的稳健快速发展。

（四）提升交付与服务能力，打造客户极致体验

在全球化业务战略下，公司依托全球交付与服务中心的布局和能力，为客户提供精准、智慧的服务及解决方案。公司始终坚持一切为了客户的服务宗旨，从客户需求来，到客户成功去。通过“一次性将事情做对”的极致文化建设，建立适应国内、海外业务变化的新产品和解决方案交付能力，不断提升服务体验。截至 2021 年底，公司在全球建立了 57 个境内外分支机构，为客户提供端对端快速、优质服务。

由总部、分公司、授权服务站组成的多维服务网络，为全球用户提供服务，提升服务体验度和用户感知，持续提高整体用户服务满意度。公司已拥有 130 多个备件中心/备件站、近 3000 名交付与服务人员、2000 多个服务合作伙伴，持续为客户创造服务价值。随着智慧物联向各行各业的渗透，为满足日益增长的软件定制需求和交付复杂度，公司在国内

主要省区设置软件能力中心，覆盖本省及周边省区的软件研发支撑，灵活快速满足客户个性化定制需求，以高效交付，构建服务竞争力，提升客户满意度。

（五）坚持全生态战略，打造共建、共赢、共生的智慧物联生态共同体

立足万亿级智慧物联市场，公司发挥平台优势，聚合资源，实现与生态合作伙伴和全社会的高效协同，共同发展。公司从硬件、软件、算法、服务、业务等多维度全面携手合作伙伴，打造共建、共赢、共生的智慧物联生态共同体，开展数智化产业升级，加快数智产业化落地，让科技发挥更大效能，让千行百业享受科技的美好。

（六）强化合规建设，营造公正廉洁的合作环境

在业务全球化经营的背景下，公司高度重视业务合规运营，持续优化公司治理和内部控制，提升数据安全和隐私保护水平，强化产品质量体系管理，进一步完善了遵循全球主要经济体出口管制规定的合规体系。公司始终保持稳健的经营策略，开展“一国一策”的风险合规管理。同时，公司一直致力于高标准的行为准则和道德规范，秉持“廉洁大华，正道成功”的宗旨，为员工、供应商和客户构建一个透明、公平、公正、廉洁和诚信的商务合作环境。

（七）秉承“以客户为中心、以奋斗者为本”，打造共同富裕的大华样板

公司始终坚持“以客户为中心、以奋斗者为本”的核心理念，通过以客户为导向的业务流程与组织建设，深化组织能力，推进经营重心下沉；同时深耕高绩效文化，激发奋斗回报，持续推进“员工发展共同体计划”，积极为员工创造价值。

公司启动共同富裕新征程，推进员工共同发展生态建设，在全员职业发展、收入增长、保障和体验提升、社会责任践行等方面不断做出努力，持续提升奋斗者的物质和精神双重富裕，希望通过五年努力，打造共同发展平台和共同富裕的大华样板。

第二十八章

新型显示行业重点企业

第一节　京东方

一、企业总体发展情况

京东方科技集团有限公司（以下简称“京东方”）一直以来专注于为信息交互和人类健康提供智慧端口产品和专业服务，历经多年深耕，如今已发展成为新型显示领域的全球龙头企业及物联网领域的全球创新型企业。2021 年，得益于新型显示行业整体较高景气度及龙头企业优势，公司业绩创历史新佳，全年营收首次突破两千亿元，达 2193.1 亿元，同比增长 61.79%，归母净利润达 258.31 亿元，同比增长 412.96%，毛利率达 28.87%创历史新高，比 2020 年提升了 9.15 个百分点。其中，显示器件业务实现营收 2022.2 亿元，同比增长 64.3%，是公司主要营收来源，占总营收 92.21%。

龙头地位持续稳固，品牌价值显著提升。在 8K、超高刷新率等创新技术带动下，公司显示产品销售面积同比增长 37%，创新应用产品销售面积同比增长 26%。智能手机、平板电脑、笔记本电脑、显示器、电视等五大领域市场占有率持续稳居全球第一；8 英寸以上车载显示面板市场占有率位居全球第一。品牌价值持续升级，首次跻身 Brand Finance 全球品牌价值 500 强，并以 26.74 亿美元的品牌价值蝉联 BrandZ 最具价值中国品牌排行榜 TOP100，同时再次跻身《财富》最受赞赏的中国公司 TOP20。此外，公司正式发布我国半导体显示领域

首个技术品牌——高端液晶显示技术 ADS Pro、高端柔性显示技术 f-OLED、高端玻璃基新型 LED 显示技术 α-MLED，开创了“技术+品牌”双重驱动新纪元。

研发投入不断增长，创新实力持续领先。2021 年公司研发投入首次突破百亿元，达 106.7 亿元，同比增长 39.7%，连续 6 年跻身全球国际专利申请排名 TOP10。特别是在 OLED 领域，公司持续发力，连续为荣耀、OPPO、华硕等全球一线品牌的折叠手机、折叠笔记本等供应基于 f-OLED 高端柔性显示技术的屏幕。柔性 OLED 智能手机面板出货量约 6000 万片，同比增长近 60%，位居国内第一、全球第二。此外，公司接连推出全球首款 55 英寸 8K AMQLED 显示样机、480Hz 超高刷新率电竞显示屏等创新产品，引领显示发展新趋势。

二、企业发展战略

2021 年，京东方提出了面向物联网时代的“屏之物联”发展战略，即明确物联网转型为公司战略方向，充分发挥多年来在半导体显示领域积累的核心能力，抓住数字化时代“屏”无处不在的产业机遇，充分发挥自身“屏”之核心优势，通过集成更多功能、置入更多场景、衍生更多出货形态等方式，加速“显示技术+物联网应用”深度融合，构建“屏即平台、屏即系统”的产业生态，从而不断赋能千行万业，持续提升企业的价值创造能力。在“屏之物联”战略基础上，公司创新提出“1+4+N”发展架构，其中“1”为以显示器件业务能力和资源为核心的母舰平台，累积和沉淀了公司的核心能力和优秀资源，是公司转型发展的策源地和原点；“4”为巡洋舰层，是基于公司核心能力和价值链延伸所选定的高潜航道与发力方向，是公司在物联网转型过程中布局的 4 条主战线，分别为物联网创新业务、传感器及解决方案、MLED、智慧医工；“N”为以“1+4”核心技术产品为基点的登陆舰层，是不断开拓与耕耘的物联网细分应用场景，是物联网转型发展的具体着力点。公司将基于“1+4+N”发展架构，不断推动“屏之物联”发展战略落地，提升自身价值创造能力，持续实现公司的高质量发展。

第二节　TCL 华星光电

一、企业总体发展情况

TCL 华星光电技术有限公司（以下简称“TCL 华星光电”）隶属于 TCL 科技。TCL 华星光电作为头部企业，通过内生增长及外延并购持续扩大规模、优化业务结构，收入及利润创历史新高。2021 年，TCL 华星光电实现销售面积 3949.15 万平方米，同比增长 36%，实现营业收入 881 亿元，同比增长 88.4%，净利润 106.5 亿元，同比增长 339.6%。

大尺寸业务领域，TV 面板市场份额全球第二，55 英寸产品份额稳居全球第一；65 英寸及以上尺寸产品面积占比超过 47%，65 英寸和 75 英寸产品份额提升至全球第二，8K 和 120Hz 高端电视面板市场份额全球第一；非 TV 类业务占比超过 23%；在交互白板、数字标牌、拼接屏等商用市场成为头部客户的核心供应商，其中交互白板市场份额提升至全球第一。中尺寸业务领域，电竞显示器市场份额在四季度跃居全球第一，t3 产线加速中尺寸转型，非手机类产品收入占比提升至 41%，LTPS 笔记本电脑出货量全球第二，LTPS 平板电脑出货量全球第一，车载实现头部国内车厂批量出货和海外重点客户突破，搭载 Mini LED 背光的显示器和笔记本电脑产品与品牌客户达成合作。小尺寸业务领域，t3 产线 LTPS 手机面板出货量保持全球第四，t4 项目第一期已顺利达产，二、三期产能按计划建设，以折叠屏、屏下摄像技术和 LTPO 技术打造差异化，成功实现折叠屏量产供应一线品牌厂，新客户开发取得突破。

二、企业发展战略

TCL 华星光电将继续优化业务组合，加快从大尺寸显示龙头向全尺寸显示领先转型升级。随着 t4 二期和三期产能爬坡，t9 和 t3 扩建，TCL 华星光电产能规模将持续高增长，大、中、小业务布局更加完善；大尺寸业务领域，公司将继续扩大规模，坚持高端产品策略，提升相对竞争优势，率先实现全球领先；中小尺寸以产品线和技术线构建业务矩阵，结合柔性 OLED、LTPS 及模组厂形成多元化业务布局，进行全技术类别产品规划。其中，中尺寸业务领域，重点丰富产品结构，积极导入头部客户，投建新产能建立业务增长新驱动。公司扩建的第 6 代 LTPS LCD 显示面板生产线项目正加快建设，第 8.6 代氧化物半导体新型显示器件生产线 t9 项目已完成厂房建设，预计 2023 年量产。小尺寸业务领域，将通过差异化技术提升产品力，优化客户组合，改善经营指标，同时拓展 VR/AR 新型显示产品。

公司将坚持以效率、效益为经营之本，保持行业领先的盈利能力，通过打造数字化工厂，提升智能制造能力，提升管理效率和工作效率；随着既有产线折旧陆续到期，预计折旧占收入的比例将逐步下降，进一步提升 TCL 华星光电的盈利优势。同时，TCL 华星光电将持续加大研发投入，通过自研、股权投资、战略合作等方式与产业链合作伙伴共同推动印刷 OLED、Mini LED、Micro LED 等新型显示技术发展。TCL 华星光电还积极向下延伸价值链，通过扩充自建模组产能并收购茂佳科技及三星模组厂，进一步提升公司在价值链上的地位与盈利能力。公司基于规模效应与供应链协同的核心竞争优势将进一步加强，在行业景气复苏和竞争格局优化大背景下，TCL 华星光电将迎来规模高速增长叠加行业改善的双驱动发展阶段，行业地位和综合竞争力将进一步增强。

第三节　天马

一、企业总体发展情况

天马微电子股份有限公司（以下简称“天马”）持续深耕中小尺寸显示领域，重点聚焦智能手机、智能穿戴等移动智能终端显示市场，车载、医疗智能家居、工控手持等专业显示市场，同时积极布局以笔记本电脑、平板电脑为代表的 IT 显示市场，拓展基于 TFT 面板驱动技术的非显业务，并不断提升技术、产品和服务能力。公司在深圳、上海、成都、武汉、厦门、日本建有产业基地，在欧洲、美国、日本、韩国、印度及中国香港等地设有全球营销网络，为客户提供定制化显示解决方案和快速服务支持。

2021 年，公司实现营业收入 318.29 亿元，同比增长 8.88%；实现净利润 15.42 亿元，同比增长 4.61%。成熟产线持续满产满销，AMOLED 产能不断释放，公司行业和市场地位进一步巩固；公司 LTPS 智能机、车载 TFT、车载仪表出货量全球第一，刚性 OLED 智能穿戴出货量全球

第二，并在高端医疗、智能家居、工业手持、人机交互等多个细分市场保持全球领先。具体地，移动智能终端领域，OLED 业务出货量同比翻番，LTPS 智能手机业务持续领先，平板电脑和高阶笔记本电脑合计销售收入同比增长超 500%，a-Si 业务基本保持稳定；专业显示业务领域，凭借头部企业优势，公司新项目导入和渗透率持续提升，2021 年专显业务营收突破 100 亿。车载 TFT 销售额同比增长超 27%，其中车载 LTPS 当期销售额增长逾 300%，车载复杂模组当期销售额增长明显；专业显示多个细分市场保持领先，市场份额进一步提升；非显业务实现小批量出货，实现从技术可行到商业订单的突破。

二、企业发展战略

公司坚持创新驱动，重点突破与推广先进应用技术，同时布局前沿技术。终端显示领域，公司在 SLT-LCD、LTPS TFT-LCD、AMOLED、触控一体化技术、柔性显示、Force Touch TED Plus、屏下/屏内指纹识别、Mini/Micro LED 等方面取得了诸多积极成果，获得行业和客户高度认可，并多次获得创新产品与应用奖项。专业显示领域，公司拥有一支扎根车载显示领域多年的专业化车载研发队伍，在积极探索前沿技术的同时，快速转化商业应用并充分保障量产品质，在不断优化现有方案的同时，进行技术创新，开发出了更高显示性能、更高可靠性、更多造型、更丰富交互的车载产品，实现了超薄窄边框、大尺寸、高透高亮高对比、超宽温、抗干扰、整合触控、指纹/人脸/手势识别、3D 立体悬浮、定向声显示技术等高品质与高性能技术综合应用，可以提供从包括仪表、中控、抬头显示、后座娱乐等一站式一体化的智能座舱解决方案。公司积极布局基于面板工艺与 TFT 驱动技术的非显示应用技术开发，在液晶天线、微流控、面板级封装、智能调光、大面积指纹识别、柔性传感器等领域开展技术开发与合作，并在部分领域实现商业化突破。

公司拥有或正在建设第 2 代至第 6 代 TFT-LCD（含 a-Si、LTPS）产线、第 5.5 代 AMOLED 产线、第 6 代 AMOLED 产线，以及 TN、STN 产线。随着 TM18 的点亮，将进一步提升公司在中小尺寸高端显示特别是柔性 AMOLED 领域的市场地位。公司各产线间通过集团化统一管理、高效协同，为客户提供多元化的显示解决方案。

第二十九章

电子原材料元器件行业重点企业

第一节　江化微

一、总体发展情况

江阴江化微电子材料股份有限公司（以下简称“江化微”）成立于2001年，专业从事超净高纯试剂、光刻胶配套试剂等湿电子化学品的研发、生产和销售，2017年在上海证券交易所上市。江化微率先突破光刻胶配套产品生产技术，具备平板显示、半导体及光伏太阳能三大领域全系列湿电子化学品供应能力。公司实现中电熊猫、京东方、TCL华星光电等面板客户高世代线领域湿电子化学品的国产化替代，半导体领域拥有士兰微、中芯国际、长电科技等知名客户，并有望拓展至12英寸晶圆等高端市场。2021年公司营收7.92亿元，同比增长40.5%。2021年，国内芯片短缺更严重，随着下游半导体芯片及其封装客户产能持续拉升，公司销售收入取得较大增长。公司以市场开拓为重点，抓住下游产业发展机遇，主动调整产品结构，继续提高产品附加值更高的半导体、平板显示行业用湿电子化学品比例，提高销售规模。

二、企业发展战略

江化微将深耕湿电子化学品领域，专注于高纯湿电子化学品的研发、生产和销售，以技术为先导，自主研发、与客户共同研发及“产学研用”相结合，不断实现产品的升级换代；以服务为依托，秉持“为客

户提供价值”及“同客户共同成长”的理念，逐步增强综合配套服务能力，最终成为国际电子化学品研发的引领者和高端配套服务提供商。

三、重点领域发展情况

（一）三大基地新产能集中释放，扩展高端市场

公司江阴基地 3.5 万吨新产能于 2020 年投产，四川基地 6 万吨，镇江基地一期 5.8 万吨新产能均在 2021 年陆续投产。公司产能的集中释放，配合我国面板、半导体产能扩张，公司长期发展空间打开。江阴作为公司综合性生产基地具备 9 万吨产能，产品覆盖平板显示、半导体、光伏等全领域。四川基地重点配套西南地区平板显示客户，确保客户供货安全，就近化生产也使得公司未来运输费用等实现节约。镇江基地总规划产能 22.8 万吨，重点面向半导体行业客户，产品进一步升级至 G4-G5 级别，助力公司扩展高端市场。

（二）注重研发打造核心竞争力，产品结构持续升级

公司是国内为数不多的具备为平板显示、半导体及 LED、光伏太阳能等多领域供应湿电子化学品的企业之一。公司已为 6 代、8.5 代、10.5 代高世代线平板显示生产线供应高端湿电子化学品，在高端湿电子化学品领域逐步替代进口。公司利用自身专业的研发团队，研发出具有国际水平产品的生产配方，先后有高效酸性剥离液、铝钼蚀刻液、低温型水系正胶剥离液、低张力 ITO 蚀刻液、高分辨率显影液、二氧化硅蚀刻液、钛—铝—钛金属层叠膜用蚀刻液等产品被江苏省科学技术厅评定为高新技术产品。公司已经具备 G3～G4 等级产品的规模化生产能力，并有望进一步拓展至 G5 等级，产品结构持续升级。凭借多年的技术优势，公司在半导体及 LED 领域拥有士兰微、长电科技、华润微电子、中芯国际、上海旭福电子、无锡力特半导体、方正微电子、华灿光电等知名企业客户；在平板显示领域拥有京东方、中电彩虹、宸鸿集团、龙腾光电、深天马、TCL 华星光电等知名企业客户；在太阳能领域拥有通威太阳能、晶澳太阳能、韩华新能源等知名企业客户。

第二节　中环股份

一、总体发展情况

天津中环半导体股份有限公司（以下简称“中环股份”）成立于1999年，前身为1969年组建的天津市第三半导体器件厂，2004年完成股份制改造，2007年在深圳证券交易所上市。中环股份专注单晶硅的研发和生产，主营业务以单晶硅为起点和基础，形成半导体材料与器件、新能源材料与器件、光伏发电、金融及其他四大业务板块。中环股份主导产品半导体区熔硅单晶的国内市场占有率在70%以上，产量和市场占有率已连续多年居国内同行业首位，产销规模居世界第三位。中环股份先后突破8英寸、12英寸集成电路用抛光片生产技术，并实现了批量供应。

2021年，公司实现营业收入411.05亿元，同比增长115.70%；经营性现金流量净额42.82亿元，同比增长49.77%，含银行汇票的经营性现金流量净额87.09亿元；净利润44.35亿元，同比增长200.58%；归属于上市公司股东的净利润40.30亿元，较上年同期增长270.03%。

通过创新驱动发展，经营提质增效，公司各业务板块实现绩效同步大幅增长。2021年是公司完成混合所有制改革的第一个完整经营年，也是公司实现跨越式发展的一年。这一年，公司把握战略机遇，围绕“新能源光伏全球领先战略，半导体材料追赶超越战略”推进公司高质量发展。通过体制机制改革、优化资本结构，生产与经营活力加速释放，2021年业绩倍增计划圆满超额达成。

二、企业发展战略

中环股份重新制定了“9205”五年战略规划，提出实现半导体光伏新能源产业全球领先，半导体材料中国领先的发展战略目标，推进公司高质量发展。半导体材料方面，公司坚定实施“国内领先、全球追赶”战略。公司把握战略机遇，围绕“新能源光伏全球领先战略，半导体材料追赶超越战略”推进公司高质量发展。

三、重点领域发展情况

（一）光伏硅片业务

公司作为光伏产业的创变者与引领者，将秉承集约创新、集成创新、联合创新、协同创新的理念，加速优势产能建设和制造转型。晶体宁夏银川 50GW（G12）太阳能级单晶硅材料智能工厂于 2022 年 1 月 17 日首颗 G12 单晶顺利下线，晶片加速推进年产 25GW 高效太阳能超薄硅单晶片智慧工厂项目（“DW 三期”）和年产 30GW 高纯太阳能超薄硅单晶材料智慧工厂项目（“DW 四期”）建设。全部项目设计为工业 4.0 智慧工厂，实现柔性制造，为 G12 产品赋能，扩大公司 G12 单晶硅产品量产规模优势，并与上下游产业链协同、共享发展。

（二）光伏电池/组件

公司将在 2022 年争取业务突破。公司始终秉承高度尊重知识产权，持续专注于具有知识产权保护的、行业技术领先的叠瓦组件产品的科技投入和工艺创新，加速“G12+叠瓦”技术平台导入，推动整个光伏链条的技术能力与商业价值提升，以差异化保持持续的性能领先。基于 MAXEON 公司拥有的 IBC 电池组件、叠瓦组件的知识产权和卓越的研发能力，公司推动 MAXEON 在全球范围内进一步拓展电池、组件的制造体系和地面式电站、分布式电站的市场开发业务，快速建立海外产业布局和全球供应链体系。

（三）半导体材料

公司坚定实施“国内领先、全球追赶”战略，通过项目加速，实现产能倍增，在稳定产品质量同时快速提高客户交付能力，全面对标国际先进厂商。同时，基于长期积累形成的精益和工程师文化，以及人才团队和核心 Know-how，提升 Total Solution 全面解决方案能力，推动产品拓展和产业扩张。通过搭建全球化营销网络布局，提升客户满意度以及全球客户综合服务能力，打造全球市场“领先”品牌。到 2023 年底，公司计划实现 6 英寸及以下 110 万片/月、8 英寸 100 万片/月、12 英寸 60 万片/月的产能目标。

第三节 生益科技

一、总体发展情况

广东生益科技股份有限公司（以下简称“生益科技”）成立于1985年，是我国最大的覆铜板生产企业；1998年在上海证券交易所上市，是目前国内唯一一家覆铜板上市公司。主要产品有各类覆铜板和黏结片、印制线路板。生益科技技术力量雄厚，是东莞市为数不多的拥有国家级企业研究开发中心的企业之一，产品质量始终保持国际领先水平。

得益于电子细分市场如数据中心、云服务器等行业需求的增长，2020年PCB市场强势反弹并实现了6.4%的增速，公司产品销量仍然保持良性增长，覆铜板销售1.03亿平方米，同比增长10.01%，黏结片销售1.38亿米，同比增长11.72%，印制电路板销售81.12万平方米，同比增长4.01%。据CINNO Research数据，2021年全球百强PCB企业的市场规模超过760亿美元，同比增长20.2%。根据集团经营计划，2021年经营硬板覆铜板9754万平方米，黏结片1.41亿米，挠性板1269万平方米，线路板110万平方米。未来公司有望在5G时代行业需求保持高景气的情况下实现业务的快速增长。

二、企业发展战略

生益科技紧紧围绕“以客户为中心，以价值为导向”的核心理念，不断夯实管理基础，提升竞争力。通过工作分析及流程诊断，并辅以绩效推动，整体效能获得了实质性的提升；深入实践具有自身特色的阿米巴管理模式STPCM，结合持续改善管理概念以及智能制造，创造了可观的直接经济效益，并为更精益的生产管理和更稳定的产品品质提供强有力的支持。

三、重点领域发展情况

（一）坚持技术创新引领，不断提升技术能力

2021年，技术中心结合公司发展战略进一步优化架构设置，增设

车载项目部，系统分析车载产品市场需求及技术发展趋势，对车载产品进行深度技术研究，进一步完善车载产品的运作体系，不断提升公司汽车电子产品的技术能力和综合管理能力。同时进一步完善 NPI（新产品导入）管理制度，对所有 NPI 项目进行全面分析、系统跟进和闭环管理，并重点对封测产品、Mini LED、高厚径比+深微盲孔、高层对准度等项目进行技术攻关。

（二）系统开展东城工厂四期和研发中心建设项目

东城工厂（四期）5G 应用领域高速高密印制电路板扩建升级项目和研发中心建设项目在确保“零”安全问题、“零”质量问题的前提下如期推进，达成既定年度目标。东城工厂（四期）项目已经于 2021 年 12 月完成主体结构封顶，研发中心建设项目已经于 2022 年 1 月完成主体结构封顶。获得“东莞市房屋市政工程安全生产文明施工示范工地”“广东省建筑业绿色施工示范工程”“东莞市房屋市政工程优质结构奖”荣誉，且“广东省房屋市政工程双优”初评已通过。

第四节　宁德时代

一、总体发展情况

宁德时代新能源科技股份有限公司（以下简称“宁德时代”）成立于 2011 年，是全球领先的动力电池系统提供商，专注于新能源汽车动力电池系统、储能系统的研发、生产和销售，在电池材料、电池系统、电池回收等产业链的关键领域具有核心技术优势，初步形成了全面、完善的生产服务体系。2018 年，宁德时代在深圳证券交易所创业板上市，成为我国动力电池领域上市第一股。

宁德时代 2021 年实现营业收入 1303.56 亿元，同比增长 159.06%；实现归母净利润 159.31 亿元，同比增长 185.34%。动力电池系统实现营业收入 914.91 亿元，同比增长 132.06%，仍是宁德时代营业收入的主要来源，但营收占比由 78.35%下降至 70.19%。锂电池材料、储能系统分别贡献了 11.86%和 10.45%的营收。其中储能系统增速最快，同比增长达 601.01%；得益于金属价格上涨，宁德时代印尼镍铁生产项目投产，锂电材料销售收入也同比增长350.74%。

根据SNE Research统计，公司2017—2021年动力电池使用量连续五年排名全球第一，2021年宁德时代动力电池使用量市场占有率为32.6%。2021年全球前十动力电池企业使用量占比为91.2%，其中排名前三名分别为宁德时代、LG化学、松下电器。根据ICC鑫椤资讯数据，2021年公司全球储能电池产量市场占有率第一。

二、企业发展战略

宁德时代秉承做世界一流的创新科技公司的宗旨，专注于新能源汽车动力电池系统、储能系统的研发、生产和销售，致力于为全球新能源应用提供一流解决方案。以客户需求为价值导向，坚持面向应用的产品技术创新，深入理解并快速响应客户需求，同时积极布局锂电池回收业务，构建可持续发展的绿色产业链。宁德时代将坚持创新为主，围绕材料体系、系统结构、极限制造、商业模式四大创新方向，持续强化技术、品质和成本优势。建立供应链上下游协同的创新体系，应用行业先进的设计理念，研究开发高能量密度、高可靠性、高安全性、长寿命的电池产品和解决方案，以产品在技术上领先同侪、实现卓越制造和精益管理的核心理念应对市场竞争。

三、重点领域发展情况

（一）锂电池产能加速扩张

动力电池系统销售系公司主要收入来源，公司动力电池系统销售收入为9149077.45万元，同比增长132.06%。公司深化与特斯拉、现代、福特、戴姆勒、长城汽车、理想、蔚来等全球客户的长期战略合作，与特斯拉于2021年6月签订的供货框架协议约定公司将在2022年至2025年期间向特斯拉供应产品。公司加强产品研发，持续提升产品竞争力，第二代磷酸铁锂CTP产品实现大批量交付，高电压三元产品在700km续航以内的乘用车上得到大规模应用，磷酸铁锂量产供货电芯能量密度最高已达200Wh/kg，第二代无热扩散的电池系统已获得多个国内外客户的认可。此外，公司海外订单交付规模快速提升，海外业务逐渐成熟。

（二）动力电池全球龙头地位明确，攻克核心技术难题

公司实现储能系统销售收入为1362383.47万元，同比增长601.01%。公司主要储能应用领域为表前市场，含发电侧与输配电侧。公司积极开拓客户，与国家能源集团、中国能建、中国华电、三峡集团、阳光电源、阿特斯、伊顿（EATON）等企业签署战略合作协议。由公司牵头承担的国家重点研发计划“智能电网技术与装备”中的重点专项“100MWh级新型锂电池规模储能技术开发及应用”项目，攻克了12000次超长循环寿命、高安全性储能专用电池核心技术难题，掌握了大规模储能电站的统一调控、电池能量管理等系统集成技术。

（三）储能电池开始放量，销量将持续高增长

宁德时代2021实现锂电池材料销售收入1545661.22万元，同比增长350.74%。受下游新能源车需求拉动，客户对电池材料需求旺盛，公司锂电池材料销量随之增长，同时主要金属市场价格上涨，公司产品售价随金属市场价格波动，带动收入增长。此外，公司印尼镍铁生产项目投产，新增锂电材料产能。

第五节　横店东磁

一、总体发展情况

横店集团东磁股份有限公司（以下简称“横店东磁”）于1999年成立，主要从事磁性电子元件的研发、生产和销售，后扩展至光伏及其他领域，2006年在深圳证券交易所上市。横店东磁目前是全球最大的永磁铁氧体生产企业，也是我国最大的软磁铁氧体生产企业之一。

受磁性材料传统应用市场需求萎缩、竞争白热化及太阳能光伏产品价格大幅下跌等因素影响，2019年横店东磁发展压力增大，主要经营指标保持微弱增长。2021年实现营业收入126.05亿元，同比增长55.50%；归母净利润为11.14亿元，同比增长9.96%。横店东磁表示，主要系随着公司光伏、锂电、磁材等新建项目的投产，公司营业收入实

现了较高速增长，但受原材料涨价、海运费暴涨等因素影响，造成产品成本增加，毛利率有所下降，从而使得归属于上市公司股东的净利润的增长幅度小于营业收入的增长幅度。

截至 2021 年 12 月 31 日，公司磁性材料产业具有年产 20 万吨铁氧体预烧料、16 万吨永磁铁氧体、4 万吨软磁铁氧体、2 万吨塑磁的产能，是国内规模最大的铁氧体磁性材料生产企业；器件产业具有年产 4 亿只振动马达的产能；新能源产业具有年产 8GW 电池、3.5GW 组件和 2.5GWh 锂电池的内部产能。

二、企业发展战略

横店东磁围绕“做强磁性、发展能源、适当投资”的发展战略，通过加大磁性材料+器件、光伏+锂电产业的资本开支，进一步提升产能和市场占有率，通过加大新材料、新领域、新器件等方面的研发支出，培育孵化新产业；通过智能化、自动化、信息化工厂的复制，进一步实现数字化转型引领公司智造升级。

三、重点领域发展情况

（一）磁性材料+器件产业，充足高质量发展后劲

横店东磁将磁性材料产业的发展往横向、纵向延伸，在做广材料的基础上，做深元器件，持续推进智能制造，优化产品结构，提升新基建等领域的扩展能力，强化自身技术、产品创新、成本管控能力，进一步打开产业增长空间。永磁产业通过粘住客户，进一步提升市场占有率；软磁产业通过 5G 新项目开发，使得 MnZn 产品高速增长；塑磁产业也通过稳拓挖增积极抢占国内市场；振动器件产业在保持手机领域市场占有率提升的同时，开发大尺寸线性马达布局汽车电子、健康护理等领域；电感产业通过前期布局，已向汽车电子领域实现了批量供货；环形器/隔离器取得部分国际知名企业认可，实现小批量供货。

（二）光伏+锂电产业，注入高速发展新活力

横店东磁持续加强组织建设，加大技改升级力度，使得产品质量、

转换率大幅提升；高效电池和组件项目建成投产，产能释放强劲；通过减员降耗，提升产量良率，降本效果显著；积极开拓组件差异化市场，综上使得其收入和利润同比大幅增长。另外，为加大国内市场开发，公司在江苏设立合资公司投资年产 2GW 高效组件项目；锂电产业围绕小动力市场，拓展多元化市场，不断提升优质客户占比，逐步实现了满产满销，经营业绩扭亏为盈。同时，为了满足客户的需求，公司适时加大了锂电池产业的布局，新增投资年产 1.48 亿支高性能锂电池项目。

（三）科技创新激发高质量发展新动能

公司以自主研发为主，建立了事业部级以客户需求为核心的研发、研究院以前瞻性新型产业和高端产品研发相结合的模式。研究院在不断的探索和尝试中逐步理顺研究方向，重点布局新材料、新领域、新市场、新器件，培育孵化新产业，组织技术创新项目 40 余项。研究院以飞地建设了上海研发中心，让公司立足长三角，放眼全世界，与更多高层次人才合作。

第六节　长飞光纤

一、总体发展情况

长飞光纤光缆股份有限公司（以下简称“长飞光纤”）创建于 1988 年 5 月，原名为长飞光纤光缆有限公司，2013 年 12 月完成股份制改造，正式更名。长飞光纤由中国电信集团公司、荷兰德拉克通信科技公司、武汉长江通信集团股份有限公司共同投资。总部位于武汉市东湖高新技术开发区关山二路四号，是我国目前产品规格最齐备、生产技术最先进、生产规模最大的光纤光缆产品及制造装备的研发和生产基地之一。长飞光纤拥有最完备的光纤及光缆产品组合，为全球通信行业及其他行业提供各种光纤光缆产品，涉及广播及电视通信网络、公用事业、运输、石油化工及医疗。2014 年 12 月，长飞光纤在香港联交所正式上市。2018 年 7 月，长飞光纤在上海证交所上市，成为中国光纤光缆行业唯一一家也是湖北省首家 A+H 两地挂牌上市的企业。

2021 年，国际疫情依然严峻、国内市场极限价格压力还未缓解。长飞公司国际业务取得新突破，多元业务布局趋于完善。公司营业收入约为 95.36 亿元，较 2020 年增长约 16%；毛利润约 18.72 亿元，较 2020 年增长约 13.6%；归属于母公司股东的净利润约 7.1 亿元，较 2020 年增长约 30.3%，基本每股盈利为 0.94 元。

二、企业发展战略

长飞光纤秉承“智慧联接 美好生活”的使命，通过实施全业务增长、多元化、国际化等战略举措，致力成为全球领先的信息传输与智慧联接领域产品与解决方案的提供商。2021 年，面对普通光缆产品的竞争及价格压力，公司一方面将继续保持行业内领先的生产效率及成本水平，另一方面将进一步推广新型产品、加大差异化竞争力度。

三、重点领域发展情况

（一）强化技术创新化研发，探索新增长点

公司在成功实现光纤产业链完全自主的基础上，加大 5G 用新型光纤的研发，在通信光纤领域，全球首创用于 5G 前传的色散平坦光纤，自主研发的多芯少模光纤全球领先。同时，由长飞制定国际标准的超低衰减大有效面积光纤，助力中国移动研究院完成了目前全球最长的 800G 长距离传输技术研究和测试，为 5G 网络规模商用奠定基础，接下来公司将强有力地支持国家“双碳”战略和“东数西算”工程中的网络互联。随着“东数西算”工程正式启动，公司作为新基建代表，数据中心产业链条长、覆盖范围广、带动效应强，有望充分受益于“东数西算”工程推进，有利于公司 2022 年至 2023 年的毛利率和盈利的提升。

（二）持续拓展多元化业务，巩固市场地位

2021 年，新型基础设施建设加快部署，5G 网络、工业互联网、人工智能、大数据中心、自动驾驶等领域均在蓬勃发展。目前数据中心内部数据的传输主要由多模光纤光缆产品进行，公司具备全球领先优势的多模产品在 2021 年快速发展，销量和收入均实现较快增长。在光模块

及光器件领域，公司持续改善预制棒、光纤及光缆生产工艺，提升智能制造水平，优化生产效率及成本结构，拓展了新型产品的应用场景，并持续提升生产效率，成功巩固了光纤光缆主业在全球领先的市场地位。公司于 2021 年 11 月获评武汉十大智慧标杆工厂。2021 年 5 月，公司全流程数字化供应链入选商务部发布的第一批全国供应链创新与应用示范城市和示范企业名单，充分彰显公司供应链系统反应速度和稳定性已处于行业领先水平。

（三）深度实施国际化战略，拓展发展空间

2021 年，全球数字化进程加速，各国不断强化对通信网络基础设施建设投资。公司通过突破、深耕、集成、培育四大差异化战略提升国际化竞争力，并充分利用市场增长的契机，根据东南亚、非洲、拉美等各海外主要目标市场区域的需求状况及利润水平，合理统筹产能规划，实现了海外业务收入的快速增长。2021 年，公司海外业务收入达 30.86 亿元，同比增长约 46.79%，并首次达到了公司全年收入的 30%以上，实现了阶段性突破。其中，公司位于秘鲁和菲律宾的海外通信网络工程项目克服疫情困难，按期完成了建设节点目标，取得了当地运营商客户的高度认可，获得了后续项目订单。

第七节　中航光电

一、总体发展情况

中航光电科技股份有限公司（以下简称“中航光电”）隶属于中国航空工业集团有限公司，其前身是洛阳航空电器厂，成立于 1970 年，2002 年 12 月实施整体改制，2007 年在深圳证券交易所上市。中航光电一直致力于国际先进的光电连接器技术研究，是国内最大的光电连接器专业化制造企业，主要产品包括光电连接器、光器件及光电设备、线缆组件及集成产品、流体器件及液冷设备等，广泛应用于航空、航天、军用电子、舰船、通信与数据中心、轨道交通、新能源汽车、电力、石油装备、医疗设备、智能装备等防务及高端制造领域，远销欧洲、美国、

加拿大、韩国、印度等30多个国家和地区。

2021年实现营业总收入129亿元，上年同期103亿元，较上年同期增长25.18%；营业利润为22.46亿元，上年同期16.62亿元，增幅为35.13%；利润总额为22.67亿元，上年同期16.81亿元，增幅为34.89%。

二、企业发展战略

中航光电编制“十四五”规划，明确迈向“全球一流”目标路径；集团化国际化布局加速，重组轨交业务，兴华华亿实现“混改”，建立轨交业务新平台，规划筹建华南产业基地，积极推进海外布局。母子公司协同共进发展，子公司经营业绩持续提升。中航富士达成功实现全国首批、央企首家新三板精选层挂牌，开启二次创业新征程。

三、重点领域发展情况

（一）构建产业发展新格局，开创市场发展

中航光电践行创新驱动发展战略，科学编制“十四五”及2035年技术产品发展规划，明确未来产业发展方向；推进“领先创新工程”，高速传输、深水密封等关键技术比肩国际先进水平；推进“核心工艺能力提升工程”，精密成型及微组装等核心工艺能力大幅提升；开展“制造技术升级工程”，自动化设备的投用有效提升自动化水平；新能源交流充电产品自动化生产线等研制成功，在同类自动装配技术中达到行业先进水平；首个连接器产品智能化车间全面投入试运行，产品生产向智能制造迈进。中航光电全力保障防务领域配套交付，重点配套保障大型水陆两栖飞机AG600实现海上首飞，持续进行业务推广，成为国内首家进入商飞合格供方目录的连接器供应商；站稳国内5G市场；新能源汽车领域实现“国际一流、国内主流”转型发展，全年完成多个重点车型项目定点。公司工业领域增幅显著，医疗行业实现翻番增长，消费出行业务初具规模。国际业务保持较快发展速度，成功拿下多个重点平台项目。

（二）转型升级，提质增效，实现持续发展

中航光电持续推进“供应链管理提升工程”，建立供应链系统自评

价机制，完善差异化采购管理模式；开展“质量提升工程”，优化公司质量管理体系架构；推进“成本效率工程”，深入经营管理活动开展全价值链成本管理，降本净额成绩突出，系统建立效率提升管理机制，人均销售收入有效提升；构建多元化薪酬分配体系，优化公司薪酬分配机制，创新薪酬分配策略与模式，完善以价值创造为分配基础、薪酬分配驱动价值创造的薪酬体系；加速推进两化融合；全年开展管理创新及群策群力项目 2100 余项。

（三）全面夯实基础管理，保障高质量发展

推进保密与业务深度融合，建立保密管理体系平台，强化商密管理；深入推进审计全覆盖，持续加强审计制度体系建设，狠抓审计发现问题整改；坚持依法治企，合规经营，推动事业部法治合规体系建设。全年风险管理、信访维稳、情报档案、计量管理、设备管理、节能环保、安全生产、保卫保密等各项基础管理工作有序开展，为公司实现高质量发展提供了强有力保障。

第八节　捷捷微电子

一、总体发展情况

江苏捷捷微电子股份有限公司（以下简称“捷捷微电子”）创建于 1995 年，专业从事功率半导体芯片及器件研发、制造和销售，具备先进的芯片技术和封装设计、制程及测试的 IDM 业务体系，现有五条半导体功率器件产品线，2017 年在深圳证券交易所创业板上市。捷捷微电子主营产品为各类功率半导体芯片和器件，主要应用于家用电器、漏电断路器、电力模块、通信网络、IT 产品、汽车电子等领域。

得益于计算机、通信、消费电子等终端市场需求的拉动，在我国以物联网、轨道交通、节能环保、新能源汽车等新兴市场的快速发展带动下，我国功率半导体市场需求持续增长，捷捷微电子保持快速发展势头。

2021 年，捷捷微电子公司实现营业收入 177280.09 万元，较上年同

期增长 75.37%；营业利润 57046.54 万元，同比增长 75.56%；利润总额 56918.85 万元，同比增长 75.43%；净利润 49249.49 万元，同比增长 74.44%；归属于上市公司股东的净利润 49705.69 万元，较上年同期增长 75.34%。基本每股收益 0.68 元，同比增长 74.36%。

二、企业发展战略

捷捷微电子将以《“十三五”国家战略性新兴产业发展规划》《国家集成电路产业发展推进纲要》等为指引，聚焦主业，基于顾客价值创造，正确认知与选择，砥砺创造与创新，保持对研发和创新的高投入，坚持以市场为导向，坚持创新驱动，坚持以质量为主要竞争优势，矢志不渝地深耕功率半导体器件领域，成为具有国际竞争力的功率半导体器件品牌制造商。

三、重点领域发展情况

（一）强化产品竞争力，积极扩展产业链

捷捷微电子坚持以市场为导向，以平台和品牌为引擎，技术立足，创新引领，细分、优化、拓展业务板块，打造优秀团队和高效的组织架构与营运机制，提升产品应用领域，实现转型升级。加强生产线、产能和产品规划，推动可控硅（IDM）、二极体芯片及器件和 FRD（IDM）、MOSFET（Fabless+封装测试→IDM）、IGBT（Fabless+封装测试→IDM）、光电耦合器件（Fabless+封装测试→IDM）、汽车用半导体功率器件（IDM）等，以及碳化硅、氮化镓等新产品发展。

（二）增强综合竞争力，提升行业地位

捷捷微电子强化创新发展能力，聚焦进口替代，打造具有国际竞争力的一流产品线，不断提升国内、国际市场影响力；积极拓展“方片式”塑封晶闸管器件、功率半导体防护器件的市场份额，布局特色 FRD、高端整流器产品线，加快功率 MOSFET、IGBT、碳化硅、氮化镓等新型电力半导体器件的研发和推广。

（三）实施知识产权提升战略，构建防护体系

捷捷微电子进一步强化企业的知识产权意识体系、知识产权开发（创新）体系、知识产权运用体系、知识产权管理体系、知识产权防护体系，将知识产权思维贯穿到企业发展和企业运营的全过程中。建立专利数据库，实时掌握竞争对手专利状态，建立专利管理机制、专利奖励机制。制定企业商业秘密保护方案和规章制度，明确商业秘密内容和等级，通过教育、培训等多种方式强化企业全体员工的商业保密意识。

政　策　篇

第三十章

2021年中国电子信息产业政策环境

2021年，国家高度重视电子信息产业发展，在电子信息产业基础研究、产业强链补链和供应链保障、信创产业发展、关键技术攻关创新、战略性前沿性技术攻关、重点产业生态打造、产业提质升级等方面出台扶持政策，加快推进产业创新发展。

一、高度重视产业基础研究

产业基础研究是推动产业创新发展的根本和关键，美国一直高度重视电子信息产业领域基础研究，通过基础研究驱动产业创新发展。近年来，国家对电子信息产业基础研究日益重视，国家"十四五"规划纲要提出要"充分发挥国家自然科学基金等要素带动效应，大力推进基础学科理论研究，优化前沿交叉学科布局，推进信息科学基础学科与应用学科协调发展。支持开展跨学科、跨专业研究，加强共性基础技术供给"。同时加强基础研究与技术攻关、成果转化的衔接，国家"十四五"规划纲要提出要"推动国家科技计划部署有机衔接，强化基础研究、技术攻关到应用示范的全链条协同创新"。

二、推进产业强链补链和供应链保障

国家"十四五"规划纲要对产业强链补链和供应链保障提出了具体部署，提出要坚持自主可控、安全高效，推进产业基础高级化、产业链现代化，保持制造业比重基本稳定，增强制造业竞争优势，推动制造业高质量发展。在产业基础再造方面，要求加快补齐基础零部件及元器件、

基础软件、基础材料、基础工艺和产业技术基础等瓶颈短板；依托行业龙头企业，加大重要产品和关键核心技术攻关力度，加快工程化产业化突破。在供应链安全保障方面，要求坚持经济性和安全性相结合，补齐短板、锻造长板，分行业做好供应链战略设计和精准施策，形成具有更强创新力、更高附加值、更安全可靠的产业链供应链。

三、大力扶持信创产业发展

2021 年我国信创产业政策扶持力度持续加强，信创产业规模加速扩大，产业结构加速完善，形成了从芯片、服务器、中间件、操作系统到应用软件的核心技术产业链发展态势，软硬件适配工作和应用生态构建如火如荼进行中。从国家层面来看，国家"十四五"规划纲要提出"迎接数字时代，激活数据要素潜能，推进网络强国建设，加快建设数字经济、数字社会、数字政府"，大力推动信息技术应用创新产业发展，加快在数字经济、数字社会、数字政府等领域创新应用，将会为信创新产业发展提供广阔的发展机遇。从行业发展层面看，2021 年是我国一路高歌猛进推进信创产业发展，金融、交通、能源、水利等行业纷纷出台相关政策，推进自主可控产品的应用，加快国产化替代，确保关键基础设施安全可控。从地方层面来看，包括北京、天津、上海、广州、深圳等数十个地方制定了系列扶持信创产业发展的相关政策，较多布局了信创产业园建设，加强了对信创企业落户、人才引进、税收减免、政府采购等扶持力度。

四、加快推进关键技术攻关创新

关键技术攻关创新是推动电子信息产业发展的关键，我国电子信息产业领域存在较多关键核心技术亟待突破，最近几年来，国家加大了此方面政策扶持力度。国家"十四五"规划纲要对电子信息产业发展的技术制约问题做出了具体的规划部署，提出要"从国家急迫需要和长远需求出发，集中优势资源攻关关键元器件零部件和基础材料等领域关键核心技术"，同时要求针对前沿领域加快项目推出，提出要"瞄准人工智能、量子信息、集成电路等前沿领域，实施一批具有前瞻性、战略性的

国家重大科技项目”。国家“十四五”信息化规划对推进关键信息技术创新路径和措施做出了部署，提出“完善信息领域关键核心技术创新顶层设计，实行‘揭榜挂帅’等制度，深化创新链与产业链、资金链、人才链、政策链相互融合支撑，提高创新链整体效能。统筹通信技术、先进计算、安全技术等领域的产业布局。强化市场化和产业化引导，加强重点领域核心技术短板重点突破和集中攻关。”

五、布局战略性前沿性技术攻关

战略性前沿性技术布局关系到产业的未来发展，每一种新的技术出现都会对产业发展产生影响，甚至会引起产业发展新的颠覆。近年来，国家高度重视战略性、前沿性、原创性、颠覆性技术等布局，2016 年 4 月 19 日，习近平总书记在全国网络安全和信息化工作座谈会上对“基础技术、通用技术、非对称技术、‘杀手锏’技术、前沿技术、颠覆性技术”等做出了部署。“聚焦量子信息、光子与微纳电子、网络通信、人工智能等重大创新领域组建一批国家实验室。在类脑智能、量子信息、基因技术、未来网络等前沿科技和产业变革领域，组织实施未来产业孵化与加速计划，谋划布局一批未来产业。”国家“十四五”信息化规划提出“瞄准可能引发信息化领域范式变革的重要方向，前瞻布局战略性、前沿性、原创性、颠覆性技术。加强人工智能、量子信息、集成电路、空天信息、类脑计算、神经芯片、DNA 存储、脑机接口、数字孪生、新型非易失性存储、硅基光电子、非硅基半导体等关键前沿领域的战略研究布局和技术融通创新”。

六、推进重点产业生态打造

国家“十四五”信息化规划对信息产业生态打造做出了详细的部署。在产业生态协同打造方面，要求推动科研创新、产业发展、市场应用、标准制定、认证认可、检验检测、人才培养、资本运作各方面协调发展。在研用互动方面，要求推动政务、电信、金融、医疗、能源、建筑、制造等行业融入国内核心技术生态，鼓励引导更多行业参与核心技术生态建设。在开源社区建设方面，要求加速推进国内开源开放社区建设，营

造参与者平等获取发展收益的运营机制，引导国内开源创新力量向国际开源社区有序输出创新成果。

此外，在专用芯片、计算机软硬件生态、开源移动生态等方面，国家规划也做出了统筹部署。在培育先进专用芯片生态方面，国家“十四五”信息化规划提出“加强芯片基础理论框架研究，面向超级计算、云计算、物联网、智能机器人等场景，加快云侧、边侧、端侧芯片产品迭代。推动国内芯片与算法框架平台、操作系统适配调优，面向音视频分析、异构计算、科学计算等主要场景完善适配基础算法模块和软件工具包。支持建立专用芯片开发者社区，协同行业建立针对专用芯片的评测指标和评测标准。”在协同优化计算机软硬件生态方面，国家“十四五”信息化规划提出“提升中央处理器计算密度和工艺水平，推动中央处理器和操作系统一体化迭代。构建兼容可控的软硬件接口标准，加强标准的国际合作互认。建立标准认证评价体系，实现一次测试、多市场通用”。在开源移动生态建设方面，国家“十四五”信息化规划提出“构建整机、芯片、应用厂商及创新平台等多主体协商迭代机制。完善编译器、开发测试工具和基础软件模块等工具链，引导企业基于通用版本开发适合行业场景的软件版本。推动硬件、软件和服务接口标准迭代，做好移动操作系统版本演进组织和生态整合”。

七、推进产业提质升级

国家“十四五”信息化规划提出要求推动数字产业能级跃升。在新兴数字产业发展方面，要求培育壮大人工智能、大数据、区块链、云计算、网络安全等新兴数字产业，提升通信设备、核心电子元器件、关键软件等产业水平。在推进产业基础高级化方面，要求瞄准产业基础高级化，加快基础材料、关键芯片、高端元器件、新型显示器件等关键核心信息技术成果转化，推动产业迈向全球价值链中高端。在软件价值提升方面，要求持续打造软件名城、名园、名企、名品，引导软件产业加快集聚发展。

第三十一章

2021 年中国电子信息产业重点政策解析

2021 年，国家围绕智慧健康养老、超高清视频“百城千屏”落地、光伏产业规范发展及智能光伏发展出台了系列扶持政策，既体现了对以往政策的衔接，又体现了新的政策取向，突出了电子信息产业高质量发展主线，主动加快了产业结构调整步伐。

一、接续出台智慧健康养老产业发展政策

2021 年 10 月 21 日，为深入贯彻落实《中共中央 国务院关于印发〈国家积极应对人口老龄化中长期规划〉的通知》《国务院关于实施健康中国行动的意见》（国发〔2019〕13 号）、《国务院办公厅关于推进养老服务发展的意见》（国办发〔2019〕5 号）、《国务院办公厅印发关于切实解决老年人运用智能技术困难实施方案的通知》（国办发〔2020〕45 号），进一步推动智慧健康养老产业发展，工业和信息化部、民政部、国家卫生健康委共同制定了《智慧健康养老产业发展行动计划（2021—2025 年）》（以下简称《行动计划》）。

此《行动计划》承接《智慧健康养老产业发展行动计划（2017—2020 年）》，面向智慧健康养老技术产品供给不足、融合应用不够、产业公共服务能力薄弱等问题，围绕科技支撑能力显著增强、产品及服务供给能力明显提升、试点示范建设成效日益凸显、产业生态不断优化完善四大愿景，提出强化信息技术支撑，提升产品供给能力；推进平台提质升级，提升数据应用能力；丰富智慧健康服务，提升健康管理能力；拓展智慧养老场景，提升养老服务能力；推动智能产品适老化设计，提升老年人

智能技术运用能力；优化产业发展环境，提升公共服务能力六大重点工作任务及智慧健养老产品供给工程、智慧健康创新应用工程和智慧养老服务推广工程三个专项工程。

为保障落实各项重点任务和专项工程要求，《行动计划》提出了四项具体保障措施。一是加强组织协调。进一步完善部际协同推进、分工负责的工作机制，协调解决落实过程中的重大事项，加强产业分析监测研究和督促指导。强化部省联系，支持地方加强工作成效考核，出台政策措施，上下联动形成合力。二是强化产融结合。依托工业和信息化部国家产融合作平台，开展产融精准对接以及“早期投资支持产业科技创新”专项工作。鼓励支持符合条件的创新企业在科创板、创业板上市融资。三是开展试点示范。围绕不少于 10 个重点应用场景，再培育 100 个以上示范企业，打造 50 个以上示范园区，创建 150 个以上示范街道（乡镇）及 50 个以上示范基地，并建立层级动态管理机制，强化示范引领。四是加快人才队伍培养。鼓励支持科研人员进入智慧健康养老行业，支持和指导高等院校、职业院校设立相关专业和开设相关课程，提升为老服务人员信息技术应用能力及水平。

智慧健康养老工作是近年来工业和信息化部等部门持续推动的重点工作，与四年前的《行动计划》相比，我国人口结构出现了显著变化，人口老龄化趋势更为突出，健康需求更迫切，如何通过新一代信息技术手段推动健康及养老领域的供需对接，成为此次新版《行动计划》的特点。同时，《行动计划》强调引导差异化发展，根据各地区发展要素和基础不同，鼓励通过打造智慧健康养老典型应用场景，挖掘本地智慧健康养老有效发展路径。

二、开展“百城千屏”超高清视频落地推广活动

2021 年 10 月 19 日，为落实《超高清视频产业发展行动计划（2019—2022 年）》和《关于推动广播电视和网络视听产业高质量发展的意见》，大力推进实施“公益宣传平台传播工程”，促进我国新一代信息技术产业和文化产业整体实力提升，工业和信息化部、中央宣传部、交通运输部、文化和旅游部、国家广播电视总局、中央广播电视总台共同开展“百城千屏”超高清视频落地推广活动。

该项工作以“点亮百城千屏 炫彩超清视界”为主题，支持有条件的城市设立超高清公共大屏，通过展播社会主义核心价值观、党的建设、北京冬奥会、文化旅游等优质超高清 4K/8K 内容，充分发挥时事政策宣传、公益发布和弘扬社会主义核心价值观主阵地、主渠道、主力军作用，弘扬民族精神，呈现中国文化，提升超高清视频产业的渗透性。按照政府引导、市场运作、多方联动、提速发展原则，发挥超高清视频龙头企业和行业组织主体作用，探索形成可复制、可推广的新业态、新模式，丰富应用场景，深入推动信息消费全面升级，培育发展新动能，完善产业链，营造良好产业生态环境，加速推动超高清视频在多领域的融合创新发展。

此项活动在遴选结束后，已经取得较为突出的效果。2022 年 1 月 24 日，随着中央广播电视总台 CCTV-8K 超高清频道的正式开播，“百城千屏”公共大屏项目正式启动。在北京冬奥会期间，中央广播电视总台 8K 超高清频道在北京、上海、广东、浙江、湖北、江苏、安徽、四川、山东、福建、江西等十多个省市的数百块超高清大屏同步播出，极大提升了冬奥会观感。此外，户外超高清大屏也为众多商城增添一抹亮色，也成为商圈“形象新视窗”，正在成为各城市新名片。

三、持续有力推进光伏产业发展

2021 年 3 月 11 日，工业和信息化部发布了修订版的《光伏制造行业规范条件（2021 年本）》（以下简称《规范条件》）和《光伏制造行业规范公告管理暂行办法（2021 年本）》。《规范条件》提出引导光伏企业减少单纯扩大产能的光伏制造项目，加强技术创新、提高产品质量、降低生产成本；新建和改扩建多晶硅制造项目，最低资本金比例为 30%，其他新建和改扩建光伏制造项目，最低资本金比例为 20%。

《规范条件》规定光伏制造企业应具备以下条件：在中华人民共和国境内依法注册成立，具有独立法人资格；具有太阳能光伏产品独立生产、供应和售后服务能力；每年用于研发及工艺改进的费用不低于总销售额的 3%且不少于 1000 万元，鼓励企业取得省级以上独立研发机构、技术中心或高新技术企业资质；申报符合规范名单时上一年实际产量不低于上一年实际产能的 50%。

《规范条件》实施后，2021 年 12 月 31 日工业和信息化部公布了最新一批符合《规范条件》的企业名单（第十批），同时公布了撤销光伏制造行业规范公告企业名单（第五批）。内蒙古通威、新疆东方希望、包头晶澳、晶科能源（海宁）等 25 家企业进入符合《规范条件》企业名单，洛阳尚德、巨力、海南英利等 7 家企业被列入撤销光伏制造行业规范公告企业名单。

同时，为贯彻落实《智能光伏产业发展行动计划（2018—2020 年）》（工信部联电子〔2018〕68 号），2021 年 11 月，第二批智能光伏试点示范项目和示范企业名单公布，天津中环半导体股份有限公司、上海晶澳太阳能科技有限公司、东方日升新能源股份有限公司等 18 家企业入选。

《规范条件》出台和智能光伏示范工作体现了我国对太阳能光伏产业高质量发展的要求。特别是在我国“碳达峰碳中和”战略目标和“十四五”现代能源体系等最新发展背景下，通过鼓励降本增效、推动新产品研发、提升技术创新水平等，推动我国光伏企业在做大规模的同时，更注重对质量和效益的追求，坚实向高质量发展迈进的步伐。

展　望　篇

第三十二章

主要研究机构预测性观点综述

经过三年疫情触底反弹，电子信息产业重新启程，技术更迭不断加快。Gartner（加特纳）、德勤、腾讯研究院、阿里达摩院等国内外机构对2022年信息技术科技趋势做出展望，认为云原生平台、网络安全、隐私保护技术、超级智能、绿色能源AI等将成为2022年技术创新的热点。

第一节　Gartner：2022年十二大战略技术趋势

一、数据编织

数据编织是一种跨平台的数据整合方式，它不仅可以集合所有业务用户的信息，还具有灵活且弹性的特点，使得人们可以随时随地使用任何数据。数据编织的真正价值在于它能够通过内置的分析技术进行学习，并主动提出有关数据应该在何处使用和进行更改的建议，从而使数据管理工作量减少70%。

二、网络安全网格

网络安全网格是一个灵活的组装式架构，可整合各种广泛分布的安全服务。网络安全网格可以将独立的一流安全解决方案结合在一起，在提高整体安全性的同时，使控制点更接近它们要保护的资产。此外，它还可以在云和非云环境中快速且可靠地验证身份、背景和合规性。

三、隐私增强计算

隐私增强计算能在不可信环境中为处理个人数据提供安全保障。这一趋势受不断成熟的隐私和数据保护法，以及消费者日益增长的关注所推动。隐私增强计算通过使用各种隐私保护技术，既可从数据中提取价值，又可满足合规要求。

四、云原生平台

云原生平台是一种可以建立全新应用架构的技术，具有弹性、灵活和敏捷的特点，可快速对数字变化做出响应。云原生平台这种方法优化了传统的直接迁移的方法，后者不能利用云计算的优势且维护复杂度较高。

五、组装式应用

组装式应用由以业务为中心的模块化组件构成，更易使用和重复使用代码，可加速新软件解决方案的上市时间，并释放企业价值。

六、决策智能

决策智能是一种改进企业机构决策的实用方法。它将每项决策作为一套流程进行建模，利用智能和分析技术做出明智决策，并可对决策进行学习和完善。决策智能还可以支持和完善人类决策，并有可能通过优化的分析、模拟和人工智能进行自动化决策。

七、超级自动化

超级自动化是一种规范的业务驱动的方法，可以快速识别、审查和自动执行尽可能多的业务和 IT 流程，从而实现扩展、远程操作和颠覆性业务模式。

八、AI 工程化

AI 工程化通过自动更新数据、模型和应用程序来简化人工智能交付流程，旨在优化生产性人工智能解决方案的价值。与强大的人工智能治理相结合，它还将实现人工智能的交付操作化，以确保持续一致的商业价值。

九、分布式企业

分布式企业是一种数字优先、远程优先的业务模式，可优化远程办公员工的体验，对消费者和合作伙伴的接触点进行数字化处理，并提高产品体验。分布式企业可以更好地满足远程办公员工和消费者的需求。随着远程办公员工和消费者的增加，虚拟服务和混合工作场所的需求也不断呈上升趋势。

十、全面体验

全面体验是一种结合了不同接触点的员工体验、客户体验、用户体验和多重体验的业务战略，可以加速企业机构增长。全面体验通过全面管理利益相关方的体验，其目标是提升客户和员工的信心、满意度、忠诚度和拥护度。

十一、自治系统

自治系统是可以从所在环境中学习和动态实时修改算法的自我管理型物理或软件系统，可优化其在复杂生态系统中的行为。自治系统拥有灵活的技术能力，能够适应新的环境和满足新的要求，优化性能并无须人工干预即可抵御攻击。

十二、生成式 AI

即将上市的生成式人工智能是最引人注目和最强大的人工智能技术之一。该机器学习方法从其数据中学习内容或对象，并运用数据生成全新、完全原创的实际工件。生成式 AI 这项技术有可能创造新形式的创意内容，如视频或文案，并缩短从医学到产品创造等领域的研发周期。

第二节　德勤：2022 年度技术趋势

一、IT 的自我颠覆

自动化技术的规模化应用。具备前瞻性的 IT 组织已经开始推动 IT 运营的现代化转型，逐步消除人工响应服务工单和服务需求，转向以自助服务和工程化自动流程为基础的主动服务模式。

二、网络人工智能：有效防御

在网络安全团队应对网络安全风险的时候，人工智能可以作为一个加速放大器，不仅能够帮助安全团队以比攻击者更快的速度进行响应，还能够提前预判网络攻击，并采取相关防御措施。

三、技术堆栈实体化延伸

随着智能设备的大规模采用及作业自动化程度的提高，IT 覆盖范围日益扩大，逐步涵盖了包括在线智能工厂设备、工业机器人、无人机、传感设备，以及大量其他核心业务资产。

四、数据跨界共享更便捷

新技术通过简化在组织内部和跨企业的数据共享机制，催生了创新性的业务模式和产品，同时可以实现隐私保护。

五、云走向行业垂直化

云和软件供应商如今提供行业垂直的解决方案，这些方案可以帮助行业用户更新变革陈旧的业务流程、快速实现行业创新。这些行业解决方案通过简单的模块组装方式进行实现和部署，从而使组织将宝贵的资源解放出来，用于打造自身独特的竞争优势。

六、区块链商业化应用启程

区块链和其他分布式账本技术平台正从根本上改变企业之间的业

务协作模式，帮助许多企业重新构建其创造和管理实物及数字化资产的方式。

第三节　腾讯研究院：2022年十大数字科技前沿应用趋势

一、云原生加速IT体系迈进全云时代

云原生是一种IT技术方式，使组织能够在云计算环境中构建和运行可扩展的应用程序。在多云、混合云等多元化部署的主流环境下，随着容器无服务器等关键技术及工具不断创新与兼容，以及分布式云服务的兴起，云原生能更有效应对业务和数据动态多变的环境，促进新一轮的软硬件相互定义乃至融合发展，推动IT体系向全面云化的新阶段演进。云原生涉及整个IT体系的变革，其发展也面临可视化、复杂性、安全性等诸多挑战，因此需要跳出传统IT思维，用云原生的技术和管理模式进行系统应对。未来，伴随着云原生操作系统的持续发展和完善，在多元场景下提供一致的云计算产品服务和体验将成为业界共同努力的方向。

二、量子计算NISQ（含噪声中等规模量子）时期仍将持续

2021年是量子计算备受瞩目的一年，国际国内均有较为明显的科研成就。量子比特数量实现较大规模增长，各量子计算硬件技术皆有发展；越来越多的机构开始研发上层软件和算法，并有越来越多的算法在小规模实际问题上得到实验。未来几年，仍是量子计算积蓄力量的阶段，量子计算有望突破1000个量子比特，量子纠错的进展对实现可用逻辑量子比特至关重要，量子计算与经典计算相结合的混合计算体系或将成为更加有效的应用方案，而量子计算在组合优化、化学制药、机器学习等领域也有望产生实际的应用价值。

三、人工智能迈向普适化和工业化新阶段

人工智能已在语音、图像、视频和自然语言处理等领域取得了长足

进展，并在一些特定任务上超越了人类的能力，如 AlphaFold2 破解困扰生物学界 50 多年的蛋白质结构预测难题。人工智能的大规模应用面临的技术瓶颈将随着超大模型、一站式机器学习平台、小样本学习等技术的加速演进有望得到解决。超大模型将加速通用人工智能进程，推动算法普适化。小样本学习技术破解数据缺乏难题，助力更多行业智能化。一站式机器学习平台有望成为人工智能研发基础设施，推动模型工业化。

四、云网融合构建“连接升维”

通过引入云计算技术，信息通信网络的核心功能将在虚拟机和容器上构建，这让未来网络核心网的扩容更加灵活便捷、弹性即用。感知与智能将成为网络技术演进的新趋势，推动连接能力升维。无线通信与无线感知能力相融合实现了通信感知一体化，网络由此具备了原生感知能力，从连接信息变成连接行为，从交互认知延伸到交互感知。同时，新型无线 AI 网络架构和协议可以高效捕获信道特征、适应未知环境，带来物理层面的性能提升。此外，空天地一体化的网络将实现人联与物联、无线与有线、广域和近域、空天和地面等智能全连接，不仅可以在全球实现宽带和物联网通信，为用户提供泛在通信服务，还可以将增强定位导航、实时地球观测等新能力集成到网络系统中。

五、疫后新需求按下云原生安全发展快进键

后疫情时代，开放网络架构、技术应用场景泛化将导致多种不同安全风险叠加。新一代网络攻击技术使攻击变得更加隐蔽、快速，攻击范围从个人向企业、基础设施蔓延，造成的攻击损失成指数增长。在此背景下，零信任将重塑安全新边界，成为远程办公时代有效的安全解决方案；面对攻击更加复杂、赎金不断增长的勒索攻击，云上安全防御将成为最优解；面对快速的网络攻击，全面覆盖网络、端点以及云基础架构的扩展威胁检测与响应（XDR）升级，将促进更多的组织增强“主动免疫力”。

六、多路径并行演进推动万物孪生

在行业数字化变革进程中，数字孪生成为理解和优化物理实体的中

间件。数字孪生具备实时感知、虚实映射、人机交互等多种能力，可以帮助人们通过对虚拟空间的观察和交互，去理解和优化真实的物理空间。伴随3D建模、物理仿真、影像技术、实时渲染等单点技术的突破及交叉融合，各类数字孪生工具百花齐放。其中，游戏引擎更为行业数字孪生提供了新路径。通过融合行业知识和新兴技术，数字孪生的功能和性能得到了进一步提升，从设备、产线到工厂，从街道、区域到城市，从细胞、器官到人体，各领域的孪生体正在加快构建中。

七、硬件迭代驱动扩展现实（XR）产业拐点到来

VR光学、显示、定位和交互等硬件技术发展方向与思路比较明确，超短焦的光学设计、Micro-LED、更轻便的交互控制器将是未来方向。而AR光学模组是AR产品的核心，目前仍在不断演进中，自由曲面BirdBath、光波导等技术路线各有优劣，短期内仍将共存。未来，VR发展需要优质内容和生态助力硬件在消费端的普及，而AR设备在算力、电池限制条件下，需要进一步优化实时的环境识别、定位、虚拟与现实交互等算法。此外，互联网平台将与虚拟现实行业不断融合，在内容分发、优质生态资源虚拟化，以及虚拟现实原生概念和场景方面深入合作，让真实世界更丰富、虚拟世界更真实。

八、多模态融合驱动复杂任务服务机器人深入家庭生活

在消费升级等需求驱动下，家庭服务机器人有望成为新蓝海。随着多模态融合感知、非结构化场景AI分析与柔性本体等核心技术的突破，家用机器人感知、理解、控制的能力将进一步提升，从而更自如地在非结构化家庭环境中执行复杂任务。感知方面，触觉传感技术突破，以及多模态感知融合技术迭代，将提升机械臂工作的精度和准确率，实现对不同材质、形状和软硬性状物品的抓握推举；理解方面，基于计算机视觉和NLP技术的进步，机器人对复杂服务任务和家庭环境的理解将进一步深入；控制方面，柔性、仿生机器人本体技术的持续进展，将显著提升人机互动的体验和安全性。未来3～5年，家庭服务机器人有望实现更自然的人机交互、完成更复杂的操作任务，逐步成为家政、娱乐、教育、陪伴等细分场景的生活助手。

九、双碳目标倒逼能源互联网加快发展

随着新能源技术与信息技术的发展和成熟，能源互联网成为双碳背景下能源结构转型的重要解决方案。可以预见，未来电网的源、荷、储三端将会发生重大变化：在源端，波动的清洁能源将大规模、高比例地接入电网；在负荷侧，大量用户将迎来参与发电和储能的“新身份”；在储能方面，大量电化学储能技术的发展，尤其是氢储能技术，将大大降低能量的存储与运输成本。这些变化将给能源互联网发展带来重大变革：在能量层，建设多能互补的综合能源系统，以匹配多变的能源供需；在信息层，通过建设电力-交通耦合网络、电力-算力耦合网络等，实现智慧的能源管理和控制；在价值层，能源互联网的建设需要探索能源共享经济，引导全民参与，实现共建共享共赢。

十、星地协同智能化开启“大航天”时代

航天科技作为国家综合竞争力的体现，其发展模式正由国家主导向国家和企业共同推进演化。星地协同、智能化、大众化成为航天科技关键技术突破新趋势：星地协同实现了卫星对地面数据中心资源的灵活调用；人工智能技术加快了星上数据智能化处理与卫星数据深度挖掘；航天服务正在“下沉”到大众用户，亚轨道旅行、卫星影像私人订制、时空信息数字化等新物种加速涌现。

第四节　阿里达摩院：2022 十大科技趋势

一、云、网、端融合

新型网络技术发展将推动云计算走向云、网、端融合的新计算体系，并实现云、网、端的专业分工：云将作为脑，负责集中计算与全局数据处理；网络作为连接，将多种网络形态通过云融合，形成低延时、广覆盖的一张网；端作为交互接口，呈现多元形态，可提供轻薄、长效、沉浸式的极致体验。云、网、端融合将促进高精度工业模拟、实时工业质检、虚实融合空间等新型应用诞生。预计未来两年，将有大量新型应用

在云、网、端融合的新计算体系中运行。

二、人工智能科学

实验科学和理论科学是数百年来科学界的两大基础范式，而人工智能正在催生新的科研范式。机器学习能够处理多维、多模态的海量数据，解决复杂场景下的科学难题，带领科学探索抵达过去无法触及的新领域。人工智能不仅将加速科研流程，还将支持发现新的科学规律。预计未来三年，人工智能将在应用科学中得到普遍应用，在部分基础科学中开始成为科学家的生产工具。

三、硅光芯片

电子芯片的发展迫近摩尔定律极限，现难以满足高性能计算不断增长的数据吞吐需求。硅光芯片用光子代替电子进行信息传输，可承载更多信息和传输更远距离，具备高计算密度与低能耗的优势。随着云计算与人工智能的大爆发，硅光芯片将迎来技术快速演变与产业链高速发展。预计未来三年，硅光芯片将承载绝大部分大型数据中心内的高速信息传输。

四、绿色能源人工智能

风电、光伏等绿色能源近年来快速发展，也带来了并网难、消耗及容纳率低等问题，甚至出现了“弃风”“弃光”等现象。核心原因在于绿色能源存在波动性、随机性、反调峰等特征，大规模并网可能影响电网的安全稳定运行。人工智能技术的应用，将有效提升电网等能源系统消纳多样化电源和协调多能源的能力，成为提升能源利用率和稳定性的技术支撑，推动碳中和进程。预计未来三年，人工智能技术将支持电力系统实现大规模绿色能源消纳，实现电力系统的安全、高效、稳定运行。

五、高精度医疗导航

传统医疗依赖医生经验，犹如人工寻路，效果参差不齐。人工智能

与精准医疗深度融合，专家经验和新的辅助诊断技术有机结合，将成为临床医学的高精确度导航系统，为医生提供自动指引，助力医疗决策更快更准，实现重大疾病的可量化、可计算、可预测、可防治。预计未来三年，以人为中心的精准医疗将成为主要方向，人工智能将全面应用在疾病预防和诊疗的各个环节，成为疾病预防和诊疗的高精确度导航协同。

六、全局隐私计算

数据安全保护与数据流通是数码时代的两难问题，破解之道是隐私计算。过去受制于性能瓶颈、技术信任不足、标准不统一等问题，隐私计算尚只能在少量数据的场景下应用。随着专用芯片、加密算法、白盒化、数据信托等技术融合发展，隐私计算有望跨越到海量数据保护，数据来源将扩展到全局，激发数码时代的新生产力。预计未来三年，全局隐私计算技术将在性能和可解释性上有新的突破，或将出现数据信托机构提供基于隐私计算的数据共享服务。

七、XR 互联网

随着端云协同计算、网络通信、数码孪生等技术发展，以沉浸式体验为核心的未来虚实融合（XR）互联网将迎来爆发期。眼镜有望成为新的人机交互接口，推动形成有别于平面互联网的 XR 互联网，催生从元器件、设备、操作系统到应用的新产业生态。XR 互联网将重塑数码应用形态，变革娱乐、社交、工作、购物、教育、医疗等场景交互模式。预计未来三年，外形与重量接近普通眼镜的新一代 XR 眼镜将出现，成为下一代互联网的关键入口。

八、柔性感知机器人

传统机器人依赖预编写程序，局限于大型生产线等结构化场景。近年来，柔性机器人结合柔性电子、力感知与控制、人工智能技术，获得了力觉、视觉、声音等感知能力，应对多任务的通用性与应对环境变化的自适应性大幅提升。机器人将从大规模、标准化的产线走向小规模、非标准化的场景。预计未来五年，柔性感知机器人将逐步替代传统工业机器人，成为产线的主力设备，并在服务机器人领域开始规模化应用。

九、星地计算

基于地面网络和计算的数字化服务局限在人口密集区域，深空、海洋、沙漠等无人区尚是服务的空白地带。高低轨卫星通信和地面移动通信将无缝连接，形成空、天、地、海一体化立体网络。由于算随网动，星地计算将集成卫星系统、空中网络、地面通讯和云计算，集成一种新兴的计算架构，扩展数码化服务的空间。预计未来三年，低轨卫星数量会迎来爆发式增长，卫星及其地面系统将成为新型计算节点。

十、大小模型协同进化

超大规模预训练模型是从弱人工智能向通用人工智能的突破性探索，解决了传统深度学习的应用碎片化难题，但性能与能耗提升不成比例的效率问题限制了参数规模继续扩张。人工智能研究将从大模型参数竞赛走向大小模型的协同进化，大模型向边、端的小模型输出模型能力，而小模型负责实际的推理与执行，同时小模型再向大模型回馈算法与执行成效，让大模型的能力持续强化，形成有机循环的智能体系。

2022 年中国电子信息制造业发展形势展望

第一节　整体运行发展展望

一、全球电子信息制造业保持稳定，供应链问题仍将延续

展望 2022 年，全球电子信息产业将维持稳定。由于全球宏观局势的不确定性持续攀升，并且仍然面临新冠肺炎疫情的影响，全球供应链的压力仍然有增无减。目前供应链方面诸如芯片短缺、原材料价格上涨等问题并未出现明显好转，同时由于战争带来的地缘政治变化将继续加剧芯片的短缺。但是在全球持续受到疫情影响的大背景下，5G+AIoT、新能源汽车、智能家居、远程办公、PC 等领域的需求直接或间接地受到提振，电子信息制造业具备长期增长动能，总体来看 2022 年电子信息制造业将保持稳定增长。

二、我国电子信息制造业整体呈现增长态势，产业链上下游分化

展望 2022 年，新兴热点领域将保持加速成长态势，带动电子信息制造业稳定增长。集成电路领域，尽管疫情对产业链、供应链的影响依然明显，但是面临全球集成电路产业的技术换挡期和产业链重组机遇期，我国集成电路市场呈现稳定增长的态势。新型显示领域，产业发展

态势良好，我国已成为全球最大的显示面板生产基地，产业整体规模进一步增长，产业链供应链生态加速改善，国内上游企业逐渐壮大，部分核心装备实现零的突破，产业链协同效应显著提升。光伏领域，在“双碳”目标背景下，将继续保持高速增长态势。此外，虚拟现实、5G、大数据、云计算、人工智能、虚拟现实等领域，在技术、政策和市场多重因素驱动下，将仍旧保持高速发展态势。在电子信息制造业整体保持稳定增长的情况下，产业链上下游发展态势将出现分化。2022 年，疫情所影响的供应链问题仍然存在，材料价格上涨和芯片短缺等问题将持续，电子信息制造业中，处于产业链不同环节的主要细分领域发展呈现较为明显的分化态势。从主要产品产量来看，上游基础类产品产量将保持较快增长，而受到产品换机周期、5G 建设面临饱和等问题影响，终端消费品、基站等产品产量增势缓慢或出现下降。

三、挑战与机遇

新冠肺炎疫情及地缘政治影响深远，对我国电子信息产业供应链体系造成系统性压力。地缘政治的不确定性、俄乌冲突的广泛影响、持续的全球通胀、反复暴发的疫情，依旧在持续破坏已陷入困境的行业供应链，目前电子信息产业供应链无论是当前状况还是未来预期，形式都不容乐观，并且将面临长久考验。其中表现最突出的问题是由于树脂原料、添加剂的短缺，燃料和金属成本增加，以及劳动力和出货量方面的矛盾所导致的产品供应紧张和成本通胀，这些问题已开始影响各类别产品的投入。同时，模拟复杂半导体（ASIC、MCU、MPU、PLD）、闪存、非陶瓷电容器、电阻器和标准逻辑器件的价格仍将持续上涨，为我国电子信息制造业带来更大压力，我国应当积极寻找多样化的手段和方法帮助电子信息制造业企业更好地把控和管理风险，让供应链更为弹性和安全。

周期性整体趋弱，突变性局部增强。从技术层面来看，有关“摩尔定律失效”和“后摩尔时代”的讨论不断出现，新技术群和新产业群不断涌现。从市场层面来看，电子信息产品呈现出消费品特性和资本品特性，并日趋基础设施化和深度消费品化。因此电子信息产业整体周期性可能趋弱，但由于行业分化更为剧烈，细分领域技术变革和突破带来的突变性也将增强。

第二节　重点行业发展展望

一、计算机行业发展展望

国务院《“十四五”数字经济发展规划》提出大力推进数字经济发展，预期到 2025 年，数字经济核心产业增加值占 GDP 比重达 10%，软件和信息技术服务业规模达 14 万亿元。重点关注：建设数据资源体系、推进产业数字化转型、提升数字技术自主创新、数字化公共服务融入生活、完善数字经济治理体系五个方面。在延续“十三五”规划中的制造强国战略、保障产业自主可控和安全的基础上，持续加速推进行业数字化转型升级。电力信息化方面，电能清洁化是“双碳”必经之路，信息化是实现清洁能源接入与高效用电的核心；空天信息化方面，国家空间信息基础设施逐渐完备，相关产业公司发展壮大，高精尖人才逐渐涌入卫星产业链各环节；公共事业信息化方面，水价调整政策和“双碳”相关政策正驱动水务、供热企业利用信息化手段实现降本增效；金融信息化方面，数字人民币的发展为银行体系带来变革，围绕数字人民币生态建设带来银行信息化升级需求。

工业和信息化部连续发布三份重磅规划——《“十四五”软件和信息技术服务业发展规划》《“十四五”信息化和工业化深度融合发展规划》《“十四五”大数据产业发展规划》。根据软件和信息技术服务业发展规划，到 2025 年，规模以上企业软件收入突破 14 万亿元，年均增长 12% 以上；对基础和工业软件等关键软件的供给能力提出明确要求，如工业 APP 要突破 100 万个；强调“软件定义”赋能实体经济新变革，开源重塑软件发展新生态，建设 2～3 个有国际影响力的开源社区。

新基建自“十三五”期间被提出后，成为 2020 年新冠肺炎疫情后拉动我国经济发展的重要动能。自 2021 年四部委印发《全国一体化大数据中心协同创新体系算力枢纽实施方案》起，“东数西算”成为新基建的接力棒，将在京津冀、长三角、粤港澳大湾区、贵州、成渝、甘肃、宁夏、内蒙古等地区建设八大国家算力枢纽节点，作为我国算力网络的骨干连接点，发展数据中心集群，推动算力资源有序向西转移，促进解决东西部算力供需失衡问题。这一工程的正式启动将为计算算力产业带来巨大增量市场。

二、通信设备行业发展展望

5G 转入收获期，运营商有望开启新一轮增长。运营商基于 5G+云网背景下更多地强调商业逻辑和市场化，依靠网络基础和客户黏性优势，提供更多的网络增值服务，赋能各行各业数字化转型升级，提升了社会数字化水平。考虑 5G 基础网络重点投入已有三年，运营商业务陆续进入 5G“收获期”，电信企业有望乘 5G 通信技术变革之大潮，迎来业绩的边际改善。从成本端来看，成本压力有所减小，三年的 5G“投入期”效果显著，用户数和渗透率提升，资本开支企稳结构优化降低成本压力，同时资本开支由 CT 侧逐步重点转向 IT 服务侧，符合数字经济发展和新基建发展需求；从收入端来看，运营商营收有望实现双位数增长，5G“收获期”到来，包括 APRU 持续提升，2B/2C 端齐发力经营业绩有望再超预期，基于“5G+”背景下拓宽商业模式和市场化方向，依靠网络基础和客户黏性优势，提供更多增值服务有望带来新的业绩增量。

运营商“提速降费”政策于 2015 年 4 月第一次由国务院提出，在 2022 年 3 月的两会报告中首次未重点提及。在过去 7 年中，电信运营商是“提速降费”战略的具体执行者，在向社会经济释放巨大产业红利的同时，推动了传统通信产业升级；运营商数字化转型不断突破，总体保持经营收入的稳步增长。伴随“提速降费”政策收敛，以及推进 5G 规模化应用政策的提出，运营商有望赶上中国数字经济信息发展变革的大时代，市场化程度持续优化，并迎来行业复苏，经营业绩有望上涨。

三、消费电子行业发展展望

“屏联万物”成为未来消费电子市场的重要增长引擎。除手机、计算机、电视等以显示为主要功能的消费电子产品外，冰箱、橱柜、空调、油烟机、穿衣镜、音箱、钢琴等生活居家场景下的设备均可升级成带显示屏设备。显示屏已从信息呈现的端口升级为人机交互和 AIoT（人工

智能物联网）的控制中枢。未来显示屏将集成更多功能、出现更多形态、融入更多场景，提供服务创造价值，拉动消费电子市场增长。

绿色环保成为消费电子企业转型发展新方向。三星、LG、索尼、海信等企业聚焦可持续发展，向更加环保的消费电子生产商转型。三星的手机、电视和显示器中可回收材料使用率是以前的 30 倍，索尼发布纯氢燃料电池，海信激光电视制作材料可回收率高达 87%，此前华为发布的 GT2 智能手表也使用了“生物基”可再生原料。未来绿色低碳循环发展的经济体系将成为消费电子企业解决电子垃圾问题的有效途径。

消费电子产品从“万物互联”走向“全场景智联”。消费电子产品边界逐步打破，从设备间连接向系统间互联转变，从简单的数据传输向信息的感知交互与分析反馈转变，从单一场景应用向多场景融合转变。随着数字化水平的不断提高，消费者日常生活中的多种场景都会不断为数字化产品所包围，如地图导航、智能手表、智能家电等。在运动健康、智能家居、智慧出行、智慧办公、影音娱乐等越来越多的场景下，需要多个智能产品的互联融合，全场景互联融合大势所趋。家用电子产品之间、产品和应用之间的互联互通成为发展共识。

四、新型显示行业发展展望

2022 年，受行业进入下行周期和需求透支影响，低端显示市场预计将出现需求疲软、价格下跌等情况，OLED 等中高端显示面板预计将继续保持增长态势。进入后疫情时代，产业结构亟待升级调整，技术创新也催生了新的发展机遇。目前，全球显示产能正在加速向我国转移，随着国内显示技术不断创新突破，我国面板厂商有望在全球竞争中突出重围，实现跨越式发展。

近年来，新型显示技术和应用场景呈现多元化发展趋势。技术方面，柔性显示、QLED、激光显示、Micro LED 等新一代显示技术不断涌现，为行业发展带来更多的可能性和机遇，各面板厂商纷纷围绕先进技术前瞻布局，提高企业核心竞争力。应用方面，以元宇宙为例，随着元宇宙概念持续升温，其关键入口 AR/VR 设备成为显示行业发展新风口，苹果、Meta、三星、微软四大巨头也纷纷下场布局 AR/VR 赛道，预计行业将迎来新一轮高潮。目前快速响应液晶屏由于其成熟的工艺、充足的量产和极高的性价比，成为 VR 设备的主流显示方案；AR 设备中应用最广泛的是硅基 OLED 面板，相比于硅基液晶，其功耗、对比度等性能指标更优，Micro LED 和衍射光波是近眼显示产业的重点探索方向，未来随着关键技术问题的解决和技术进一步成熟，有望乘“元宇宙”东风，加快产业化和产品化进程。

五、电子原材料元器件行业发展展望

2022 年，受益于全球数字化进程加快及“新基建”“双碳”目标等因素对下游需求的持续拉动，叠加国产替代的政策红利，中国电子元器件行业快速发展，但中高端产品自给率仍有待提升。电子元器件行业关键材料和技术攻关被纳入国家“十四五”发展规划，未来有望获得持续的政策及资金支持。但中美关系未发生明显改善，各国加大对半导体扶持力度并加强技术出口限制，国内电子信息制造业企业仍面临严峻的外部环境。

疫情加速全球数字化进程，在“新基建”政策及“双碳”目标导向下，5G 网络、云计算及数据中心建设加速，5G 手机渗透率提升带动 2021 年全球智能手机和 PC 出货量实现正增长，汽车电子、AR/VR 等市场需求持续放量，全球半导体供应紧缺或将延缓部分需求释放，旺盛的下游需求有望持续带动电子元器件行业快速发展。

电子元器件企业通过兼并收购增强市场地位及“一站式”服务能力，行业集中度不断提升。中国电子元器件行业快速发展，但技术水平与国际先进厂商相比仍有一定差距。半导体行业结构性供需失衡局面短期内仍将持续，未来国内半导体企业主要通过内生式增长提高竞争力。

第三节　重点领域发展展望

一、智能手机发展展望

（一）折叠屏幕将重新返回市场

目前，小米、OPPO，荣耀、华为、三星、vivo 等主流厂商都已入局折叠屏市场。2021 年四季度，折叠屏手机的出货量达到 260 万部，

同比增长 480%。预计到 2022 年，折叠屏手机市场的出货量将达到 1750 万部。一方面，国产手机在产品体验上进步显著，基础性问题如折痕、重量正逐步得到解决，产品分屏、悬停等不同模式也完成一定的效率升级。另一方面，供应链技术层面打磨成熟（如超薄可折叠玻璃、铰链工艺等），给产品品质与规模化量产带来了利好。随着折叠手机成本下降，定价有了进一步下探的空间，有望在 2～3 年内进入大众市场。

（二）手机或成为元宇宙设备入口

AR/VR 设备一直被认为是进入元宇宙的硬件入口，从国内手机厂商来看，部分厂商已经在布局 AR/VR 设备，如 vivo 早在 2019 年就发布了 AR 眼镜，OPPO 也推出了 OPPO AIR GLASS。而苹果 AR 头显设备由于设备过热、摄像头等方面的问题，设备发布或推迟至 2023 年。三星电子美国公司也已与基于以太坊的元宇宙平台 DECENTRALAND 达成合作，开设虚拟旗舰商店。三星还推出了“元宇宙”概念的线上虚拟展厅“MY HOUSE”，这是一个可以通过 ZEPETO 访问和定制的虚拟数字家园，可供用户在线体验三星的各类品牌新品。此外，以中兴红魔和黑鲨（被腾讯收购）为代表的游戏手机品牌也在布局各自的元宇宙。

二、虚拟现实发展展望

（一）硬件性能优化迭代加快，向轻薄化超清化加速演进

虚拟现实终端市场迅速扩大，开启虚拟现实产业爆发增长新空间。虚拟现实设备的显示分辨率、帧率、自由度、延时、交互性能、质量、眩晕感等性能指标日趋优化，用户体验感不断提升。小鸟看看推出 Pico Neo3VR 一体机，具有 6DOF（自由度），头盔部分质量为 395g。华为发布了轻薄型的 VR Glass，采用分体式设计，其质量为 166g（佩戴部分），机身厚度仅 26.6mm，分辨率达到 3K。小米发布了单目光波导 AR 智能眼镜探索版，通过 Micro LED 光波导显像技术，可以实现信息显示、通话、导航、拍照、翻译等全部功能，整机质量只有 51g。曼恒数字发布了面向行业用户的 VR 一体机“7 光”，采用 6DOF 光学定位系统，实现真 4K 高清显示。

（二）5G 商用赋能 VR/AR 业务，5G 云 VR 将成为产业发展重要方向

5G 技术提供的高峰值速率、毫秒级的传输时延和千亿级的连接能力使能云化 VR/AR 业务发展，将降低对虚拟现实终端侧的要求。中国移动推出移动云 VR 业务，重点面向 5G 用户及千兆宽带用户，通过“5G+产品+终端”为用户提供端到端全场景沉浸式 VR 体验。中国电信将 VR/AR 列入 5G 十大行业应用中的“服务美好生活”类别，包括云 VR 视频、云 VR 游戏、云 AR 和云游戏四大业务。中国联通发布“5G+VR”开发平台，引入 VR 影视、VR 游戏、VR 教育等 VR 特色应用。通过图像渲染上云、内容制作上云，结合边缘计算和 AI 技术的应用，能解决虚拟现实终端产品图像渲染能力不足、终端移动性差、互动体验不强等痛点问题，大幅降低终端的电池续航、体积、存储能力的要求，有效降低终端成本和对计算硬件的依赖性，同时推动终端轻型化和移动化。

（三）“元宇宙”引爆全球市场，虚拟现实有望迎来消费级放量

2021 年“元宇宙”概念成为全球科技、产业和资本高度关注的热点领域。全球科技巨头抢先布局元宇宙消费级市场，Meta 推出元宇宙社交、游戏平台，国内互联网公司也纷纷布局元宇宙游戏产品。VR 终端作为元宇宙的主要接口，2021 年全球出货量突破千万，达到 1100 万台，较 2020 年增长了 66%，并且 2C 端虚拟现实头显设备出货量首次超过 2B 端，虚拟现实开启消费级市场之路。其中 Meta 旗下 Oculus Quest2 年销量达到 880 万台，Meta 基于此款终端建立了丰富的社交应用体系，2021 年活跃用户超 1200 万，面向消费者的业务销售流水达 4.8 亿美元，具备了完备的用户原创内容生产能力。

三、超高清视频发展展望

（一）技术方面，视频生产向云端迁移

随着云计算、云存储、通信技术的不断成熟，剪辑、渲染、修复、导播、编码等视频制作都逐渐向云端迁移。据 Gartner 数据，2021 年上

半年中国视频云市场规模达到43.7亿美元，同比增长38.7%，其中解决方案市场规模达到8.2亿美元。在传统直播、点播转码产品外，各类自动化/智能化视频内容生产工具、AI审核方案等正在成为视频云解决方案市场重要的增长引擎。从供给端看，以5G、数据中心为代表的数字基础设施的建设，智能终端的大规模普及，以及人工智能、编解码算法的快速发展，奠定了技术基础；从需求端看，视频从娱乐向办公、教育、医疗等各个场景的快速渗透，以及UGC的兴起，奠定了市场基础。

（二）内容方面，超高清向UGC普及，与PGC互为补充

目前，整体PGC超高清内容相对短缺，UGC内容的崛起成为超高清内容的一大补充。一方面，各个UGC平台开始支持超高清内容。2021年8月19日，抖音宣布支持2K超清视频播放；2021年9月8日，快手宣布全面支持全景4K视频和直播播放；2021年12月6日，B站（哔哩哔哩）宣布上线8K超高清视频画质，成为国内首家支持UP主上传8K视频的平台，同时，B站还面向UP主提供画质提升的4K超分功能，持续提高用户观看感受。另一方面，以智能手机为主的便携式移动终端开始支持超高清拍摄，目前，5G手机主力机型均支持4K拍摄，部分旗舰产品支持8K视频拍摄，便携式终端的轻量化拍摄功能让超高清不再是专业媒体、内容制作上的专属产品，普通消费者开始逐步转变成为生产者。

（三）应用方面，从广播电视、文教娱乐向卫星遥感、消防等领域逐步扩展

超高清视频技术不再局限于传统的广播电视、文教娱乐，通过与5G、热成像等技术的结合，不断扩展应用领域。例如，博冠推出了以8K超高清前端摄录设备为核心的森林防火8K超高清监控系统方案，该方案充分运用8K、AI、5G、双光谱热成像等先进技术，具有24小时全天候自动巡航监测、自动识别火情、自动准确定位火点位置的功能，能准确监测到野外用火和森林火情火灾，帮助构建森林草原防火立体监测网络，切实提高森林防火工作效率，织密“人防+技防”森林防火网。商汤科技运用AI遥感智能解译深度学习算法，对超过50000张1024×

1024 像素图像进行学习，采用样本迁移技术，最终实现了 3 米分辨率的地表分类。杭州电子科技大学、浙江大华技术股份有限公司和杭州瀚陆海洋科技有限公司联合研制商用深海高帧率超高清网络摄像机，工作水深可达 6000 米，可以支持马里亚纳海沟探测，还可以用于海上救援、水下搜救、近海海洋环境监测、海水养殖、渔业捕捞等，将陆地上的视频监控网络延伸至水下世界。

四、5G 网络及终端发展展望

（一）5G 技术持续演进加速标准体系完善

短期看，5G Rel-15 及 Rel-16 标准已冻结，未来随着 Rel-17 标准潜在技术方案得到确定，面向三大应用场景的 5G 技术基本确定。未来还需要聚焦数字化转型的重大需求，加强谋划和统筹协调，加快突破核心技术，一是 NR 多播/广播、MIMO 增强、节能增强技术，满足更高速率通信要求的毫米波频率通信、泛在连接的非陆地网络 NR、定位增强技术等。二是面向物联网、低时延场景的 NB-IoT 和 eMTC 增强、IIoT 和 uRLLC 增强技术等。中长期看，按照通信技术发展十年一周期，B5G 及 6G 技术将不断满足后 5G 技术演进发展。

（二）5G 网络基础设施建设广度深度持续升级

2020 年和 2021 年基于中频段的 5G 新基建建设已大规模展开，未来采用支撑低时延高可靠、海量连接特性的 SA 模式 5G 基站建设将持续展开，5G 网络将从城市深度覆盖向乡镇广度覆盖延伸，乡镇 5G 网络采用 700MHz 与 2.6GHz 网络双频混合组网，实现覆盖与容量互补，将为数字乡村建设和乡村振兴战略实施提供有力的通信支持。同时为更好地满足超高流量密度、超高数据连接密度等需求，5G 宏基站建设向小基站建设逐渐下沉，宏小结合将成为解决 5G 网络覆盖和容量扩展的重要发展方向，持续为终端产业发展提供必要支撑带动环境。此外，5G 基站节能技术发展不断推进，更优化节能技术应用将是必然方向。最后，我国已经出台 5G 中低段频谱规划，毫米波段尚未规划分配，高频段的资源开发以及针对不同行业要求建设专网设施已经是全球产业界的共识。

（三）5G 产业链整零协同多领域交叉融合

随着 5G 终端设备市场的进一步打开，先进应用芯片、基带芯片、射频芯片等市场需求巨大，加速推动相关领域投资布局，5G 芯片技术突破及商用化发展将促进行业快速迈进高速成长阶段，如基带芯片将持续向高集成度 Soc 芯片方向发展，芯片制程工艺将向 3nm/2nm 节点持续演进突破，5G 毫米波段通信特性要求将持续推动相关射频元器件的研发与商用。终端整机方面，5G 手机、头显设备、无人机、机器人终端等 5G 终端整机形态类型迅速增加，打破终端同质化发展瓶颈。未来 5G 智能终端生态将从单一设备独立发展开始走向跨系统、跨平台的多终端共享模式，芯片、操作系统、终端产品等产业链各环节企业将形成联动，多类型终端形态的持续推出有利于打造 5G 全场景新生态，终端设备市场规模将出现新一轮增长。

（四）重点行业领域 5G 推广应用将持续展开

5G 所依赖的关键核心技术处于不断演进升级阶段，运营模式、商业模式、市场定位等不断探索发展，国内将持续围绕重大赛事、医疗教育、车联网、工业互联网等开展 5G 行业推广应用。目前，5G 专网主要在部分行业骨干企业内部展开试点示范，而随着 5G 行业应用的加快落地，5G 专网建设也将走向普及推广阶段。随着 5G 网络基础设施建设的逐渐完善，5G 终端应用业务逐步向各垂直产业延伸拓展，尤其 5G+工业互联网行业应用快速发展，5G 与研发设计、生产制造、质量检测、故障运维、物流运输、安全管理等工业环节深度结合。未来，5G 行业级应用将超越 5G eMBB 应用场景，随着面向 uRLLC 和 mMTC 工业物联网方向的 5G Rel-16 标准发布、Rel-17 标准的探讨推进，5G+车联网、5G+远程医疗、5G+工业互联网、5G+智慧城市等应用场景将全面打开。

五、先进计算发展展望

计算是现代信息技术的基石。在以计算机为代表的信息技术革命的影响下，全球步入数字经济社会发展阶段，海量数据成为日益重要的生产要素，计算作为新型生产工具已渗透至经济社会各环节，计算力就是生产力。展望 2022 年，未来先进计算将以体系化思维构筑发展新高地，打造新型计算产品体系，以赋能多领域产业数字化转型激活新动能。

计算技术创新方面，展望 2022 年，计算产业将以体系化思维布局构筑发展新高地。产业共性技术创新将面向大规模数据处理、内存计算、智能化计算引擎、高并发高吞吐计算、科学计算等共性需求，推动基础材料、核心器件、计算芯片、算法软件、体系架构的整体性突破。基础理论创新将进一步提速，加大对基础算法、计算模型、计算体系结构等基础理论研究，加快计算科学与量子信息科学、脑科学、生命科学等领域的融合创新，积极储备前沿计算技术标准和专利。深化成果应用创新，探索量子计算技术在基础科学、生物医药、商业加密等领域应用，强化类脑计算与脑机融合技术应用，打造具有国际竞争力的行业级计算产品，强化软硬件融合创新、计算整机与器件协同创新、衔接计算需求的供给创新。

计算产品方面，展望 2022 年，计算产业将构筑新型计算产品体系。计算机、服务器、专用机等整机产品将保持增长态势，培育具备复杂环境感知、智能人机交互等功能的智能工程机械终端产品，视频图像身份识别系统、智能家居、移动智能终端等产品研发和产业化培育将进一步提速，高分辨率、低功耗的虚拟现实终端产品将成为市场关注热点。硬件生产厂商、软件开发公司组建产品开发与应用联合体，通过合资合作等方式联合打造应用场景，强化成熟工艺硬件的计算系统。面向政府、金融、能源等行业需求，依托国家超算中心和重点软硬件企业，加快发展基于成熟工艺的计算技术及系统，持续优化计算系统性能指标、软硬融合能力、软硬件兼容适配能力，充分发挥计算系统对科研任务和重点行业应用的支撑作用。

“计算+”行业应用方面，展望 2022 年，计算产业将以赋能多领域产业数字化转型激活新动力。“计算+”智能制造方面，围绕智能制造装备、流程、平台等产业环节，自感知、自决策、自执行功能的智能制造装备成为未来发展方向，现有装备产品将向智能化、成套化和系统化转型升级。“计算+”智能网联汽车方面，多模式通信、多模式定位、智能网关一体化的新型车载计算平台成为发展重点，车规级高端集成芯片、智能车载终端共性硬件平台和整车在线固件升级通用方案及相关系统

基础软件将成为关键突破点。“计算+”超高清视频方面，围绕端侧编解码优化和云端内容渲染处理制作需求，编解码芯片性能将进一步提升，解决目前超高清视频内容在计算、时延、体验感等方面存在的问题。

六、汽车电子发展展望

2021年我国新能源汽车销量达到352.1万辆，同比增长160%，连续七年位居全球第一。持续受益于新能源汽车爆发，汽车电子产业将是未来十年的黄金赛道，汽车领域有望成为未来景气度最高的半导体应用领域。

随着汽车电动化、智能化、网联化转型升级，单车价值量显著提升，MCU（微控制单元）、IGBT（绝缘栅双极型晶体管）、激光雷达、汽车存储、汽车计算、汽车光学、连接器、车载PCB（电路板）等汽车零部件领域有望迎来新一轮的成长周期，越来越多的电子企业布局汽车赛道，有望重塑汽车电子产业链格局。IGBT领域国产替代加速。受疫情影响，英飞凌等核心供应商供货周期过长，产品供需缺口过大，因此国内部分车企2021年开始转向本土供应商，比亚迪与士兰微、斯达半导体、华润微等签订IGBT供货订单，理想汽车合作时代电气，东风公司与中国中车联手设立智新半导体，快速扩产IGBT。预计随着国内IGBT产能释放及供不应求局面的延续，国内厂商有望借此崛起。车载光学成主要增量市场。作为ADAS等智能驾驶系统的核心部件和车联网信息处理的重要入口，高级别自动驾驶和汽车网联化推动车载摄像头量价齐升。预计随着单车摄像头设备数量增加，ADAS系统渗透率提升，自动驾驶技术全面升级，车载光学市场将迎来高速增长。此外，汽车PCB领域，随着特斯拉在国内建厂，小鹏、蔚来、理想等新势力车企陆续接触国内厂商，国产车用PCB的市场份额有望持续提升。

如今，“软件定义汽车”成为共识，汽车的电子电气架构也以功能为导向，由传统的分布式向集中式升级，智能化已然成为车企差异化竞争核心。由于自动驾驶技术实现难度高、商业化难度高，目前行业发展陷入瓶颈，因此智能座舱或将最先受益于汽车智能化进程，成为下一个风口。2020年我国市场智能座舱渗透率为48.8%，现仍有较大增长空间。智能座舱产业中主机厂、传统供应商和互联网科技公司“三足鼎立”，甚至互联网企业在算法、芯片、网络连接和生态系统搭建上更占优势，这也给国内企业赶超提供了机遇。随着座舱智能化趋势，华为、百度、小米、OPPO等互联网龙头和工业富联、领益智造、立讯精密等电子制造类龙头企业纷纷入局，汽车科技生态正加速形成，有望打破传统Tier1巨头被国外垄断的格局，加速谋局Tier1本土化。

七、锂离子电池发展展望

（一）“双碳”目标催化新能源产业成为产业发展新风口

2020年9月22日，习近平总书记在第七十五届联合国大会一般性辩论上向世界宣布我国二氧化碳排放力争于2030年前达到峰值，努力争取2060年前实现碳中和，此后又多次在全球会议中阐述这一重大战略目标。我国积极承担大国重任，应对全球气候变化的决心与行动已迈上新台阶。落实好碳达峰碳中和重大决策部署，推进高质量低碳转型发展，是顺应百年大变局的新形势新要求。面对“双碳”战略目标，我国能源供给结构理应且必须做出转型调整，新能源产业成为新风口。目前，我国能源消费以化石能源为主，水核风光等非化石能源消费占比仍不足20%。根据国家相关规划推算，2060碳中和时期水核风光等非化石能源消费占比将增加至80%以上，真正成为能源消费主力军。

（二）动力电池产业迎来供需双向拉动的跨越式发展新机遇

从供给端来看，得益于锂离子电池在电动自行车、电动工具市场渗透率快速提升，全球动力电池产业克服新冠肺炎疫情大流行的不利影响实现快速增长。2021年全球汽车动力电池出货量为371.0GWh，同比增长134.7%。其中我国动力电池产量出货量220GWh，同比增长165%。从需求端来看，2025年全球新能源汽车渗透率达20%以上，带动全球动力电池需求量增至1100GWh ，产能缺口超700GWh，其中我国动力电池需求量为664GWh，产能缺口超400GWh。至2030年，全球动力电池需求量将超过2500GWh。叠加全球各国燃油车退市政策，预计新能源汽车渗透率将远超出预期。此外，电动船舶、无人机、电动自行车等其他交通出行领域超预期增长，未来动力电池的供需缺口进一步扩

大。未来我国是动力电池产能主体，产能预计占全球产能 60%，同时我国也是全球最主要的需求市场，国内动力电池企业大有可为。

（三）动力电池退役潮来临，电池回收空间广阔

新能源汽车产销高增带动动力电池装车量持续增长，第一批动力电池大规模退役潮来临。据中国汽车动力电池产业创新联盟的统计，近年来我国动力电池装车水平呈现出了逐步提升的趋势，截至 2021 年 11 月，我国的动力电池月度装车量水平已达 20.82GWh，创历史新高。在动力电池装车量持续增长的大背景下，随着前期售出的新能源汽车逐步更新换代，未来动力电池的退役量或将形成较大规模。据中国汽车技术研究中心数据预测，2025 年动力电池累计退役量约为 78 万吨（约 116GWh）。

八、智能传感器发展展望

近年来，中国消费电子类产品，如智能手机、平板电脑、智能穿戴等产量保持稳定增长，带动加速传感器、陀螺仪、硅麦克风等智能传感器行业需求的快速增长，中国已经成为全球智能传感器消费市场发展最快的地区。在物联网、大数据、智能制造、工业互联网等行业迅速发展的背景下，智能传感器行业市场需求将继续保持快速增长态势，由最早的工业、军用航空走向普通民用和消费市场，已在太空卫星、运载火箭、航空航天设备、飞机、各种车辆、生物医学、现代农业等多个领域得到广泛应用。未来，随着技术创新不断推进，还会涌现出一系列新的应用场景，市场增长潜力巨大。要围绕智能传感器敏感材料、应用软件、先进制造工艺等重大基础问题，集中重点高校院所及国家重点实验室、技术创新中心等国字号平台优势力量，加大重点领域科技投入力度，加快突破基础软硬件、先进材料、核心零部件等方面的瓶颈制约，努力实现关键核心技术自主可控。要着眼长远系统谋划智能传感器领域的重大项目布局，重点实施一批具有前瞻性、战略性的国家重大科技项目，超前部署前沿技术和颠覆性技术研发，为解决长远发展的“缺芯少核”问题提供战略性技术储备，支撑智能传感器产业持续健康发展。

九、数据中心发展展望

（一）产业布局更优，区域协同更强

2021 年作为我国“十四五”规划开局之年，新基建、数字经济以及碳中和成为“十四五”期间的重点任务。作为数字经济的基础设施，具备高科技、高能耗双重特点的数据中心产业，发展重点将逐步转向探索减碳、零碳排放的可行路径，实现数据中心节能减排。受政策引导和市场需求驱动，“东数西算”工程进入到全面建设期，我国数据中心产业布局将得到进一步优化，未来将按照绿色、集约原则，加强对数据中心的统筹规划布局，结合市场需求、能源供给、网络条件等实际，推动各行业领域的数据中心有序发展。通过国家枢纽节点建设，统筹规划数据中心布局，引导大规模数据中心适度集聚，以数据中心集群为抓手，加强数据中心绿色集约建设。

（二）技术升级迭代，驱动产业提升

根据 Gartner 预测，分布化、标准化、智能化、服务定义是数据中心 2025 年重要趋势。一方面，人工智能/机器学习驱动云数据中心网络带宽增长，数据中心长期运营中面临的远程巡检、专家会诊、云端训练等都离不开人工智能技术的加持，未来人工智能的运维、声音识别、图像识别和自动传感技术等将会成为助力数据中心智能化运维解决方案的关键。另一方面，虚拟化、软件定义网络等技术的应用，液冷、高压直流、微模块等新兴技术的出现，高速光模块快速迭代，将为数据中心网络带来深刻变化。

（三）云网协同、算网融合进程加快

构建云网融合的新型算力设施，实现云计算资源和网络设施有机融合，低时延、高可靠、强安全边缘计算服务成为数据中心发展的关键，集约化、高密化、智能化将成为数据中心发展的重要趋势。边缘计算机及超大型数据中心将会成为产业发展的新动能。随着摩尔定律趋近极限，CPU 处理能力增速逐渐无法满足高速增长的数据流量和持续倍增的

网络带宽需求，“数据中心税”等问题凸显，以数据为中心的计算架构或将突破 I/O 瓶颈，为数据中心降本增效。专用于解决数据处理、硬件加速、数据安全等负载的数据处理器（DPU）作为一种新型可编程的高性能处理器，实现了高效的算力调度和安全可信的计算服务两大算力网络的核心要素需求，有望成为“东数西算”背景下算力网络建设的重要支撑。

十、电子信息绿色低碳发展展望

5G、数据中心及各类新兴业务将在未来十年加速电子信息产业能源消耗。未来十年内，在有色金属、钢铁、化工等传统行业逐步实现碳排放达峰并进入减碳平台期的背景下，数据中心、5G 基站等新型产业或将成为少数二氧化碳排放持续增长的行业。尤其是在数字经济加速发展背景下，数据中心二氧化碳排放量与机架规模、电力消耗深度挂钩，短时间难以扭转其二氧化碳排放量持续增长的态势。

据生态环境部预测，至 2025 年，我国数据中心机架规模将达 759 万架，较 2021 年增长 40%；能源消耗总量达 3500 亿千瓦时，较 2021 年增加 62%，约占全社会用电量的 4%；二氧化碳排放 2.1 亿吨，较 2021 年增加 54%，占全国二氧化碳排放量的比例接近 2%。至 2030 年，全国数据中心机架规模将达 1125 万架，较 2021 年和 2025 年分别增加 107% 和 48%；能源消耗总量 5915 亿千瓦时，较 2021 年和 2025 年分别增加 173%和 69%，占全社会用电量的 5%以上；二氧化碳排放约 3.4 亿吨，较 2021 年、2025 年分别增加 152%、64%，占全国二氧化碳排放量的比例接近 3%。从重点区域来看，长三角机架规模最大（192.9 万架），京津冀及周边地区能源消耗总量（1111 亿千瓦时）和二氧化碳排放量（8657 万吨）最多。从具体省份来看，广东、江苏、上海、浙江、河北机架规模、能耗总量和二氧化碳排放量最大，五地加和约占全国半数。内蒙古、甘肃、贵州、宁夏等地由于全国一体化算力网络国家枢纽节点建设，机架规模年均增速超过 20%，能源消耗总量和二氧化碳排放量占比上升至 13%左右。

后　记

《2021—2022 年中国电子信息产业发展蓝皮书》由中国电子信息产业发展研究院赛迪智库电子信息研究所编撰完成。2021 年全球疫情持续影响和各国政策变化给产业发展带来了不确定性，但我国也迎来了电子信息产业发展的新契机，产业呈现出了更稳定、更健康、更高质量的发展态势。本书是赛迪智库一年一度的电子信息产业全景式研究成果，展现了赛迪智库对疫情下电子信息产业的跟踪和思考。

参加本书课题研究、数据调研及文稿编撰的人员有中国电子信息产业发展研究院的张立、温晓君、陆峰、李艺铭、王凌霞、赵燕、张金颖、李雅琪、王翠林、苏庭栋、王丽丽、张甜甜、陈炎坤、郑子亨、李旭东、徐子凡、宋籽锌、谭卓、秦靓、张哲、李想。在研究和编写过程中，本书得到了工业和信息化部电子信息司领导，中国超高清产业联盟、中国虚拟现实产业联盟等行业组织专家，以及各地方工信部门领导的大力支持和指导。本书的出版还得到了中国电子信息产业发展研究院软科学处的大力支持，在此一并表示诚挚感谢。

期待本书能为读者了解中国电子信息制造业提供有益参考。本书虽经过研究人员和专家的严谨思考和不懈努力，但由于能力和水平所限，疏漏和不足之处在所难免，敬请广大读者和专家批评指正。

研究，还是研究 才使我们见微知著

思想，还是思想 才使我们与众不同

政策法规研究所　规划研究所　产业政策研究所（先进制造业研究中心）

科技与标准研究所　知识产权研究所　工业经济研究所　中小企业研究所

节能与环保研究所　安全产业研究所　材料工业研究所　消费品工业研究所　军民融合研究所

电子信息研究所　集成电路研究所　信息化与软件产业研究所　网络安全研究所

无线电管理研究所（未来产业研究中心）世界工业研究所（国际合作研究中心）

通讯地址：北京市海淀区万寿路27号院8号楼1201　邮政编码：100846

联系人：王　乐　　联系电话：010-68200552　13701083941

传　真：010-68209616　网址：http://www.ccidthinktank.com

电子邮件：wangle@ccidgroup.com